吉林大学哲学社会科学银龄著述资助计划

思辨理性与实践理性
康德的认知与道德哲学阐释

王振林 著

中国社会科学出版社

图书在版编目（CIP）数据

思辨理性与实践理性：康德的认知与道德哲学阐释 / 王振林著. -- 北京：中国社会科学出版社，2024.7. （吉林大学哲学社会科学银龄著述资助计划）. -- ISBN 978-7-5227-3810-9

Ⅰ.B516.31

中国国家版本馆 CIP 数据核字第 2024SV8047 号

出 版 人	赵剑英
责任编辑	孙　萍
责任校对	季　静
责任印制	王　超

出　　版	中国社会科学出版社
社　　址	北京鼓楼西大街甲 158 号
邮　　编	100720
网　　址	http://www.csspw.cn
发 行 部	010-84083685
门 市 部	010-84029450
经　　销	新华书店及其他书店

印　　刷	北京君升印刷有限公司
装　　订	廊坊市广阳区广增装订厂
版　　次	2024 年 7 月第 1 版
印　　次	2024 年 7 月第 1 次印刷

开　　本	710×1000　1/16
印　　张	22.5
字　　数	283 千字
定　　价	118.00 元

凡购买中国社会科学出版社图书，如有质量问题请与本社营销中心联系调换
电话：010-84083683
版权所有　侵权必究

目　　录

上篇　《纯粹理性批判》

导论　康德在哲学上的"哥白尼式革命" …………… （3）
　一　哲学基本问题 ……………………………… （4）
　二　以心向外：前康德哲学 …………………… （9）
　三　以心向内：康德哲学 ……………………… （25）

第一章　《纯粹理性批判》统观 …………………… （44）
　一　《纯粹理性批判》的基本问题：思维与感性 ……… （44）
　二　思维与感性问题的康德表达式 ……………… （45）
　三　先天综合判断何以可能 ……………………… （51）

第二章　先验感性论 ……………………………… （56）
　一　先验感性论总论 ……………………………… （56）
　二　时空形式与感性内容 ………………………… （58）
　三　形而上学演绎与先验演绎 …………………… （61）

第三章　先验逻辑 ………………………………… （69）
　一　泛论先验逻辑 ………………………………… （69）

二　先验分析论：悟性判断机能 ················· （77）
　　三　区分为现象与本体之根据 ··················· （156）

第四章　先验辩证论 ····························· （171）
　　一　先验的幻相 ······························· （171）
　　二　先验的幻相之所在处 ······················· （173）
　　三　纯粹理性之概念及其辩证推理 ··············· （178）

下篇　《实践理性批判》

导论　思辨理性与实践理性 ······················· （225）
　　一　从思辨理性到实践理性 ····················· （225）
　　二　思辨理性与实践理性的共同基础 ············· （227）
　　三　实践理性在与思辨理性联结中的优先性 ······· （239）

第一章　纯粹实践理性分析 ······················· （248）
　　一　纯粹实践理性原理 ························· （248）
　　二　纯粹实践理性基本原理的演证 ··············· （277）
　　三　论纯粹理性的一种拓展权利及其界域 ········· （283）

第二章　论纯粹实践理性对象的概念 ··············· （286）
　　一　行为的动机：意志法则与意志的对象 ········· （286）
　　二　善恶概念的对立 ··························· （287）
　　三　善恶概念的统一 ··························· （289）

第三章　纯粹实践理性的动机 ····················· （299）
　　一　关于情欲的规定性 ························· （301）

二　合理的自爱 …………………………………… (302)
　　三　道德感情 ……………………………………… (304)

第四章　纯粹实践理性的辩证论 ……………………… (307)
　　一　纯粹实践理性辩证通论 ……………………… (307)
　　二　纯粹理性在规定至善概念时的辩证法 ……… (311)

第五章　纯粹实践理性的方法 ………………………… (337)
　　一　纯粹实践理性批判的基本任务 ……………… (337)
　　二　德性的标准 …………………………………… (340)
　　三　纯粹实践理性方法论纲要 …………………… (345)

结　语 ……………………………………………………… (348)

参考文献 ………………………………………………… (353)

上篇 《纯粹理性批判》

导论　康德在哲学上的
"哥白尼式革命"

在西方哲学史上，康德的哲学被誉为哲学思想及其问题的"蓄水池"，意即康德之前的哲学思想和问题都汇入并生成了康德的哲学思想，而康德哲学的内在矛盾和不可知论，又成为康德之后哲学家建立各自哲学的重要思想来源和理论构成的基础。

从整个哲学史看，康德哲学是哲学发展中的一个伟大转折点。这种哲学转折，严格来说，在古代哲学那里也发生过一次，不过带有朴素的性质，不如康德哲学那样彻底与深刻。这个转折即是智者派所提出的"人是万物的尺度"。概括地说，古代智者派，特别是康德哲学的转折实质是：凡是为人所称道的东西都是人类意识的确定性或人类思维的确定性。这个意识或思维的确定性本身就是一个主观与客观的统一性；是一个在不同程度上的思维与存在的统一性。康德哲学的转折是将思维的客观性提高到它的主观性上，使人意识到一切哲学问题，它的客观性环节是与人的主观性环节分不开的；客观性环节作为主观性环节的客观内容，必然要表现在主观性环节之中。这样，哲学问题的提法就与以前不一样了，以前的哲学家在观察事实时，只注意到那个事实是什么，关注的只是对象的外在客观性，事物本质只是作为外在性来把握，并没有意识到、知觉到的对象或事物都在意识之中。

康德哲学的转折是把事物的本质作为意识内在性来把握；把全部哲学问题都归结为一个逻辑的和真理的问题，由之突出了人的问题。从这个总的精神出发，不难发现贯穿于康德整个哲学体系中的几个重要问题。

一　哲学基本问题

一切哲学问题或一切为人所意识到的东西都脱离不了意识，都是意识的确定性，那么，意识的实质是什么？康德把意识分解为两种基本因素：第一，纯粹感性，把有关它的规律的论述称之为"先验感性论"。这个纯粹的感性必须这样来理解或设想：由物自体刺激所引起的感性形象或感性状态，其中一点思维的理解作用也没有，即一点思想的因素或成分也没有。感性因素对意识来说是个基础，但单有感官的作用不能产生人的意识。

第二，意识，并不单纯是指精神对对象的反映。意识的特点是在反映中能够产生一种它自己知道在反映什么的自我觉知或自我意识。意识是一种精神作用，在反映感官对象时，能产生一种我感知到什么，或我意识到什么的这样一种自我觉态，意识就是这样一种对对象的表现作用和它自己的自我觉态的内在统一。人的精神作用如果只有纯粹的感性作用，所呈现出来的东西就是各式各样的形象。那么，这时的人就如同动物一样，只会产生一种模糊不清的自我感，或在自我感中的苦乐感，根本无法将这种自我感提升到我感知到什么的自我觉态。要达到这种自我觉态，就必须有第二个因素起作用，这就是人的思维作用。因此，如果说第一个作用表现为感性机能，那么，第二个作用便是在感性机能的基础上，人的精神表现为思维的作用。思维的作用就在于把感性形象关系归结为一种意义的实在性，归结为明确的意义关系，即达到一种意义觉知，这个意义觉知就是人的自我意识。因而康德在分析意识的过程中，在纯粹形态上提出了一个意识的基本问题，即思维的能动性对感性的关系问题，而这个意识问题也是康德哲学的基本出发点。

曾经有一个时期，无论是国外还是国内，学界在评判康德哲学时，一种较为流行的错误看法是：指责康德的先验哲学脱离了思维对感性的关系问题，而只是囿于思维自身来说明思维先天的具有一些现成的思维模式。实际上，康德的先验哲学并不是这样的，先验哲学主张思维在对感性的相互规定之中的自发性。换句话说，先验哲学关注的是：思维是在与感性对象的关系中，如何产生种种思维的逻辑规定性的实在性。恩格斯在《自然辩证法》中，曾肯定思维有自己的规律，并与客观外界的规律相一致，并责备18世纪的法国唯物论只研究了思维的内容而没有研究思维的形式。18世纪的法国唯物论只研究思想中的内容，并认为人们思想中的内容都起源于感性，从而符合了这样一种经验论的观点，即凡不在感性中的东西，也必然不在人的理性之中。恩格斯不同意这样的观点，认为理性思维所能把握的对象，虽然归根结底存在于感性的内在性中，但这个内在性不能在感性中直接表现出来，要把握感性对象的内在性，必须有思维的能动性。思维的能动性只有在对感性的关系中，才能达到意义的觉知，把对象作为一种意义表现出来，这种思想是从康德开始的。以前的哲学，特别是西方近代唯理论学派无法解释人的意识，把思维的能动性假设为天赋观念，但康德哲学不是天赋观念论。康德在分析意识的过程中，在纯粹形态上提出了一个意识的基本问题，即思维对感性的关系问题。围绕康德提出的这个问题，有必要先澄清与讨论如下几个问题：

（一）感性与思维

思维最初的对象是什么？唯物论的反映论认为是人心之外的物质世界或客观存在，在康德看来思维的最初对象不可能是人心之外的存在，它必然是以感性为基础的纯粹表现。感性表现是一种关系，是人的精神作用作为感性机能，或作为感性作用对人体内外刺激的固有关系。因此，康德的先验哲学虽有缺点，但他提出感性也有自己的能动性或规律，而研究感性规律的部分就叫作先验感性论。

在康德看来，感性一旦表现出来，那么，感性表现作为刺激，必然会引起精神作为思维机能而起作用，把感性对象归结为意义的实在性。所以，感性表现就是思维的最初对象。思维对感性表现的固有关系，在于它在这个关系中能表现为一种能动性，把对象把握为一种意义的实在性。关于感性与思维的关系，在这里值得注意两点：第一，康德的哲学不是反映论，思维在对感性表现的作用中，只是一个主观性、作用性，这个主观性与作用性并不表现感性形象中的内在性。康德认为思维机能就是思维作为能动性对感性的作用，这个作用是思维对感性的固有关系与规律，因而它是先天的。第二，康德用思维的先天规律代替了唯理论的天赋观念。在康德看来，不能把思维规律的先天性看作是脱离感性的关系来理解，如果这样，就会回到唯理论的天赋观念。思维就是思想，思想对方，就是思想如何思想对方的规律，而这种规律如果没有感性起作用，它自身就不会有所表现，这时它只是作为一种先天能力的潜在性而存在，潜在性对感性表现具有一种把握它的固有关系，思维要起作用必须同时要有感受性的作用。因此，最初的意识就是纯粹思维对感性的关系而表现为知觉。

这个知觉不同于心理学的知觉，它是指我感知到什么的自我意识。以知觉为起点，表现为思维与更高逻辑层次上的意识对象的固有关系，所以，思维的能动性或规律不能脱离感性对象而单独地表现出来，只能在与感性对象相结合中才能表现出来。由于思维的能动性不能单独表现自己，只能表现在与感性因素的关系中，因此思维与感性的统一，便产生了意识的确定性。

（二）意识的确定性

意识的确定性本质上就是思维在对感性关系中的思维的肯定与否定。哲学有了这个转折点，意味着一切为人所意识到的东西，包括社会意识决定于社会存在，也包括康德哲学中所提出的实体属性、因果关系与物自体等所有观点，都产生于思维在对感性表象的关系中，都是一个意识的确定性。简单地说，意识的确定性可归结为我意识到，即一切为人所听到、所看到与所谈论的事物，都是我意识到的表现，都是思维把握对象所必然产生的观念或概念。离开了这一点，思维的规定性就不能形成完整的主客统一性。这涉及古代智者学派提出的"人是万物的尺度"的命题是否合理？智者学派提出的命题的合理性在于：它揭示了对人所显现的事物，只能为人的意识所显现，表现为对人而存在着的对象，即表现为人所意识到的意识对象。学习与解读康德哲学必须有这样一个理性自觉性。

对唯物主义的反映论来说，意识的确定性本身是一个主客统一性，这个主客统一性的真理性在于它所表现的客观内容是不依人的意识为转移的。但对康德来说，人的自我意识就是思维对感性的关系问题，但是，思维与感性的主客统一性并不表现不依人的意识为转移的物自体。这样，就接触到了康德提出的一个哲学基本问题。

（三）思维与存在

这个哲学基本问题，恩格斯将其规定为思维对存在的关系问题。但是当不依人的意识为转移的客观存在对人显现出来的时候，必然表现为思维对感性表象的关系，因而思维对存在的关系实际上是思维以感性为中介而对存在的关系，这是一种三环节。列宁在《唯物主义与经验批判主义》一书中，在谈到思维与存在的关系时，曾不厌其烦地反复提及感性作为思维与存在之间的桥梁作用。毛泽东在《实践论》中，认为认识过程有两个飞跃，即从感性到理性，再由理性到实践，用不同的方式同样表达了认识过程中的三个环节，即感性与思维，思维与存在的关系，并认为思维与感性的主客统一可以表现不依人的意识为转移的客观存在。

在康德的认知哲学中也存在着三个环节，即物自体—感性—悟性，表明了思维以感性为中介同物自体的关系。在这个意义上，应该说康德是哲学史上最早明确地提出哲学基本问题的思想家，并以他的不可知论提出并强化了这个哲学基本问题。在康德那里，理性在其井井有条、整齐匀称的逻辑演绎中，所引导出的最后结果是错误的，即思维以感性为中介，对物自体的关系，其结论是不可知。

综上所述，实际上涉及两个哲学问题，这便是恩格斯所提出的有关区分何谓唯物主义与唯心主义的两个标准：第一，世界是物质的，还是精神的？第二，思维与存在有无统一性的问题。在两个哲学问题中，前者为世界观，后者为认识论的问题。但是，哪一个问题更为根本、更为基础呢？实际上是第二个方面，思维与存在的关系问题包容了第一方面问题。因为无论主张世界是物质的，抑或是精神的，都是一个思维在对感性关系中的思维确定性。从哲学史看，当不同时代的哲学家把天地万物的本质规定为水、火、原子，以及实体时，这些规定实际都是一个思维的规定性，或意识的确定性，只不过先前的哲学家一般都是把它们作为事物的规定性从客观环节来把握，意识不到这些意识规定的主观性。所以，最初的哲学、前康德哲学只是停留在思维规定的客观性环节，而随着哲学的发展必然会过渡到思维规定的主观性环节，并以此为中介过渡到思维的逻辑。

二 以心向外：前康德哲学

（一）思维规定的客观性

前康德哲学，特别是近代哲学，它的哲学思维在本质上是向外的，而不是向内的，即把对人显现的事物作为一个与人相对立的实在性来把握，并且要在事物中寻找说明世界的原则与规律，意识不到对象作为为人所意识到的对象都是意识的规定性，更意识不到思维思想对象时，这本身就是一个思维的规定性向对象投射的过程，而只是把它的结论从客观性上作为事物的规定性来把握，这叫作以心向外。

中国战国时期的孟子，说："万物皆备于我矣。反身而诚，乐莫大焉。"①（《孟子·尽心上》）所谓"万物皆备于我矣"，表明世界上的万事万物之理天赋予我，在我的性分之内完全具备了，因而，所要寻求的解释万事万物的原则，不在于外物的客观性，而在于人的认知的主观性。所以，如果向内探求，尽心、尽性，便能知天道，达到一种天人合一的至诚境界，也会感到莫大

---

① 刘万国、侯文富主编：《中华成语辞海》，吉林大学出版社 1996 年版，第 1102 页。

的快乐。孟子这个思想——"万物皆备于我",与康德的认知哲学有异曲同工之处,不能简单地归结为唯心主义。这说明天道的客观性,通过人性和思维,可以表现于人的思想中。但是,前康德哲学家没有意识到这点,只是以心向外。这种以心向外的哲学家不了解思维的原理,只是思维自发地在起作用,因而必然陷入机械论,黑格尔将其称作知性史。唯物主义的反映论主张物质第一性,以心向外,只是把思维的确定性作为事物的规定性,所以,不能理解人的思维规定性的原理,即使涉及,也是一种机械论。相反,唯心主义认为意识第一性,他集中探究的重点必然是意识自身,因而有关思维原理首先是由德国古典哲学开始,即从康德开始而完成于黑格尔。

从黑格尔的唯心主义的思维原理向辩证唯物主义的转化,关键在于克服黑格尔的错误,即否定了思维原理表现着不依人的意识为转移的客观外界的规定性。辩证唯物主义的超越与发展,必须是一个超越的意识原理,这就要求在心理、逻辑等层面,确证人的意识原理反映着不依人的意识为转移的客观世界;人的认识是一种超越了黑格尔精神同性相知的主客之间的异性相知。当然,前康德哲学的唯物主义反映论达不到这点,因为辩证唯物主义认识论的生成与发展,是奠基在近代哲学、特别是德国古典哲学的发展之上的。近代哲学在以心向外的过程中,必然要分裂为经验论和唯理论。

(二) 经验论与唯理论

近代西方哲学的发展,一开始便表现为经验论与唯理论的对立。这个对立一直延续到《纯粹理性批判》问世之前的整个时期。二者的对立,表现在二者对知识,或概念的不同观点、不同立场上。

由于前康德哲学只停留在客观性环节之上，以心向外，不反身内求，把意识对象的内在规定性仅仅理解为事物的外在规定，便必然表现为经验论。经验论的要点有三：第一，无论是普遍概念，还是特殊概念，就其起源而言，都起源于感性内容。所以，概念必须存在于感性内容之中，凡是不直接存在于感性内容中的东西，也不存在于概念之中。因此，第二，人的一切知识，或思维的逻辑规定，好像都是现成地表现在感性内容之中，并从感性内容中现成地归纳或概括出来，而无须思维能动的理解作用。第三，概念不过是感觉的或加，或减。因此，普遍概念虽是存在于特殊概念中的共相，但它并无客观实在性，所以，特殊概念不能归结为普遍概念，普遍概念也不能归结为特殊概念。因为普遍概念只是特殊概念的标示与符号，特殊概念只是感觉事实的标记与符号。由普遍概念、特殊概念所形成的普遍命题和特殊命题，只是不同普遍概念、不同的特殊概念的外在结合，所以，由之所形成的命题是综合的，而综合命题所以可能的基础，则源自对感觉事实的归纳。于是，经验事实作为纯粹感性，便与人的思维相分离，形成经验事实与思维的对立。在经验事实里，没有思维的规定，思维的规定也与经验事实本身的存在毫无关系。事实上，经验事实本身就是思维与感性的统一，其中既有思维的规定作用，也有感性的规定作用，二者是统一的。因为经验事实是在人的自我意识到的知觉过程中而对人显现出来的。

在这里，经验论犯了一个重大的逻辑错误。那就是把感觉形象混同于把握感性的逻辑规律，看不到思维逻辑规定的超感性和能动性。如果按照经验论的原则，任何认识也不会形成，包括感性认识。那么，经验论者为什么会创造出哲学体系呢？这是因为他们在进行哲学思考时，思维的理解作用自觉不自觉地在起作用。可以说，任何认识的产生都是以超感性的思维逻辑为基础的。经验论的缺点，在古代就为柏拉图和苏格拉底所认识；到了近代，唯理论者笛卡尔意识到，如果没有思维的能动性，任何认识都无法形成，于是他把思维的能动性归结为"我思"与上帝的不可怀疑性，认为这是人的天赋原则和观念，认识只有在这些天赋观念的原则上才能起作用。这个观点后为莱布尼茨所发展，他进一步提出：天赋观念不是一个现实性，而是一个潜在性，这个潜在性必须有感性的刺激才能表现出来，不过，天赋观念的潜在性本身又是与事物的存在规律相一致的。莱布尼茨把天赋观念作为规律来把握，脱离了感性的基础，这是他的错误。但是，莱布尼茨的天赋观念必须有感性的刺激才能表现出来，这种观点类似于康德，但是，莱布尼茨将天赋观念作为具有思维规律的潜在性来把握，又使思维脱离了感性，因而既是其缺点，也区别于康德的思想观点。这也表现了与经验论相对立的唯理论，一方面，看到了思维的能动性，有其合理性；另一方面，又把思维规律归结为天赋观念，这是其缺陷。

唯理论的观点可归纳为如下三点：第一，无论是普遍概念，还是特殊概念，就其起源而言，都不是直接来自感觉内容，而是起源于人的思维或理性的能动性。人的感觉不能直接表现它所显示的本质，而且感觉常常不可靠，易于迷惑与欺骗人。只有思维或理性才能揭露感觉内容所显现的本质，形成对它的理解。概念无论是普遍的，还是特殊的，都是对感觉事实的逻辑理解，它虽有与感觉事实一致的地方，但它也有不同于感觉事实直接性的非感性内容，因而概念不能完全还原为感觉或感觉的组合。第二，非感性内容存在于思维或理性之中。在唯理论看来，存在于思维或理性中的东西，就是一些最为基本的普遍概念，它是思维或理性先天所具有的天赋观念。天赋观念在原则上有两类：一类是形式的，如同一律、矛盾律等观念；另一类是实质的，如上帝或实体、原因与结果等观念。前者是表现一切感性事实的普遍形式，一切感性事实只能是它"所是"的同一性，不能是它所"非是"的矛盾性；后者是表现一切感性事实的普遍本质和关系的实在内容。因此，唯理论肯定普遍概念的客观实在性。认为普遍概念作为天赋观念有其规定感性事实，形成特殊观念的功用，一切特殊概念不能脱离普遍概念的基础而成立自身。第三，一切适用于事物的普遍命题，都不是从感性事实中归纳出来的，而是从一个作为出发点的基本概念中，先验地分析出来的。从前者中，可以分析出它的一切谓辞概念来，乃至以后者为中介又可以分析出它的各种特殊的谓辞概念，由此形成各种特殊的命题。普遍命题在唯理论看来，是形成特殊命题的先验基础或先验原理。前者是先验命题，后者是指向各种事实的经验命题。经验命题以先验命题为基础，先验命题是经验命题的原理，二者的形成在本质上是分析的，而不是综合的，所以，唯理论是以天赋观念为基础的先验论。

经验论与唯理论各有其缺陷，也各有其合理性。经验论的合理性是肯定了认识的感性基础，但它的缺陷在于否定了理性的能动作用。经验论强调感性在认识中的作用；强调认识必须从归纳、概括事实出发，认为一切概念都直接得自感性事实的归纳或概括，取消了思维或理性的固有规律，取消了思维规律与存在规律相一致的同一性问题。如果在经验论那里，思维或理性还有什么规律的话，那就是一个被动的容受性。经验论固然可以表现为唯物主义，但它同样可以合乎逻辑地走向贝克莱的唯心主义。所以，单纯经验论的原则，决不能构成划分唯物主义与唯心主义相对立的根据。与之相反，唯理论的合理性是肯定了思维或理性在认识中的能动性，但它的缺陷是把思维规律的先天性、思维的能动性，归结为一些普遍的天赋观念。天赋观念作为先验原则，一方面，制约各种特殊的概念、特殊命题的形成；另一方面，也表现着存在的规律，这样，以天赋观念的形式，既肯定了思维规律的实在性，也肯定了思维规律与存在规律相一致的同一性问题，特别是肯定了思维或理性在认识中的能动性。唯理论固然可以表现为唯心主义，但它同样也可以合乎逻辑的表现为斯宾诺莎的唯物主义。所以，单纯唯理论的原则也绝不能成为划分唯心论与唯物论相对立的根据。唯理论强调概念具有先天的、先验的内容，不能完全归结为感性和感性集合的思维是不容否认的。但理性的能动性，不等于现成的天赋观念；不直接来自感性事实的观念能动性，不等于它能脱离感性事实的归纳而起作用。

由上可见，唯理论的哲学反思，使哲学开始了从以心向外，转入以心向内，开始考虑有些意识脱离不开思维的规定性，要求反求内心。但是，唯理论的出发点与经验论一样，都是把意识对象看成为现成的东西，在这个前提条件下，认识这种现成对象的规律要以天赋观念为基础，所以，仍然没有摆脱早期哲学的以心向外，只停留在客观外界对象上面。前康德哲学的意识论没有进一步深思，人的认识对象，既然是作为人的我意识到了的事物而存在，则人的我意识到本身是何以可能呢？这个问题同时也是人的一切认识对象是何以可能的问题。由于这个原因，结果将我意识到的知觉之知，只是作感性作用的产物，没有思维的作用体现于其中。这样，便把人意识中的经验事实，混同于感性作用的感性形象；只是从经验事实作为对象出发来考虑思维的作用，并由此形成了经验论与唯理论的对立。经验论与唯理论对立的结果是殊途同归，都走向唯心主义，即经验论的唯心主义与唯理论的唯心主义。由休谟的非理性主义的经验论进一步把经验论原则贯彻到底，出现了既破坏了经验论的认识原则，也破坏了唯理论的认识原则的怀疑论。

（三）经验论的唯心主义与唯理论的唯心主义

无论是经验论，还是唯理论，其概念或命题最后都关系到感性事实本身，因而两者的共同问题，是一个思维对感性的关系问题。思维对感性的关系问题，归根结底是一个思维对存在的关系问题，因为对人显现着的存在，就其在对人的直接原始性而言，只能显现为人的感性形象作为感性事实的存在。这个问题表现在经验论与唯理论的对立之中，但是，对于这个问题，无论是经验论，抑或是唯理论，都不能从根本上明确地提出这个哲学基本问题。原因在于二者的认识基础，都建立在思维与经验的事实的对立之上，最后交汇于唯心主义，表现为休谟的经验论的唯心主义与莱布尼茨的唯理论的唯心主义。休谟与莱布尼茨的哲学体系是近代经验论与唯理论两种哲学系统发展的最高表现形式，康德哲学所提出的批判问题，亦即思维对感性的关系问题，直接与这两个哲学体系的对立相联系，因而间接地也与整个近代经验论与唯理论两大哲学系统的对立相联系。

准确地说，休谟是一个使经验论基本原则的精神实质更加彻底化、精确化与明确化的非理性主义的经验论者。虽然，他没有直接解决经验事实与思维或理性的对立问题，甚至还没意识到这个问题，但他却使康德意识到这个问题，为康德解决这个问题的哲学发展提供了理论条件。在休谟之前，由于哲学家们总是把经验事实混同于感性印象，认为经验事实是感性作用的直接产物，所以，他们总是使人将感性认识阶段上的一些观念，如颜色、气味、硬度、声音等的可感性质或观念，混同于与它们相对立的感觉或简单的感性印象，在二者之间不加以区别。为说明这个问题，休谟在《人性论》与《人类理解之研究》中，都首先把二者加以区别。休谟认为人类心灵中的一切知觉可以分为印象和观念这样截然不同的两类，两者的差别在于：当它们刺激心灵，进入人的思想或意识中时，两者的强烈程度和生动程度表现各异。所谓印象，是进入心灵中最强、最猛的那些知觉，包括了所有初次出现于灵魂中的一切感觉、情感和情绪；所谓观念，是用来指人的感觉、情感和情绪在思维和推理中的微弱的意象。观念作为思维与推理中的微弱的意象，只是前者作为印象的简单模写，它们的区别在于二者强弱的数量等级不同。这种区别虽然不正确，但是，总算在二者之间有了区别。在这里，不正确的区别，使休谟把感性混同于思维，认为观念与印象都是进入思维或意识的知觉，那么，这就等于说感性作用在其感性表现中，便是思想或意识，意识的最初起点是知觉。这样，一方面，观念与印象同作为思想，同作为意识，在性质上完全是一样的，前者只不过是后者的简单模写；另一方面，也把思维的作用，归结为简单的从印象被动接受的容受性了。所以，在休谟那里，可感性作为观念，本质上仍是与感性印象相混同的。

虽然休谟将印象与观念相混同，但他同时又想澄清二者之间的区别，说明二者不是一回事。事实上，观念无论是什么观念，它都是人的"我意识到"；所谓经验事实，总是在人的"我意识到"的观念中的事实，只要人们能进一步认识到思维与感性印象有质的区别，在观念与印象之间作出正确的区别，使人看到单纯的感性印象还不是思维，还不是意识，便有可能走向克服经验事实与思维的对立。然而，这种可能性在休谟的哲学中并没有出现，反而在进一步的学说中更加彻底化了经验论的原则。对于休谟而言，感性印象已经是最初的经验事实，这实质上是说，人在其感性作用的感性表现中，便已经产生了人的"我意识到"的思想或经验。这种将感性作用混同于思维作用的立场和观点，实质上又正是坚持了经验事实与思维的对立。因为在经验事实那里，完全看不到其中有不同于感性印象的思维或理性的因素，将经验事实完全归结为感性印象了。但这种归结，却使休谟在观念与印象的区别中发展了经验论的基本原则，明确了这种基本原则的精神实质。所谓人的一切观念都起源于经验，实质是说观念是印象的简单模写，人的一切观念都起源于感性印象。

休谟将感性印象分为简单的与复杂的两种，简单的，就是感觉，单一化的感性或情绪；复杂的，就是这些单纯印象的集合体。对人显现着的感性印象，都是复杂的感性印象，要点就在于休谟把复杂的感性印象把握为一些简单印象的外在集合体。认为它们在集合中，判然有别，互不相关。实际上，复杂的感性印象是各种印象作为形象，在其同时并存而又相互合一（如形体形象与颜色，同时并存而又相互合一）；前后相继而又相互合一（如形体形象与颜色形象的统一，与在先的静态相合一，又继之与动态相合一等）的时空关系形象中，表现为一个统一的感性形象。休谟在这个前提下，根据经验论的原则，指出一切观念都起源于感性印象，它们只是感性印象的简单模写，从而观念的客观实在性、真理性，就看它们是否符合感性印象，是否与之相一致。休谟在《人类理解之研究》一书中，声称他的这一原则，为解决一切哲学纷争奠定了一个最为行之有效的理论原则。但休谟又敏锐地发现，有一些普遍观念，如实体、因果等，是不能从感性印象中发现的，而且我的思维、理性也不能从逻辑上理解到它们的合理性，论证它们的客观性，因为我们无论怎样观察，经验事实作为复杂的感性印象，都只是一些简单印象的集合。这些简单印象判然有别，漠不相关，只是集合中自身存在着而已。这样，不同的复杂感性印象虽能同时并存，前后相继，由于彼此之间漠不相关，互相有别，决不能从中发现这些观念和理解到这些观念的客观合理性。不过，休谟清楚地意识到，这些观念，特别是因果观念，是使人的知识所以可能并超出直接知觉事实的普遍原则，人的一切认识，特别是科学知识，都脱离不了这些普遍原则，但是，像诸如因果观念这样一些普遍原则，又是人的理性不能从逻辑上所推论出并加以客观证实的。

休谟在《人性论》中，特别就普遍的因果公理，提出了难以反驳的质疑。他说凡存在或发生的事物都必须有一原因，和认为凡存在或发生的事物都无须有一个原因，都是同样合理的，可以想象的，因为人们根本不能证明前者为是，后者为非。基于这种观点，休谟对不同的因果论证观提出了批评与否定。他认为所谓"无不能生有"这样一种古老的因果公理论证；霍布斯以为广延的空间到处都是同一的、一样的，设在空间的某一点上有事物存在或发生，则在这一点上必有不同于其他点的原因的因果论证；以及克拉克说：如果有什么东西是没有原因的，那么，它便是自生的因果论证，统统都是站不住脚的。因为这些推理都预先假定了因果公理，即在否定了一个原因之后，仍然承认被明确否定了的事情，坚持必须有一个原因。

休谟雄辩地指出，说事物的存在或发生无须有原因，这并不是说，它要以无、以同样的空间，以自身为原因，这一切都是被排除了的；它只是说事物无须有原因存在、发生，这同说事物必须有原因而存在、发生，是同样合理的，是同样可以设想的，前者并不显得比后者更优越。

关于实体的观念，休谟也同样提出了自己的疑难。他批评有一类哲学家热衷于把大量的推理建立在实体和属性的区别上，并且设想人们对两者都具有清楚的观念。休谟对其质疑与诘难道：实体观念是从感觉印象得来的，还是从反省印象得来呢？如果实体观念是通过感官传给人们的，那么，实体是从哪一种感官得来的？如果是被眼睛所知觉的，那么它必然是一种颜色；如果是被耳朵所知觉的，那么它必然是一种声音。没有人相信实体是一种颜色，或者是一种声音，或者是一种滋味。因而实体观念如果存在的话，它必然是从反省的印象得来的。但是反省印象可视为情感和情绪；两者之中没有一个能表象实体。在这里，休谟所谓的反省印象，亦即康德和现代心理学家所说的感官内容。如果把内感印象和外感印象都简称为感觉，休谟的论证就在于说明：人们不能从感性印象作为一些感觉集合中得出实体概念。因此，如果将休谟的质疑加以扩充，它也同样适用于实体与属性公理，说事物只是一些可感性质的集合，和说事物作为一些可感性质的集合以实体为基础，也是同样合理的，同样可以设想的。后者并不比前者更优越，同样也无法论证前者不成立以及后者的必然性。

在休谟那里，只有作为可感性质的那些观念，如颜色、气味、声音、感性和情绪等，没有遭到他的非难，因为他虽使观念与印象相区别，但观念只是印象的模写，这些可感性质作为观念在本质上仍与印象相同。因此，休谟仍把可感性质的逻辑规定混同于感觉形象，这是经验论原则的必然后果。如果休谟能洞察到事物的各种可感性质作为逻辑规定，与其相对应的感觉形象（内外感上的）有本质的区别，正确地把握观念与印象二者在质上的差异，他便会意识到，当说月季花是红的时，红的性质只是说月季花具有能表现是红的感觉形象的一个规律性，但这个规律性并不能直接归结为红的感觉形象。这样，休谟便可把他对实体、因果等观念的非难，推广到一切与印象相区别的观念上，从而否定经验论原则生成知识的可能性。经验论原则所以能成立，就在于它把对象最初的逻辑规定，即可感性质，混同于感觉，接着又在一种似是而非的模糊意识中，推广到对象的一切逻辑规定、一切观念或人的认识之中。对象的一切逻辑规定之混同于感觉，正是使一切观念都可以遭到非难的内在根据，因为一切观念都不是直接起源于感觉的。

可以看到，经验论原则的这个内在矛盾，使休谟在彻底坚持经验论原则的前提下，进入休谟的自觉意识。休谟虽然仍将对象的一些可感性质的逻辑规定，混同于感觉，主张观念都起源于印象，是印象模写的原则，但是，他同样明确地意识到有些观念，如实体，因果等观念是不能得自印象的；唯其不能得自印象，所以，它们的客观必然性便成问题了。唯其客观必然性成了问题，便有对这些观念、命题的两难问题的出现。第一，凡是事物都有原因，凡是事物都没有原因；第二，凡是事物都是实体，凡是事物都不是实体，事物是一些可感性质的集合。在这里，休谟的印象集合体，设定了休谟的两难问题，与休谟相对立的印象统一体，设定了两难问题的消解。在这个消解中，凡是事物都有原因，凡是事物都是实体等命题是合理的，而凡是事物都没有原因，凡是事物都不是实体等命题是不合理的，不能成立的。因为在感性印象的经验事实中，人们经常看到或经历到一种事实总是前后相继的伴随着另一种事实，不仅产生了因果性的观念，而且产生了凡是事物都有原因的命题。在休谟看来，之所以会产生这样的因果观念或命题，从人性的内在基础看，它不是如唯理论所说的那样，是出自一种理性直觉，而是出自一种非理性的本能。关于这种非理性的本能，休谟认为，它是一种指向实践的内在冲动；是一种总以期待或希望经常遇到的事实，有其固定不变基础的心情来对待事实，以便从中引申出制约实践的规则来。所以，实体和因果性等观念及其实体公理、因果公理等命题，在经验中的形成，只是这样一种非理性本能的现实表现，而这些观念和公理并不是理性的、逻辑的，而是非理性的、非逻辑的。

由此可见，休谟实质上也承认实体公理，因果公理等普遍认识原则的先天性、先验性，只不过它们不是起源于印象，而是先天的起源于人的非理性、非逻辑的本能,这也是休谟与传统唯理论相对立的本质区别。在唯理论者看来,事物的普遍概念是人心中的先天观念,可以从中分析出实体、原因等概念来,所以,实体公理、因果公理等命题的基本性格是分析的。但在休谟看来,事物的普遍概念作为一些可感性质的集合,出自感性印象,但是,从感性印象中绝对不能分析出实体、原因的概念来,从而实体公理、因果公理等命题基本性格是综合的,综合的中介便是以非理性、非逻辑的本能为基础的习惯联想对经验事实中的感性充实的强烈想象。因此,休谟事实上是从经验论原则的真正实质出发,既破坏了经验论的原则,走向了包含经验因素在内的非理性主义的先天论、先验论;同时,也以这种非理性主义的先天论、先验论,在与传统的唯理论相对立中,转向了对经验论的批判。他非常中肯地指出按照经验论的原则,我们永远也超越不了直接的知觉事实所给予我们的知识,归纳法如果不凭借事实假定的因果公理,便什么结果也得不到。

应该说,休谟非理性主义的先天论、先验论,包含有积极的因素。因果公理是综合的而非分析的,这一点对康德影响很大,但是,对康德具有更为本质的影响是包含在休谟这种主张中的如下合理思想:这些命题的先天性、先验性并不是理性或思维封闭于自身中的先天观念的产物,而是思维或理性在其对感性形象的固有关系中的产物,并且只有在这种关系中,这些命题才对人的认识行之有效。虽然休谟把人的思维或理性的先天性、先验性归结为非理性、非逻辑的本能。但是,这一点并不影响休谟观点中的合理因素。在休谟的合理思想中,已经比较明显地表现出在纯粹形态下的思维对感性的固有关系问题了,只是休谟囿于把感性印象混同于经验事实,坚持认为在人的感性印象中,便已经是在人的"我意识到"中的经验事实了,从而使思维或理性与经验事实的对立，依然存在于休谟的哲学里。但是，只要注意到人的经验事实，总是人的"我意识到"，而在人的"自我意识到"中的经验事实，对人却总是显得具有实体统一性、因果统一性等之逻辑关系于自身之中，那么，人们从经验事实出发的认识，便会按照这样一种逻辑方式去规定它，把握它。所以，在休谟的基本思想中，已经接触到了这个问题，但他把思维对感性的固有关系归结为一种非理性、非逻辑的人性本能的先天性、先验性。理性是一种本能，主张实体公理、因果公理等普遍命题，只是这样一种先天性、先验性，以经验为中介而对感性印象的一个综合性。于是经验论与唯理论的对立，便由此转化为非理性主义的先验论与唯理论的先验论之间的对立。这种对立，集中地表现为休谟与莱布尼茨的对立。

概括地说，莱布尼茨沿袭了传统唯理论的先验论，反对一切观念起源于经验的观点，坚持思维或理性有其内在的先天性观念和先天性原则的立场。莱布尼茨认为思维作为心灵的一种不同于感性的精神作用，就其内在而言，就是内在于心灵中的天赋观念和原则的潜在性。其所以如此，这乃是因为感性机能唤起了观念和原则的潜在性，继而现实地发生作用，形成了人们有关感性事实的必然意识。所以，莱布尼茨明确地指出，人们可以从心灵中发现天赋观念和原则的存在，如像统一、实体、绵延、变化、行为、知觉、快乐以及其他许许多多我们的理智对象，都是天赋观念，它们的内在联系便是一些普遍的先天原则。

莱布尼茨甚至大胆地承认存在于理智中的东西，也存在于感觉之中，而且首先存在于感觉中的东西，才能存在于理智中。不过，莱布尼茨又补充道，理智除外，它并不是存在于感觉中的东西；就存在于理智中的东西，也存在于感觉中而言，它在感觉中的存在，是感觉事实的关系和本质，感觉只是心灵作为单子对世界之为一些单子的并存秩序或关系的不清晰的印象,没有理智中的天赋观念起作用,感觉事实的关系与本质是不能作为知识为人所意识到的。理智把感觉世界表象为有规律的空间世界,进而洞悉到空间世界是世界作为一些精神实体单子——的和谐秩序,洞悉到这个单子世界的最高根据,都在上帝——最高的单子那里。理性之引起表象和洞见,就是它的天赋观念和原则起而对感性世界发生作用的结果。对于莱布尼茨而言,潜在于理智中的天赋观念,就是思维或理性的规律,而思维或理性的规律同时也表现着感性世界的规律和本质,二者是一个思维与存在的统一性。

莱布尼茨虽然没有提出感觉事实作为感性形象,是一些不同的感觉形象在时空关系中的统一体,但他认为心灵的感性表现,无论从不明显到明显,从一种状态到另一种状态的变化,都是一个连续的统一体,并且在连续中的区别性,必然要有前因后果的内在联系。这种内在联系和本质,在感性表现作为模糊不清的印象中,并不能被显现出来,只有通过思维或理性作为心灵的一种精神作用,才能被呈现在它所固有的天赋观念和原则,及其各种特殊化中。在这里,莱布尼茨继承了斯宾诺莎所谓观念的联系,是与对象的联系相一致的思想。认为在感性表现中的各种对象是一个连续的统一体,则一切观念也是一种连续的统一体,其一含蕴其他,因而从任何一个观念出发,原则上都能够从中分析出其他的观念来;从一个普遍观念可以依据条件的假定分析出其规定的特殊观念来,因而命题的形成和推理,它的本质性格是分析的,而不是综合的。莱布尼茨认为,从一个体事物的概念中,从原则上看是可以从中分析出它的一切可能的规定来的,但由于我们人类智力的不足,这点很难实现。尽管如此,在莱布尼茨看来,无论是心灵的感性作用的感性表现,还是心灵的思维或理性作用的理智表现,都趋向于一个目的,即旨在表现世界之为一些共存单子的先验的和谐秩序，旨在间接地与直接地表现上帝。这种趋向性的内在冲动，莱布尼茨称之为欲望，以欲望为基础，欲望延续便转化为感性的表现作用和理智的表现作用。非人的动物只有欲望，知觉和记忆，人则还有思维或理性，所以，人能意识到自我，意识到自我意识的统一性，并将这种统一性称之为统觉。统觉实际是思维或理性的理智作用的表现，统觉的概念在莱布尼茨那里，就已经这样被提出来了，只是他把统觉与知觉、感性表现之间的区别，仅仅归结为量的区别，一为不清晰的表象，二为清晰的表象。

总而言之，经验论与唯理论同是经验事实与思维分家论，换句话说，二者在本质上都是思维与感性的分家论。可以说经验论与唯理论的对立，是完全起源于这种分家论。因为，如果经验论能看到在经验的事实中，存在着来源于思维对感性的关系的能动规定，它便不会主张人的一切认识都起源于感觉了；如果唯理论能看到在经验事实中，存在着源于感性对思维关系的限定作用，它便不会脱离思维对感性的关系，孤立地主张思维有其表现感性现象本质的天赋观念了。从这里也便可以看到，只有把经验事实，再还原为它的本源，即思维与感性的固有关系，才能在这种关系中，开始一个真正解决经验论与唯理论对立的哲学发展过程。

康德认为经验或经验的事实是由感觉印象与知识能力二者组成并有所增益。所谓知识的能力在此指思维的悟性，后来康德将其定义为思维的自发性。这样，经验是由思维的自发性在对感官印象的固有关系中所形成的。从最广泛的意义上说，《纯粹理性批判》的基本问题，就是一个思维与感性的固有关系问题；这个问题，既是康德所谓的感性印象与物自体的关系问题，又是一个思维对物自体的固有关系问题；思维与感性的固有关系问题，同时就是一个思维与存在的固有关系问题,在康德这里便表现出来了。

常常有人说,康德的批判哲学是产生于经验论与唯理论的对立,他结合了经验论与唯理论,这个说法当然有其道理,但并没有真正道出康德的批判哲学的内在价值。康德不是在原有的问题上,现成的结合经验论与唯理论,而是在意识的纯粹形态上,以思维与感性的固有关系问题为最后的基础进行了这种结合,因而此种结合便具有了完全不同于单纯结合的全新意义,从而使批判哲学的深度远远超出了以前的经验论与唯理论,乃至远远超越了以前全部哲学发展所能达到的深度。

三 以心向内:康德哲学

(一)康德哲学的出发点

西方哲学家,如黑格尔、罗素认为,在哲学上,康德不仅受休谟哲学的影响,也受莱布尼茨哲学的启发。据载康德并不是通过阅读莱布尼茨的著作,而是通过阅读沃尔夫的著作间接习得了莱布尼茨的哲学思想。受沃尔夫的影响,康德最初本是被庸俗化了的莱布尼茨哲学的信仰者,不过,康德同时又是一个物理学家、数学家,他深受伽利略、牛顿物理学及其科学方法的影响,使他在考虑、研究一些自然哲学问题的过程中,逐渐对莱布尼茨的理性哲学发生了动摇和怀疑,开始萌生了一些批判哲学的想法,最后通过休谟的决定性影响,使他的一些想法提高到了批判立场的高度。从此之后,康德便进入了他自己哲学思想发展的批判时期。康德在纠正休谟的怀疑论中,又明显地表现了莱布尼茨的理性哲学对他的影响,企图在思维与感性固有关系的基础上,结合经验论与唯理论。不过,值得注意的是:康德汲取了唯理论哲学系统中的基本因素，主要是来自沃尔夫形式中的莱布尼茨哲学。

康德同意休谟所谓一切作为认识的普遍原理的一些命题是综合判断，但不同意他的非理性主义；他同意莱布尼茨所谓"思想是立定普遍的法则的"，其本质是逻辑的、而非本能的，但不同意一般思想的先天性、先验性是可以脱离感性而产生，且具有有效性，并且这种有效性，也不能归结为思想的先天性、先验性，却是能够表现对象自身的秩序或规律的。康德想在二者之间采取中道，去解决思维对感性的固有关系问题，从而实现二者的统一。康德面对这两大见解的对立，能够高于二者之上，只能是二者的统一，但是康德所采取的中道或折中的前提，便注定了他不能解决这个统一问题。只有这个统一问题解决了，才能够解决非理性主义与理性主义，经验论与唯理论、唯物主义与唯心主义的一系列问题。因为这个统一问题的实质是一个思维与感性的统一问题，这个统一问题最后归结为思维对感性，感性对思维的固有关系的一个规律问题，而这个规律问题，最后必然触及思维与不依人的意志为转移的客观物质存在的同一性问题。

康德是哲学史上第一个深刻地领会休谟哲学深远意义的哲学家，也曾明确表示是休谟的哲学将他从独断的睡梦中唤醒。休谟非理性主义的经验论使康德看到，近代哲学的经验主义与唯理主义在对立中的理性法庭，在休谟怀疑主义的破坏作用下，已经处于濒临破产的地步。所以，康德在其批判哲学的生成与发展中，虽然汲取了经验论与唯理论中的合理因素，但真正使康德哲学发生转折的是休谟哲学。休谟就因果性所提出的问题，是一个从未被哲学家所意识到的最根本的哲学问题，即一切知识所以可能的重大的问题。对休谟所提出的问题，一方面他继承了在他看来是合理的，另一方面又不满意休谟的非理性主义的经验论。康德认为必须对休谟的问题给予解决，否则，一切都将是空谈。那么，休谟所提出的问题实质是什么？休谟提出思维把握对象的逻辑规定，即因果性、实体属性，既不能现成地从经验对象中现成地归纳出来，也不是人把握对象的先天原则或天赋观念，同时又提出人的理性也不能从理论上、逻辑上证明这些范畴的客观实在性。休谟的观点，既打击了经验论的原则，同时也打击了唯理论的天赋观念论。

休谟的问题本质上是一个意识问题，也是一个思维与存在的统一性问题，或者归根结底是一个思维对感性的关系问题，因为思维是通过感性表象的中介，而与存在发生关系。那么，如果拿去存在，就其直接性而言，问题就归结为思维对感性对象的关系，即思维对存在具有什么样的关系，必须体现在思维对感性的关系之中，思维对感性的关系又可归结为思维通过因果范畴、实体属性等逻辑规定对感官对象的关系。这涉及思维的逻辑规定是如何产生的？其本源是什么？解决这个问题，休谟提出了自己的解决方式，作出了他自身非理性主义与经验论相结合的回答。休谟认为因果范畴、实体属性等思维把握对象的逻辑规定，既不是现成的从经验对象中拿出来的，也不是唯理论的天赋观念的先在性，而是产生于以人的实践本能为先天基础并在经验中形成的习惯联想。在这里，休谟否定了理性的能动性，他的先天逻辑是本能。在他看来，人的本性就要求人有这样的习惯联想，即当人经常看到前后相继的现象时，就会本能地将其联想为因果性，以便整理经验，使其符合人的实践。

休谟观点的积极意义是：否定了天赋观念，但不否认经验；消极意义是他把认识只把握为一种冲动、习性而不是看作理性的逻辑过程。正因为此，休谟的哲学对康德哲学的出现产生了两方面的影响：积极一面，使康德认识到把握经验对象的逻辑规定性，既不是来自经验对象，也不是天赋观念的潜在性，因而承认理性确实不能论证它们在经验对象中的客观性，认为把握对象的逻辑规定性只是人的思维的一种能动性。消极一面，康德不满意休谟以本能为基础所提出的非逻辑、非理性的观点，不同意休谟把理性归结为以人的本能为基础的习惯联想，因为这种观点破坏了理性的必然性和普遍性，也破坏了科学知识的普遍性与必然性，所以，康德要保卫逻辑。基于这个基本立场，康德提出了自己既不同于唯理论，也不同于休谟经验论的认识论思想，同时在提出自己的思想时，既继承了唯理论的合理性，企图结合唯理论与经验论，但又不是在原有基础上现成地、简单地结合，这种结合表现为思维与感性关系上的结合；而是从普遍性的意义上解决休谟的问题，阐明感性与思维的统一性何以是可能的，也即阐明人的认识是何以可能的这样一个根本问题。为此，康德用了十几年的工夫，致力于对休谟问题的克服，同时为了保卫理性，坚持理性主义的权威，形成了他的全部哲学基础——先验论。

（二）思维规定的主观性

休谟的问题，说到底就是一个意识的问题，而意识的问题实际上也就是思维对感性的关系问题。康德在解决这个问题时，不仅从数学与物理学中受到了很大的启发；而且模拟数学、物理学的成功进程，将其类推并运用于对意识的研究。在意识与意识对象的关系中，反身内求，揭示了思维规律在逻辑上的先天性、先验性，完成了西方哲学史上的"哥白尼式革命"。

康德认为，就史实而言，数学与物理学这两门理性的科学，每一门之踏上科学的阳光大道，都依赖于一场突然发生的思想革命，依赖于采取一种方法。这种方法并不是让自然牵着理性的鼻子走，而是理性按照自己的计划或原则提出问题，设计实验，来询问自然,强迫自然来回答。就数学来看,"数学在人类历史所及范围之极早时代,已在希腊之伟大民族中进入学问之坚实途径。但不可因此而及推断数学之能发现——或宁为之构筑——荡荡大道,一如逻辑(在逻辑中理性仅论究其自身)之意。就我所信,数学曾长期停留在盲索之阶段中(在埃及人中尤为显著),其转变实由于其中一人之幸运创见所成就之革命,彼所设计之实验,标示此学所必须进入之一种途径,遵由此种途径始得其所有一切时代及其无限扩张之确实进步。……彼所创建之真实方法,并不在检验彼在图形中或在图形之概念中所见及之事物,以及由此以理解图形之性质;而在发现所必然包含于'彼自身先天的所构成之概念'中之事物,由彼所呈现此先天的事物于彼自身之构成方法,以表现之于图形。彼若以先天的正确性知任何事物,则除必然由彼自身依据彼之概念所加入于图形者之外,绝不附加任何事物"。[①] 在康德看来,数学之所以成功,成为真正科学的正确途径,其方法不在于经验地观察各种几何图形,因为这样用经验的方法所得到的几何命题不具有普遍性和必然性;也不在于僵死地去研究几何图形的概念,因为这种独断的方法绝不能使人获得知识。数学变成科学的方法是:理性先天地能够制定出各种关于几何图形的原理或概念,然后根据理性的原理或概念来解释或演绎出几何图形来。只有这样,数学才能成立,并上升为科学。在这里,何为先天,如何理解先天概念的意义?实际上,康德不是说不从事实出发,而是说原理或概念之为先天的,乃在于它们曾经是严格确定过的,是靠思维能动的理解作用,在对经验事实整理、归纳后,根据经验事实的一般性质而创造出来关于事实的基本原理或概念。这样,人们无须再直接地从经验事实出发,而只

[①] 康德:《纯粹理性批判》,商务印书馆2009年版,第13页。

须根据原理或概念先天地设想或产生出几何图形就行了。在这里，由于这个原理不是根据现成的经验产生的，而是发挥了思维能动的理解作用，故而称之为先天的。在这个意义上，所谓先天的有其合理性。相比较而言，物理学之踏上科学的康庄大道的步伐，要比数学缓慢得多。大约两千年之后，才有伽利略物理学上思想方法的革命。伽利略不像以往的物理学家那样，只是观察事实，而是根据事实，发挥思维能动的理解作用，确定某些原理或定律，按照原理或定律设计、演绎出有关事实的各种规定，然后通过实验强迫自然来回答这些原理或定律提出的问题。对于此，康德说："彼等乃知理性之所能洞察者，仅限于理性按其自身之计划所产生之事物，又知理性不容其自身机械的为自然所支配，必以依据固定法则之判断原理指示其进行途径，而强抑自然以答复理性自身所规定之问题。凡偶然之观察不遵从所预行设定之计划者，绝不能产生必然的法则，而理性则唯以发现此必然的法则为任务者也。"[①] 这就是说，物理学之成为物理学，并达到科学，不是物理学家总是观察事实，而是以事实为前提，能够发挥思维的理解作用，形成有关事实的基本概念或原则，当思维形成有关对象的基本原理时，根据原理去演绎出有关事实的各种规定。所以，康德说："数学与物理学（此为理性在其中产生理论的知识之两种学问）皆先天的规定其对象者，前者之规定对象完全纯粹的，后者则至少其中有一部分应视为由理性以外之其他知识源流而来者也。"[②] 这种方法既不仅是经验性的，又不单是纯粹独断的，而是兼有两者的长处。总之，数学与物理学所发生的这场思想方法的革命，只能归功于有人灵机一动，省悟到要以理性本身

---

① 康德：《纯粹理性批判》，商务印书馆2009年版，第14页。
② 康德：《纯粹理性批判》，商务印书馆2009年版，第12—13页。

放到自然里去的东西为依据，到自然中去寻求那种必须向自然学习，而不能单凭理性认识到的东西，由此结束了自然科学长期以来在黑暗中摸索的历史。

康德受数学与物理学方法的启发，并将这种方法运用于他的研究课题——意识本身，提出了关于认识的基本原理。他说数学与自然科学"此等学问之成功，自必使吾人倾向于（至少以实验之方法）模拟其进行程序——以其同为理性知识，就此等学问能类推及于玄学之限度内。吾人之一切知识必须与对象相一致，此为以往之所假定者，但借概念，先天的关于对象有所建立以图扩大吾人关于对象之知识之一切企图，在此种假定上，终于颠覆。故吾人必须尝试，假定为对象必须与吾人之知识一致，是否在玄学上较有所成就。此种假定实与所愿欲者充分相和，即先天地具有关于对象之知识（在对象未授与吾人以前，关于对象有所规定）应属可能之事是也。于是吾人之进行正与哥白尼（Copernicus）之按其基本假设而进行相同"[1]。因此，他根据以前的哲学更突出的明确了，人的观点，包括人的意识对象——经验的感性对象，或超经验的意识对象，如物自体，上帝等，不管这个意识对象是在什么样的逻辑层次上，凡是意识对象，都是为人的意识所表现的东西，本身都是意识的产物。这样，凡是意识必然伴随着我意识到什么的自我觉态，人的一切意识对象从感性到超感性，从经验到超经验，归根结底都是我意识到的一种表现或产物，没有我意识到就没有什么意识的对象。既然认识对象都是人意识到的产物，那么，认识对象必然要服从我意识到的规律性和基本原理。换句话说，人的意识本身是不能无规律的，而人的意识对象则要服从意识的基本原理。所以，康德认为要把他的课题

---

[1] 康德：《纯粹理性批判》，商务印书馆2009年版，第15—16页。

变为科学，不在于对意识事实进行观察与描述，而在于发挥思维能动的理解作用，去把握、规定我意识到的基本原理和规定，而关于意识的基本原理对人的各种意识表现来说，则是一个逻辑的在先性，而非一个时间的先在性。因为如果把意识的原理看作时间的在先性，就会走向唯理论的天赋观念论。在康德看来，意识的基本原理只有通过感官对象的刺激，思维的能动性才能起作用，才能表现出它的规律。尽管这个原理或规律只有当人的思维表现出意识的各种现象时，才起作用并表现出它的规律，但是，这个原理，作为对于解释意识现象的实质却是首先必须确定的，否则就不能对各种意识加以科学的阐明，因此，就思维的原理讲，它是逻辑在先的。康德的这个思想对黑格尔产生了很大影响，并将康德有关主体自我所意识到的不同逻辑层次上的对象演化成绝对自我的外化。

　　康德明确了意识的规律是逻辑在先的，只有通过它才能解释意识的现象，这说明意识的基本原理或规律不是由各种意识现象造成的，而是一个先于经验和各种现象的逻辑上的先天性和先验性。所谓先天性与先验性，即"盖经验自身即为包括一悟性之一类知识；而悟性则具有此种规律，即我必须预行假定，在对象授与我之前，此种规律即存我之内部，盖即先天的存在者。此等规律在先天的概念中表现经验之一切对象，必然与此等先天的概念相合，且必须与之一致"①。康德的这个观点，在认识论上提出了一个令人惊异的变革，即不是我的思想去适应对象，与对象相一致，而是相反，对象要和人的认识活动，人的先验意识及规律相一致。人的一切意识对象，不论在哪个逻辑层次上：感性、悟性、理性，一切对象作为意识对象总是为人所意识到的对象，那

---

① 康德：《纯粹理性批判》，商务印书馆2009年版，第16页。

么，意识对象就必须服从我意识到的先验原理，而不是相反。康德认为，要解决休谟的问题，必须有这样的看法，这种看法和传统哲学不一样，只有这样的转折，才能对意识有科学的阐明，因此，康德称为"哥白尼式的革命"。以前的哲学认为：意识对象都是一个现成的客观存在，人的认识要与对象相一致，没有意识到意识对象也是一个意识，因而其本身也应服从意识的规律。这里值得注意的是：一定要清楚康德的对象不是指自在之物等一切不依人的意识为转移的客观存在，而是为人的意识所显现的意识对象，在此意义上，康德主张不是认识反映与符合对象，而是对象适应意识规律是合理的，不能简单地看作是唯心论，这个观点不仅合理，而且唯有这样才能揭示思维的能动性与感性对象的关系。过去哲学只从对象角度来说明认识，而不考察认识的主体和理性有其片面性，康德认为如果不考察认识的主体及其理性作用，就不可能对意识的规律作出科学的说明。

从康德开始，哲学开始了由以心向外转入以心向内。当哲学以心向外时，它只考虑到意识对象的规定如何，并认为把握对象的规定性又是从对象中现成地找到的，因而很容易陷入经验论。经验论意识不到人所以能够从意识对象中找到有关意识的规律性，是因为意识在表现这些意识对象时，早已把理性的规律性体现在意识对象之中，所以，才能从意识对象中发现各种逻辑规定性，因此，要想解释意识对象的各种逻辑规定性，以心向外不行，必须从以心向外走向反身内求，考虑意识本身。在考虑意识本身时，康德认为意识是由两个因素组成的：纯粹感性与纯粹思维，意识就是思维在对感性关系中的规律性，一切意识对象都要服从这个规律性，因为一切意识对象都是人的意识表象，由此解决休谟的问题。应该说，在康德看来，意识规律要起作用，脱离不了感性经验，只有在与感性对象的关系中，才能使思维规律的潜在性变成现实性。这也就是说，康德不是从纯粹思维出发来演绎范畴，而是在思维与感性的关系中发现范畴。因此，康德的观点使人意识到二重关系：一是思维把握对象的确定性，是思维把握对象的主观性；二是这个主观性在对对象意识的同时又是一个思维与对象的客观性相统一的主客统一性，即思维的规定本身又是一个主客统一性。如何解决这个主客统一性，康德认为人的感性必须在物自体的刺激下才能产生并由之激发思维规律的作用，思维规律是一个主观性，但并不表现以物自体为基础的意识对象本身的规律性，对象本身与物自体之间是不可知的，没有达到主客统一，这是康德的弱点。不过，康德同样根据他的学说阐明了思维规律是一个主客统一性。首先，思维的确定性是一个主观性，这个主观性具有表现人的意识对象的普遍性和必然性，在此意义上，思维规律是主客统一性，因而对一切意识对象具有客观有效性。由于认识对象要服从我意识到的意识规律，故"盖新观点足使吾人说明何以能有先天的知识；且关于'成为自然（所视为经验之对象之总和者）之先天的基础'之先天的基础"①。由于康德的主客统一性只是一个思维与感性关系的意识确定性，所以，黑格尔称康德哲学是一个主观主义。

继康德之后，德国古典哲学对思维的理解，便是思维本身就是对感性的关系，感性表现是思维的一个固有环节，因此，当从思维中演绎它的逻辑规定时，不能脱离不同层次上的感性对象，即感受性、感性印象。针对这种观点，费希特进一步提出，要从纯粹思维本身演绎思维的规律，即思维把握对象的范畴。费希特提出：第一个命题——自我设定自我；第二个命题——自我设定非我，而这个非我就是指人的感性机能所产生的感性表现。费希

---

① 康德：《纯粹理性批判》，商务印书馆2009年版，第17页。

特是从自我与非我的相互作用中，演绎思维把握感性对象的逻辑规定。在这里，费希特虽然在本质上，没有脱离康德的哲学观点，但是他的解决方式则高明于康德。这种解决方式，到了黑格尔达到了高峰，表现为绝对理念在与自身对象化的对立统一中演绎出范畴。

（三）理性批判与形而上学

在《纯粹理性批判》第一版序言之中，康德提出形而上学是人类的理性本性之必然倾向，即是说人类理性在其认识过程中，必然要指向形而上学。因为人的理性本性总爱追根寻源，这样理性便会不知不觉地超越一切可能的经验范围，指向一个最后的、无条件的始因，使理性陷入矛盾，引起哲学家各立学说，互相争鸣。但是，诸多哲学学说没有一个是可以站得住脚的，因为，世界的整体是有限的，抑或是无限的；世界的始因是什么等形而上学问题，非人的经验所能证明，所以，形而上学虽为理性本性所出，但却不是它的能力所能解决的。

有一个时期，形而上学曾经号称为一切科学的女王。但是，自17、18世纪以来，数学和物理学的惊人成就，使形而上学威信扫地，声名狼藉。然而，哲学的失败并不意味着形而上学毫无保留价值，而是引导我们重整理性的旗鼓以事它的艰巨任务；要求我们设立一个理性法庭，对纯粹理性本身进行彻底的批判考察，由此来决定一般形而上学是可能的，还是不可能的，以及它的来源、范围和界限等。在该书的一版序言中，康德把过去的形而上学分为两个派别：一种是独断论，另一种是怀疑论。他说："玄学之政权，初则在独断论者统治之下而为专制的。但因其立法仍留在古代蛮野之痕迹，故其帝国渐由内乱而陷入完全无政府之状态；而游牧种族之怀疑派，则厌弃一切安定生活，时时破坏一切社会之组织。……在最近时期因有一种关于人类悟性之说明学问——声望卓著之洛克所著之悟性论——似将终结一切论证,且关于玄学自身所主张之地位,似亦受到最后之判决。"① 在康德看来,独断论是通过三种因素——唯理论、实在论和先验论来表达的。独断论强调理性、相信理性,承认思维的规律是思维所固有的先天因素,在进行与建立一种形而上学以前,既没有系统地考察人的理性本身及其把握对象的意识原理与规律,也没有考察人的认识能力能够达到什么程度,就武断地认为思想观念作为天赋观念本身能够反映实在并确定实在的整个性质。怀疑论也同样以三种因素——经验论、主观论、内在论来表达。怀疑论把知识归结为感官经验,断言知识只能局限在主观意识内部,不能通过感觉达到对客观实在性质的确定和反映,由此又再度陷入陈腐的"独断论"。由于上述两种独断,形而上学作为哲学,从来就没有一个稳定、健康发展的理论基础。关于这点,他说:"此非由轻率所致,乃由时代之成熟的判断力所致,彰彰明甚,盖时代之判断力,已不再为虚妄之知识所欺矣。且此为对于理性之一种要求,令其重行从事于理性之所有之一切事业中最艰巨之事业(即理性自知之明),及组织法庭不以独断的命令,而依据理性自身所有之永恒不变法则,以保证理性之合法主张而消除一切无根据批判僭妄主张。此种法庭实为纯粹理性之批判足当之。"② 在康德看来,形而上学如果不想沦为独断的"虚妄之知识",而变成一个具有稳定、健康发展的理论,就要对纯粹理性进行批判,因为形而上学实际上是人的一种理性的本能,或思维的本能。人的理性或思维天然

---

① 康德:《纯粹理性批判》,商务印书馆2009年版,第4页。
② 康德:《纯粹理性批判》,商务印书馆2009年版,第5页。

的就有一种趋向于穷根究底，追求事物的本源的倾向，所以，形而上学作为哲学是理性的一种必然表现，是理性的一种理想性，因此，形而上学实际上就是一个主体问题。

在该书一版序言中，康德未提到本书的中心问题，好像《纯粹理性批判》一书只是为了解决传统形而上学的问题能否成立。在该书的二版序言中，康德较为全面地阐述了该书的中心内容——纯粹理性的问题，提出了他称之为哲学上的"哥白尼式的革命"。在康德看来，形而上学虽然比其他科学都古老，但是，形而上学至今还不能找到一门科学的可靠道路，理性不断地碰壁、不断地在黑暗中、在单纯的概念中瞎摸。形而上学要变成科学，就必须找到一种新的思想方法，而数学和物理学的变革与成功，则为哲学提供了启示。形而上学类似于数学、物理学，也是一种理性知识，所以，它应当效仿几何学家、自然科学家的先例，给形而上学来一场全面的革命。如上所述，数学和物理学思想方法转变的本质特点是：理性所视为己的立法权力，从逻辑上先于事实，经验的事实服从理性的法则并根据理性的法则表现出来，因而如果把这个进行方式加以概括和扩充，就能找到新哲学所需要的那种方法。这种方法要求我们放弃一切知识必须适合于对象的传统观念，承认理性有其自行规定法则的权利，假定对象必须适合于我们的思想和认识，而不是相反。康德把这种思想方法上的变革称作"哥白尼式的革命"。其革命的后果是：纯粹思辨理性能够并且应当根据自己选择思考对象时所用的各种方式来测定自己的能力，并且顺理成章地说明一种先天知识是可能的，在先天的知识里，能够加给对象的只是思维主体自己拿出来的东西。所以，如果从知识的原则上，确定纯粹理性是一个完全独立的统一体，那么，如果有机地分析、研究理性的各个认识环节，就可以掌握适合于形而上学的整个知识领域，既包括它的界限，也包括它的整个内部结构,从而使它的工作圆满完成,传给后人一份永远无须增益的财产。康德认为人在形而上学领域回答的问题是有关人的理性问题,正是在此领域内困难重重,各派观点不一,所以,要解决这个纷争,必须先要好好地研究人的思维原理,即人的认识能力。他说:"我之所谓批判非指批判书籍及体系而言,乃指就理性离一切经验所努力寻求之一切知识,以批判普泛所谓理性之能力而言。故此种批判乃决定普泛所谓玄学之可能与否、乃规定其源流、范围及界限者——凡此种种皆使之与原理相合。"① 康德对纯粹理性的批判,就是要为哲学的发展奠定理论基础,而传统哲学则既从没这样做过,也没有这样的理论基础。唯理论的体系是独断论,所以,常常遭到怀疑论的袭击。在他看来,哲学的发展经过了独断论、怀疑论的幼稚时期以后,必然会由他的批判哲学取而代之。批判哲学是批判地吸收了上述两种哲学的观点,它承认知识不能单纯地归结为感觉经验或天赋观念;承认理性的能动作用以及理性所固有的把握对象的先验规律,但否认理性能够把握实在的本质;主张人的认识只能停留在人的经验意识之内。所以,批判的哲学也由三个因素组成,即唯理论、主观论和内在论,它的表述是:知识虽然独立于这个或那个经验而发生,但是只是对于经验才具有客观效用。在这个意义上,康德的先验哲学体系深受经验论的影响,发现意识的确定性实际是一个思维在与感性对象关系中的主客统一性,并试图不偏不倚地去调和唯理论和经验论,但是,由于他的基本原则是在唯理论的基础上去结合经验论,所以,最终并未达到二者的内在统一。

依据对人的认识能力的批判考察,康德的整个哲学体系有以

---

① 康德:《纯粹理性批判》,商务印书馆2009年版,第5页。

下几个环节。

第一，认识能力的普遍性。康德首先分析、批判了人的认识能力，要找出认识能力的先验原理。他把人的认识能力一般分为感性与思维，思维作为悟性的自发性是思维把握对象的规律性，因而它具有普遍性；思维作为理性又称作思辨理性，理性认识虽然是人的认识机能的最高环节，但是理性不能为自然立法，理性仍要以悟性规律为基础，因而理性作为思辨理性达不到对本体界的肯定和认识，只能停留在现象界。关于人的认识能力的普遍性的观点构成了《纯粹理性批判》一书。

第二，认识能力的一个基本的特殊表现，即实践性，而关于人的实践性，构成了《实践理性批判》一书的主要问题。在这里，人的思维不是作为一个普遍的思辨性，而是作为实践性。人的实践性以理论理性的普遍性为基础，指向人的特殊的伦理道德实践。实践理性虽然以理论理性——悟性的思维规定为基础，但实践理性有一个不同于思辨理性的地方，即思辨理性对本体界不能作出什么有意义的认识，因而它不能为本体界立法，但实践理性不同，它能够以悟性的普遍规律为基础，为人的意志立法。这个立法高于悟性，是有关人的伦理实践的道德法则。这种道德法则不是来自感性或经验，而是来自思维作为实践理性。既然道德法则不是来自感性与经验，而是来自实践理性，这就说明通过人的道德行为，人的本体作为理性的事实是存在的，由此康德通过道德实践证明了本体界的实在性，因此，康德的本体论是以伦理道德为基础的形而上学。

第三，关于判断力的批判与分析。康德认为哲学的划分基本有两个部门，一个是关于认识原理，另一个是关于实践，叫道德哲学。但是，这两个部门都以人的判断力为基础。康德认为思维的机能本质上就是判断机能。所谓判断机能就是思维在对意识对象的关系中，以它所产生的逻辑规定去把握、综合对象，把对象规定为它的逻辑规定的实在性，这就是判断。康德把思维机能归结为判断机能的思想是杰出的，而关于判断机能的原理就是悟性原理，思维作为悟性的原理，既适用于思维的机能，也适用于实践理性。判断机能有两个方面，一方面是把对象统摄或统一在普遍的逻辑规定之下，即统摄在悟性范畴之下，或者普遍的意识原理之下，这称之为规定的判断，并在《纯粹理性批判》中得到了论述。另一方面，思维把各种对象统摄在它的逻辑规律之下，这种认识只是一种普遍性，但在自然界，每个对象都是特殊的，是一个各种特殊意识对象的体系，因此，判断力在把对象统摄在普遍思维规定性之下时，必须在普遍性的基础上，能够回到自然界的各种相互联系的体系中，这种作用叫反省的判断力。关于它的原理构成了康德《判断力批判》一书的问题。反省判断力涉及他的美学，黑格尔非常赞赏他的《判断力批判》，因为在这部书中，康德力图把普遍性与特殊性相结合，尽管这种结合还不完美。所有三部书都以他的先验论为基础，以他的"哥白尼式的革命"：即一切思想都以它的先验原理为基础，也就是在康德式的思维的主客统一性基础上进行的。

（四）"哥白尼式革命"与启蒙运动

康德在哲学上的"哥白尼式的革命"与科学史中的哥白尼革命的后果是不一样的，因为在哥白尼的日心说出现之前，占统治地位的地球中心说强调的是人的价值，而哥白尼的日心说不仅导致宇宙是无限的，地球不过是无限宇宙的一小部分，而且生活在地球上的人更是微不足道了。康德在哲学上的哥白尼式倒转不一样，他主张对象要适合人的认识能力与规律，其后果恰恰是强调了人的价值，确立了理性的主体性原则，这既蕴含着对启蒙思想的推进与发展，也导致了德国唯心主义的运动。

众所周知，近代反思哲学以自我意识为基点是确立主体性原则的关键，而现代性的自我确证则始于笛卡尔的"我思"。笛卡尔不作任何预先假设的激进主义批判怀疑式，不仅充分肯定与显示了主体理性的权威，开启了一种在"自我"的主观性中寻找世界和真理的最终根据的"哲学研究的全新方式"，而且通过主体的"我思"确立了"我在"，为现代哲学建构主体性原则开辟了先河。无论人们是否赞同笛卡尔的认识论程序，然而转向研究主体，回溯到那个在其内在性中进行认识的自我中去的要求则势不可挡。这种基于主体自我关系的反思哲学，在以后的理性主义哲学中充分显示并发挥了它的内在力量，并在德国古典哲学中达到高峰。经验论和唯理论尽管在主体理性的真理性与确定性的基础上存在着分歧与争端，但是，探索与立足于主体理性或自我意识，并将其作为理性主体认识的出发点与归宿，作为科学知识与认知真理的确定性基础与标准，则为二者共同的哲学取向及方法论基础。

之后，康德在其著名的三大《批判》中，通过对纯粹理性能力的批判，进一步确定了理性主体的权威，使得理性的建筑术在客观知识、道德实践与审美评价领域得到了充分的肯定与展示，主体理性不仅是知性的力量，同时也是理性认知、道德实践与审美鉴赏的先天原则和源泉，理性主体以自我的自主、自律、自由变成了整个文化领域中的绝对立法者，形成了康德独特的启蒙精神。正因为如此，哈贝马斯在《现代性的哲学话语》一书中认为，康德哲学明确地反映了时代的本质特征，因为它确立了理性主体、主体理性在现代世界这座思想大厦中的主人地位与权威。

  继康德之后，黑格尔第一个明确地把这种通过自我理解、自我批判而达到自我确证的问题看作是现代的主体性原则问题。在他看来，从思维的视角把握时代即为现代，而"哲学把握自我意识的理念乃是现代的事业"[①]。那么，由自我反思所充分发挥出来的精神的自由自在性，则是现代世界的主体性原则。依照黑格尔的看法，现代世界的主体性原则，说到底就是主体性的自主、自律与自由。主体性的原则及其内在自我意识的结构所塑造出来的自主性、自律性与自由性不仅是哲学的诉求，同时也是主体理性所激发起来的人性自觉。主体理性的觉醒与"成熟"不仅表现在宗教改革、文艺复兴与启蒙运动中，同时还体现在科学、宗教、道德与艺术等各个社会活动领域。在现代世界，以主体为中心的理性在自我理解中撕破了一切约束，自力更生、怡然自得地生活在自我营造的环境中。宗教信仰变成了一种反思，神的世界在孤独主体的反思中得到了解释与设定；自然科学中的一切奇迹都不复存在，因为自然界不过是由人的认识法则建构起来的一个逻辑体系；道德戒律不再外在于人而存在于彼岸世界，而是以肯定人的主体自由为前提，在主体的自由意志中找到了普遍的规范性基础；艺术创作陶醉在自我欣赏与自我实现中，其设色布势，形式与内容都只有在自我体验中才能表现现实。随着一系列用理性原理建立起来的现代经验科学，道德实践以及艺术审美的出现，便形成了不同的文化价值领域。虽然互不相同的活动领域各有自己独特的研究问题，即真实性问题、正义问题和趣味问题等，但是，就各个活动领域都贯彻的是一个理性主体的原则而言，表明现代性与合理性之间有着显著的内在关联，主体理性与现代文化

[①] 哈贝马斯：《现代性的哲学话语》，译林出版社2004年版，第20—21页。

形态之间无论是在善或恶的意义上都具有建构的意义。正因为此,哈贝马斯说:"在现代,宗教生活、国家和社会,以及科学、道德和艺术等都体现了主体性原则。它们在哲学中表现为这样一种结构,即笛卡尔'我思故我在'中的抽象主体性和康德哲学中绝对的自我意识。""现实'只是一种通过自我的显现'。"① 因此,于康德而言,启蒙与其被视为一种运动,不如把它理解为一种态度,一种精神气质和一种哲学生活。

---

① 哈贝马斯:《现代性的哲学话语》,译林出版社 2004 年版,第 22 页。

第一章 《纯粹理性批判》统观

一 《纯粹理性批判》的基本问题：思维与感性

思维与感性的关系问题是《纯粹理性批判》的基本问题，然而在这部书中，康德并没有明确地这样提出问题，而是人们就其书的精神实质概括出来的。康德的全书基本思想是分析人的认识原理，他把人的意识分为思维与感性，并在导论中讲，没有感受性的理性是空洞的，没的理性的感性是盲目的，二者不能孤立地形成人的认识，认识在于这二者的结合。因此，《纯粹理性批判》就是要解决二者结合的规律问题。

然而，康德在解决这个问题时，把这两个因素的关系基本上归结为这两个因素所固有的先天因素。在先验感性论中，感性的先天因素是时空形式，时空形式具有普遍性和必然性。在先验逻辑中，思维的先天规定是纯粹概念或范畴。在本质上，思维和感性的结合是靠思维的范畴和感性的时空形式来实现的，而不是靠时空形式中的感性内容，因此，康德在解决这个问题时，并未达到二者之间的内在统一，而是通过思维与感性的外在结合的折中方式。这样做的结果，也必然导致思维以感性为中介而对物自体的关系是以不可知论的方式解决的。因此，康德在解决哲学基本问题时，一方面，以感性为中介，没有达到思维与物自体的统一；另一方面，由于思维与感性之间只是外在结合，所以，也没有达到二者的内在统一。在这里，虽然康德有其独特的解决方式，且这种方式存在着很大的缺陷，但是，在康德的思辨哲学中，思维与存在、思维与感性的关系问题，则是它要解决的最基本问题。

二　思维与感性问题的康德表达式

康德的基本问题是思维与感性的关系问题，但是他本人对此有自己特殊的提法；要了解康德本人的提法及其实质，从而了解康德的提法和上述是一致的，那么，就要涉及他在导论中所讲的一系列问题。

（一）经验知识与先天知识

康德对思维与感性的关系问题的提出，首先来自对认识何以可能的认识源流的考察；来自对生成认识的两种因素的区别。

在康德看来，人的一切认识都是从经验开始或发源于经验，但这并不等于说人的一切知识、观念都是被动地来源于感性与感性内容，好像思维和理性只是被动地从感性接受、归纳而没有增加它的内容。所以，虽然人的一切知识开端于经验，但从经验所以可能的条件来说，它具有两个因素，一种是后天的，后天的因素是指物自体作用于人心感性机能而产生感觉；另一种是先天的，感性的时空形式、悟性的思维规律都是先天的。认识固然生成于后天的与先天的两种因素，但是，在康德看来，凡是先天的因素都有如下基本特点：首先，它具有普遍性与必然性。它之所以是普遍的，因为它对人的一切意识对象都具有普遍有效性，各种知识都应体现它。正因为先天知识都具有这样的普遍性，所以，它又是必然的。人的一切知识必然具有这样的原则体现于其中。在这里，可以看出，康德对必然性的概念采取了传统哲学的观点。在传统哲学那里，一个事物必然会这样，那么，它便意味着它不会有另外一种可能性。如果一个对象A，既可以表现为B，又可能表现为C。那么，B或者C对于A来说，只是偶然的。如果A一定会表现为B，这就是必然的。在这个意义上，康德所说的必然性相当于黑格尔逻辑学中的统一性，各种对象永远和它的本质相统一。在黑格尔看来，B与C之间有共性，A表现为B或C，最初可以说是偶然的，但如果对A表现的具体条件加以限制，说出它的全部条件的总和，它或者只能表现为B，或者也只能表现为C。康德没有这样的认知与观点，他的必然性是指A作为本质，对B、C而言，其共性是D，那么，A的必然性也是D。他的必然性可理解为一个绝对的必然性，与它的普遍性相联系。正因为这样，康德以必然性和普遍性来定义一切先天的知识。换句话说，凡是在人的一切知识中，凡是具有普遍性和必然性特点的内容，都是先天的因素。

其次，康德所谓先天因素不等于先天观念，只是指人心机能（感性、思维）的能动性。就感性的先天因素讲，它产生于人心机能对物自体的刺激所固有的关系；思维的先天机能起源于思维机能作为悟性对感性的固有关系，所以，思维是个自发性。

总之，知识起源于经验但不完全归于经验，说明知识有两个因素：先天的与后天的。凡是人的知识不论是经验的，还是超验的，都是人的认识机能作为判断机能对感性对象的把握，都是以感性经验为基础。当思维作为判断机能去把握对象时，由此所表现出来的人的认识与知识必然表现为人的判断与命题。人的判断与命题具有什么样的特点或性质？人的知识如何形成？基于对这些问题的澄明，康德提出了《纯粹理性批判》中的基本命题。

（二）分析命题与综合命题

康德对问题的提法，源于休谟。他认为解决休谟的问题实质在于对判断或命题的分析，他认为以前的哲学之所以不成功，在于从未对两种不同的判断和命题加以区别与分析。结果结论本应是综合的，哲学家则看成分析命题，看作是由分析演绎出来的，这样就掩盖了问题的实质。所以，康德认为区别与分析不同的判断与命题，对研究人的意识原理是十分重要的。

康德认为有两种判断，即分析的判断与综合的判断，并对两者进行了区别。他说："在含有主宾关系之一切判断中（今仅考虑肯定的判断，至以后适用于否定的判断，则极易为之）此种关系之所以可能共有两种方法。或乙宾词属于甲主词而为包含于甲概念中之某某事物，或乙与甲虽相联结而乙则在甲概念之外。前一类我名之为分析判断后一类则名之为综合判断。分析判断（肯定的）其中宾主连结，视为相同之事物；凡其连结，不以宾主二者为相同之事物者，则应名为综合判断。前一类，因宾词对于主词之概念一无所增益，唯将主词之概念分剖成'所含在其中构成此一概念之若干概念'（虽属混淆），故亦可名之为说明的判断。后一类则对于主词之概念加以'其所绝未含有，且即分析亦不能自其中抽绎'之宾词；故又名之为扩大的判断。"① "由以上所述显然如下：（一）吾人之知识由分析的判断绝不能扩大，仅我所已有之概念提示于前，而使我易于理解耳；（二）在综合的判断中，如欲知一实词不包含于此概念中而又隶属之者，则必须于主

---

① 康德：《纯粹理性批判》，商务印书馆2009年版，第37—38页。

词概念之外，别有为悟性所依据之某某事物（X）。"① 由此可见，所谓分析命题，是在判断或命题中，谓词内容现成地包含在主词中，经过分析把主词中的内容加以明确化。如：一个单身汉是未婚的男人。由于分析命题不过是把主词概念中的内容加以清楚地表现出来，所以，这种命题的特点是不扩大人的知识。

分析命题又区分为先天的分析命题与经验的分析命题。先天的分析命题是指由一些具有普遍性的概念所组成的命题，对人的一切认识具有普遍有效性。"盖当构成此分析的判断，我不必越出我概念以外，即无须经验之证明以维持之者。因之，'物体为扩延的之命题，乃先天的有之而非经验的。……'。"② 这意味着先天分析命题产生于人的思维理解作用，它的来源不是后天的，而是先天的。因此，它适合于一切认识的概念所作出的判断，而这种判断的谓词又现成地包含在主词之中，没有增加任何内容，所以，这样的判断也称作先天的分析判断。先天的分析判断揭示了产生于人心能动机能的那些概念和逻辑规定所固有的意义，这个意义表明了产生于思维理解作用的概念和逻辑规定性，其来源是先天的，而非后天的。经验的分析命题是由一些具体的经验概念组成的，如桌子、动物等所组成的命题。在经验的分析命题中，谓词的内容已经包含在主词中了。不过，这样的命题是后天的，如：人是有理性的动物。

两种命题的关系是：先天的分析命题是一切经验分析命题所以可能的基础条件，因而前者是后者普遍的、必然的因素，在这里，便涉及各种经验概念的起源问题。康德认为，以前的哲学家从来没有分析过经验概念的起源，洛克认为经验概念是现成的从

---

① 康德：《纯粹理性批判》，商务印书馆2009年版，第39—40页。
② 康德：《纯粹理性批判》，商务印书馆2009年版，第37—38页。

感性中拿出来的。在康德看来，一个概念一旦形成之后，它就可以以这种概念为基础，对它进行分析，从中直接地或间接地分析出一系列命题，不过，其前提是这些命题已经包含在这个经验概念之中了。但是，在人的知识发展中，还会遇到一些新的感性材料，这些新的感性材料是为已经形成的经验概念所包含不了的，这就必然会出现概念的重新组合与调整过程，出现人的各种认识的发展，这个认识的发展用分析的方法是解决不了的。因而只有回到原有的概念基础上，思维重新组合、调整，才能促成概念的发展。所以，经验概念的产生与发展，都需要以先天的普遍概念为基础，经验的概念脱离不开先天的、普遍的概念。

其次，康德继而进一步阐释了综合命题。所谓综合命题，谓词所表达的内容不包含在主词中，换句话说，从主词中分析不出来谓词，因而这种命题不仅具有了新的意义，其形成也是综合的，所以，唯有综合命题可以扩大人的知识。

综合命题分为先天的综合命题与经验的综合命题。经验的综合命题是由一些经验概念所组成的知识，谓词不包含在主词中，这种命题是经验的综合命题。如物体都是有重量的，是一个经验的综合命题，因为重量从物体的概念中是分析不出来的，还需要综合新的感性材料。但是，如果说物体都是有广延的，则是分析命题，因为物体如果离开了形状就不成为物体了。康德认为经验的综合命题是依靠经验产生的。所谓依靠经验产生的，就是依靠经验所以可能的原理，那么，要理解与说明这个问题，必须同先验分析论结合起来考虑。在康德看来，最难的一种命题是先天综合命题，它是人的一切概念和命题对一切经验所以是可能的命题。在这种命题中，概念或命题作为谓词的普遍概念并不包含在作为主词的普遍概念中，也不是由经验所产生的，而是在思维与感性对象的关系中产生并形成命题的，这就是先天的综合命题。

经验的综合命题和先天的综合命题之间的关系是：各种经验的综合命题是以先天的综合命题为基础，后者是形成经验的综合命题所以可能的原则，那么，先天综合命题如何形成就成了一个核心问题。

（三）先天综合命题

经过对经验的与先天的分析命题、经验的与先天的综合命题的分析与区别，康德明确表示先天综合命题才是其哲学的重中之重，因为先天综合命题何以可能的要义，实质是一个思维对感性的关系问题。

关于先天综合命题，康德深受休谟哲学的影响。在康德看来，在以往的哲学家中，休谟最为接近于这个问题，但是，他远未以充分精确及普遍性来考虑这个问题。因为休谟专门致力于因果关联的综合命题，并自以为揭示此类先天综合的命题是完全不可能者。在这里，康德虽认同休谟的结论，但是，他既不苟同于休谟的经验论立场，更反对休谟基于非理性基础上的因果观，因为这样的因果观纯属玄学者的一种幻想。所以，康德不无遗憾地说："休谟如曾就问题所有普遍性以观察吾人之问题，则彼绝不致此种毁弃一切纯粹哲学之言论。盖彼将见及以彼之所论证，则所视为确实包有先天的综合命题之纯粹数学亦将成为不可能；以休谟生平之卓识，自当无此种主张矣。"[①] 在康德看来，先天综合命题是一些指导人的认识何以可能的原则，它们与先天分析命题不一样，先天分析命题不能作为指导人的认识何以可能的原则，因为这类命题是一种同义语反复的命题，但是，先天综合命题不一样，这类的命题的谓词从主词中分析不出来，因而是综合的。

---

① 康德：《纯粹理性批判》，商务印书馆2009年版，第43—44页。

那么，这些普遍的、先天的综合命题是如何形成的，便成为康德哲学的任务。

先天综合判断何以可能？"吾人今必须从事者，乃在就先天的综合判断所固有之普遍性，以发现此种判断所以可能之根据，而得洞察所以使此类判断可能之条件，以及将此种自成一类之知识，按其来源、部类、范围、界限，组成一完备而足供一切使用之体系。"① 康德考察了人的认识能力、界限与范围，解决了先天综合命题是何以可能的这个问题，此问题是康德全部哲学的逻辑基础。先天综合命题是何以可能的这个问题，实际上是一个思维对感性的关系问题，因为先天综合命题是一种思维把握感官对象的一个原则，它的成立脱离不开思维对感性的关系，因此，要证明先天综合命题如何成立，怎样普遍有效，只有在思维对感官对象的关系中才能得到解释。康德通过提出先天综合命题，以及对于其何以可能问题的解答，便把思维与感性之间的问题实质表现出来了。

先天综合命题是如何可能涉及创造思维与单纯论证思维的问题，如上所述，先天综合命题是形成经验的基本原则和条件，因而思维是一个能动的创造作用。思维的本质是创造，形成概念需要以先天综合判断为基础。所谓论证思维就是以形成的概念为基础，通过三段论来证明并由它形成结论。所以，思维对感性的关系问题可归结为先天综合命题是何以可能的。

三　先天综合判断何以可能

（一）先天综合判断何以可能的三种含义

先天综合命题何以可能有如下三种含义：第一，心理学和逻

---

① 康德：《纯粹理性批判》，商务印书馆2009年版，第40页。

辑的可能性；第二，解释的可能性和存在的可能性；第三，实在的可能性和理想的可能性。

首先，从心理和逻辑上看是否可能。概括地说，从对人的心理作用进行分析，来说明能否形成先天综合命题，由之形成了康德的主观演绎。形成认识的心理条件是前提，所以，如果心理作用是可能的，必然呈现出思维把握对象的逻辑可能性，逻辑的可能性形成了客观演绎。但在人的现实认识过程中，二者是分不开的。

其次，既然从心理与逻辑上表明先天综合命题是可能的，剩下的是解释它的本质，那么，怎样解释它的本质；能否找到合乎逻辑及其客观意义的解释，以及能否为它的合理性作辩解等。然而解释的可能性总归只是可能，重要的是先天的综合命题在科学的发展和数学的发展中存在不存在也需要给予论证与说明。

最后，先天综合命题作为一个合理的实在性，它的意义、作用以及它可以运用的理想范围是什么都需要解释，它可以解释的范围是有限的还是无限的呢？康德认为是有限的，先天综合命题合理的实在性只存在于经验领域，而不容超验。值得提点的是，关于先天综合命题何以可能的分析与阐述，康德在《纯粹理性批判》一书中，采用的是综合方法；而在《形而上学导论》一书中，采用的则是分析方法。

（二）先天综合判断的几种类型

康德认为先天综合命题基本可以分为三类：

第一，数学上的先天综合命题。在他看来，"首宜注意者，所严格称为数学的命题，常为先天的判断而非经验的；盖因其具有不能自经验得来之必然性。设此点为人所否认，则我之论述愿限于纯粹数学，盖即此纯粹数学之概念，已含有不包含经验的知识而纯为纯粹先天的知识之意义"①。"一切数学的判断绝无例外皆为综合的。"② 先天综合命题首先可以从数学中发现，数学的公理与几何学的一些命题都是先天综合命题。

第二，物理学或自然科学上的先天综合命题。康德说："自然科学包含有作为其原理之先天的综合判断。"③ 换句话说，物理学或自然科学中的一些普遍的命题是先天综合命题。那么，康德先天综合命题为什么没有包括社会现象在内？因为在康德看来，人的社会伦理有两个方面，一方面是人的各种实践活动创造种种价值，这种技能的规律服从于自然规律，可以在各种自然科学中找到根据；另一方面，人的各种活动具有社会性，体现在社会关系中，这样就涉及人的伦理，或道德法则一面，而这方面是人的实践理性批判的问题，属于一个单独的哲学部分，纯粹理性批判不解决它的问题。

第三，传统哲学上的有些基本命题是先天综合命题。对于此，康德说："玄学即令吾人视之谓善尚无所成就，但由于人类理性之本质，仍为必不可无之学，而应包含有先天的综合知识。"④ 在康德看来，如因果，实体与属性等，属于哲学上的先天综合命题，但是，像诸如上帝、物自体，以及有关自然总体性等等这样一些超验的命题，就不属于先天综合命题。这样的命题是否有科学的意义，对它作批判的考察，涉及先验的辩证论。

除了这三种先天综合命题外，康德还提出科学的、有意义的形而上学是何以可能的问题，这是指不超越经验现象的形而上学。所谓不超越经验现象的形而上学，实际上等于上述第一与第

---

① 康德：《纯粹理性批判》，商务印书馆2009年版，第41页。
② 康德：《纯粹理性批判》，商务印书馆2009年版，第40页。
③ 康德：《纯粹理性批判》，商务印书馆2009年版，第42页。
④ 康德：《纯粹理性批判》，商务印书馆2009年版，第43页。

二的结合,特别是第二类物理学或自然科学上的先天综合命题。这类形而上学是康德理想所建立的现象论的形而上学,不过他又承认物自体,但它却不能形成有意义的先天综合命题。

(三) 先天综合命题何以可能的问题实质

先天综合命题涉及思维对感性对象的固有关系问题。关于这个问题,存在着两种主要的看法,一种理解认为思维把握感性对象,其普遍的原则或规律是从感性对象中分析不出来的,因而这些命题的性质是综合的,这是休谟的观点,并且提出了哲学的疑难。另一种观点认为思维把握对象的思维规律,它不仅仅是主观的逻辑规定,同时它的意义是通过思维的理解作用从对象中分析出来,因而以分析为基础所形成的综合命题,因而先天综合命题是分析与综合的统一;这是费希特、谢林与黑格尔的观点。

传统哲学一贯把人的感官机能所表现的感官印象或感性形象把握为不同的感性的外在集合,因而由感官形象过渡到意识对象时,就会形成与感性认识相联系的普遍概念,这些普遍概念本质上都是一些不同的可感性质的集合,不同可感性质的集合就是表现于人的意识中的事物。休谟正是以这样的传统看法为基础,认为对象的性质是不同感性的集合,它们之间判然有别,互相之间没有联系,因此,从事物中分析不出各种可感性质之间有什么因果关系,所以,因果命题不过是产生于人的习惯联想。黑格尔认为,就认识的出发点——纯粹的感官印象而言,它不是一些不同感觉的集合,而是不同感官集合的内在统一整体。在这里,黑格尔虽然是唯心主义,但他对这个问题作出了有力的回答,并且黑格尔的哲学观点也为现代的完形心理学所证实。完形心理学对传统的心理学作了批判,指出知觉不是由各种感觉加起来的,而是作为一个整体,在背景中呈现给人的。通过实验证明,把不同的、孤立的感觉加起来，得不出由同样感觉所形成的完形，二者之间有质的区别，由此证明了黑格尔的意识出发点：知觉对象，不是一些不同的可感性质的集合，而是一个内在的统一整体。如果事物是一个不同可感性质的统一整体，其中任何一个可感性质有了变化，也必然涉及其他。黑格尔从中得出，如果可感性质是统一的整体，那么，不同的可感性之间就必然不能仅仅是一个中断性与区别性，如果这样，它们就又变成了集合。所以，对象的可感性必然是在连续性中的中断性、区别性，否则就不可理解。如果它有连续性，第一，在连续性中的中断性、区别性必然是前后制约，相互作用的因果作用，肯定因果作用的客观存在；第二，既然事物是不同可感性的统一整体，且处于连续性中，在其中必然有其统一的基础。因此，从中可以逻辑地分析出事物以实体为基础的实体属性。在上述两点的基础上，黑格尔进一步形象化地阐明了思维与感性的统一。他说感性对象作为不同感觉形象的统一整体，它是在暗示或启发它自己之中的内在意义，因而思维作用必有感性的制约，感性的作用在于启示、制约它自身的理解作用，从而使思维产生把握对象的逻辑规定。这样，黑格尔在唯心主义的基础上统一了思维与感性，康德的局限性是未能超越传统哲学对感性形象的认知，思维与感性的关系只是外在的结合，最后走向了不可知论，因而不能正确地解决休谟所提出的问题。

第二章 先验感性论

一 先验感性论总论

在《纯粹理性批判》中，第一部分叫先验原理论，第二部分叫先验方法论。先验原理论构成全书的主要内容，先验原理研究的是人的意识在其各个不同逻辑层次上的先天原理，换句话说，这个先天原理是就思维在对感性和其意识对象关系中的思维规律而言的。人的意识对象有其固有的规律，这种规律对其意识对象来说，是逻辑在先的，不是在产生意识时临时形成的，在它不表现意识对象时，潜在于人的意识之中。

在康德看来，先验原理不是一成不变的，而是以自在之物对人心的刺激为转移。康德认为，人的意识有两个精神作用，一个是感性的作用，另一个是思维的作用，人的认识以这两个作用的关系为基础，所以，先验原理必然区分为两大部分。第一部分是关于纯粹感性作用的先天规律，那么，揭示感性的先天规律的部分叫作先验感性论。依照康德的说法，所谓感性，就是"'由吾人为对象所激动之形相以接受表象'之能力（感受性），名为感性"[1]。第二部分是关于思维作为悟性在对感性固有关系中的逻辑

---

[1] 康德：《纯粹理性批判》，商务印书馆2009年版，第53页。

规定性，即"对象由感性授与吾人，仅有此感性使吾人产生直观；直观由悟性而被思维，且自悟性发生概念"①。先验感性论是揭示人的认识所以能够具有种种感性印象或表现的内在基础与根据是什么，换言之，揭示人的意识的整个感性的规律或原理的问题，所以，它是认识论的出发点。对于这个认识的出发点，这部分仅仅是就纯粹的感性而言，不容许有悟性的规律和思维的作用，即在一种纯粹的状态上研究感性的规律。在康德看来，只有作这样的抽象，才能看看感性到底是什么，并以此为基础，进一步揭示以感性为基础，思维与感性的关系。如果将二者混在一起，就容易犯以前哲学的错误，把知觉变成经验事实，忽略了思维的作用。当然，就实际情况而言，纯粹感性是人所不具有的，研究纯粹的感性作用，就是从意识中抽出来考察，这种考察等于是动物意识或动物心理学，所以，纯粹感性对人而言没有现实性，因为凡是感性表现，必然同时有人的思维联系过去的经验在起作用，表现为意识。但是，这并不影响康德把感性抽出来单独进行研究，因为在他看来，"凡一切表象其中绝无属于感觉之成分者，我名之为纯粹的（此就先验的意义而言）。普泛所谓感性直观之纯粹方式（直观中之一切杂多皆以某种关系在此方式中被直观者）必须先天的存于心中，此种感性直观之纯粹方式，亦可名之为纯粹直观。……纯粹直观者即无感官或感觉之现实对象而先天的存在于心中为感性之纯然方式者也"②。正因为先验感性论阐明的不只是经验性的东西，而是包括了感性的先验规律，所以，康德这样做，有一定的合理性，也表现了康德先天综合判断的特点。

---

① 康德：《纯粹理性批判》，商务印书馆2009年版，第53页。
② 康德：《纯粹理性批判》，商务印书馆2009年版，第54页。

先验感性论说明了数学上的先天综合命题是何以可能的。在这里，其问题是感性的规律既然是先天的、先验的，那么，它又如何适用于人的一切感性对象？康德主张要以感性直观的先天原理为基础，然后说明人的思维不是靠经验材料形成它的先天综合命题。之所以如此，是因为康德关于感性的学说不是经验论的问题，而主要在于揭示感性作用中的先天规律；只有厘清了感性作用的先天规律，才能发现数学的秘密。所以，先验感性论虽然说明了数学上的先天综合命题是何以可能的，但不能说先验感性论是专门为解决数学命题而设定的。先验感性论虽然篇幅小，但是难度大。

二　时空形式与感性内容

人所能经验到的感性对象虽然多种多样，千变万化，但这些感性对象中具有普遍性和必然性的东西，这种普遍性与必然性的东西就是时间与空间形式。人所经验到的一切感性对象，普遍的具有时间空间关系，就人的内感官而言，它具有时间的关系，人对自己的内部感觉，如自我活动感、苦乐感，以及各种情绪等，都表现在时间的前后相继的连续性中。如果把这个因素从人的感官中分离出来，关于时间与空间就具有普遍性与必然性。按照康德的标准，凡是具有普遍性和必然性的东西都不是来自感觉与经验，因而时间与空间不是后天的，而是一种先天性，是人心感性机能所固有的纯粹的先天原理或规律。这种先天原理或规律，是人心机能所固有的先天的直观形式。如果把时空形式抽出来，剩下的就是由物自体的刺激而产生的各种各样的感受性，即各种各样的感觉。感受性是后天的，不是人心具有的，因为它以物自体的刺激为基础，但它本身并不表现物自体，二者只是一种对应关系。对于这点，以前有一种误读：认为经过时空的综合所形成的感性不反映物自体是错误的。实际上，在康德看来，人心产生的感受性本身就不表现物自体，由物自体的刺激所产生的感受性是后天的内容，时空是形式。在此，康德把人的感性表现中的普遍性与必然性，看成人心感性机能所固有的直观形式，这样，受物自体刺激而产生的感受性本身必然没有时空性，这是先验感性论的要点之一。

在先验感性论，由物自体的刺激所产生的感受性是内容，时空是形式。物自体刺激感性机能产生感受性，感受性便立即唤起感性作用对其直观，把感性内容表现在先天的直观形式中，于是对人便呈现出了形形色色的感官印象。由此可见，康德的先验哲学不同于经验论，根据经验论的观点，人可以从感性对象中概括出来时间与空间，好像时空直观形式完全来源于感性对象。与之相反，康德认为，当人认识到一个感性对象时，早已经历了人的感性直观形式对感性内容综合的过程，所以，感性的先天规律已经作为一个普遍的、必然的因素体现在了感性内容之中。关于此，康德的合理之处在于没有把对人显现的感性对象看作是一个现成的东西，而是看作一个逻辑的综合过程，这个逻辑的综合过程就是思维的能动性。因此，先验感性论的主要问题在于说明人的感性作用如何接受由物自体的刺激而产生的感受性，怎样表现这个感受性。尽管感受性以物自体的刺激为转移，而是不依人心为转移，因而是被动的、后天的，但是，时空形式作为感性作用接受感受性所固有的先天直观形式，其作用不是被动的，而是按自己的规律来综合感受性，由之形成感性印象。这样就产生了一个后果，强调感性机能的能动性，并将其归结为时空的先天直观形式，这样，先天的直观形式与感受性无关；从另一个角度看，由于感受性是物自体对人心作用所产生的后天的东西，本身无时空形式，这样就产生了感性论的基本缺点。

英国哲学家诺曼·康浦·斯密认为，康德先验感性论的错误在于：康德假定了感觉无外延之量，即无时空形式。在这里，康德的确没有明确时空形式是感觉的外延之量，即空间是扩延之量，时间是延续之量。他认为感受性本身无外延之量，因为它本身没有时空形式。这样，就产生了把逻辑上的东西说成了现实的感觉，即脱离了外延之量的各种感觉，如声、色、味，等等。这样，无时空形式的种种感受性就变成了超时空的点。各种感受性作为点，作为问题研究的抽象有其合理性，而这个合理性也只是逻辑上的意义，但各种感觉的点，即作为外物刺激所引起的感受性，对人不能表现为感觉的现实性。换句话说，没有外延之量的感觉，没有时空形式的感觉，对人而言不能表现为感觉的现实性。这涉及对康德时空观的评价，及其假设是否成立的问题，时空是否可以脱离人的感觉或感觉内容，而只作为感性机能的先天直观形式。在这点上，先验感性论与先验逻辑不同，先验逻辑是有了感性对象，然后可以设想思维在与感性对象关系中，由之可以产生感性的先天规律。康德之所以这样设想，是因为第一，在康德时期，实验心理学未能发展起来，且与哲学没有分家，没有变成独立的科学，所以，研究这个问题缺乏科学的基础；第二，康德哲学的特点是强调分析性，而这个分析性又是知性的，不是辩证的。因此，这使他在分析感性内容与时空形式两方面时，产生了一种错觉，好像感性内容本身可以脱离时空形式或外延之量而存在，这是不合理的。

在这个问题上，康德虽然有严重的错误，但不能简单地否定，它也有其合理性。如果假定外物的刺激所产生的感受性本身有时空形式，这是符合现代心理学的，所以，在先验感性论中，直观形式作为对感受性进行综合的能动作用是不容忽视的。如果外物的刺激是通过各种不同感官而呈现出各种不同的感受性,当感受性纷纷表现出来,它们又具有相互渗透和相互关联,这个感受性的表现,虽然具有时空,但它必然是模糊的、混乱的混沌体。因而感性直观就是感受性的刺激所引起的一种感性作用对它的能动表现,这种直观在对感受性的关系中,就有先验的想象力起作用,把存在于感受性的混沌体中的逻辑关系一一加以清楚地表现出来,使得日常所经验到的感性对象显现于人。所以,感性机能的能动表现主要是它的时空作用,因而直观形式的能动性是不容忽视与否定的。在先验感性论,康德不把对人显现的感性印象看作是一个现成的东西,而是看作一个逻辑的先于它的综合过程,经过直观形式的整合,感受性的混沌体就会变得清楚明白了,但是,这种整合作用不能为人所意识到,人所意识到的只是它的结果,即具有时空形式的感官印象。

三　形而上学演绎与先验演绎

时间、空间是感性的先天直观形式,空间是人的外感直观形式,时间是人的内感直观形式。空间之所以为感性的外感直观形式,因为就外感的感受性自身看,它必然是排列在空间的形式中,因而外感对象的普遍性和必然性就是一个形体性。时间是人的内感直观形式,在人的感受性中,它和人的外感相联系,在外感有所感受时,它必然感受到内在自我的活动性,以及自我的苦乐感等,这叫内感。内感只能于直观中表现在前后相继的时间形式中,时间是内感直观的形式。但是,康德明确地强调,外感的感受性也是人心的一种感觉,与内感相联,也包容在内感之中,因为内感是感性活动对其自身的感受性。如果这样,一个外感的感受性,它存在于人心的活动中——内感中,因而内感的时间形式也必然反射到外感中，是外感作为感受性持续多久的规定。在这个意义上，感性作用在直观感受性时，在外感上也必然要运用空间的感受形式，二者不是绝对分裂的。

那么，时间、空间作为感性的先天直观形式何以可能？换句话说，时间、空间如何作用、表现由物自体的刺激而产生的感受性并生成感性对象的？为了说明这个问题，康德分别进行了形而上学演绎与先验演绎。前者旨在证明时空的先天性，不是来自后天的感觉内容；后者旨在证明时空作为直观形式与感受性的关系，以这个关系为基础，回答人心的时空形式作为先天综合命题是何以可能的，或者说时空作为先天直观形式何以对感性对象具有客观的普遍有效性。然而，从整体上看，先验演绎并不成功，基本上等于没有给予演绎。

（一）形而上学演绎

在《纯粹理性批判》一书中，康德对时空作为感性机能所固有的先天直观形式，并对感性对象具有普遍的客观有效性的思想，是分两个步骤给予阐明的，但是，由于有关时间与空间的形而上学演绎的方法大同小异，所以，如下的解读便合而述之。在时间与空间的形而上学演绎中，康德分为如下四点来阐明时空的先天性。

第一，时空非得自感性或经验之概念。一切经验对象都有时空的规定，可把其中的一切都抽去，但时空却无法抽去，因为它存在于知觉的根底中，所以，在根底上，时空是一切感性形象所以可能的条件。诚如康德所言："且此直观必须为先天的，即必须在知觉任何对象以前预行存在于吾人心中，故必须为纯粹的而非经验的之直观。盖因几何命题皆为必然的，即必联结'关于此等命题之必然性之意识'；例如空间仅有三向量之命题。故此类命题绝不能为经验的,换言之,即不能为经验的判断,且不能由此任何经验判断引来者。"① 康德的论证说明了一个事实,没有时空,一切现象都成立不了,但是由此并不能证明时空形式必然是脱离感性内容的先天性。康德这个观点,实际上来源于休谟的观点,即在感性对象中归纳不出普遍性与必然性,所以,只有把它放在先天性中。但是,在现实中,脱离了空间的三维之量和时间的一维之量的对象是根本不存在的,任何对象的存在都是外延之量和内涵之量的统一。

第二,时空是存于直观根底中的必然的先天表象。空间是存在于外感之观根底中之必然的先天直观形式,时间是内感直观根底中之先天的必然形式。因为"吾人由外感(心之一种性质),表现对象为在吾人以外之事物,且一切对象绝无例外,皆在空间中表现。对象之形状、大小及其相互关系皆在空间中规定,或能在空间中规定者。至'心所由以直观其自身或其内部状态'之内感,则不能产生'所视为对象之心自身'之直观;但内感中尚有一种一定的方式(时间),而心之内部状态之直观,则唯在此方式中始可能,故凡属于心之内部规定之一切事物,皆在时间关系中表现。时间之不能直观为外部的,亦犹空间之不能直观为在吾人内部中之事物"②。简言之,空间是三维之量,因而与对象的形状、大小,以及相互关系有关,而时间仅有一向量,与形体、位置无关,只与人的内在状态中所有表象间的关系相关。

第三,时空不是悟性概念,它是感性机能所固有的纯粹直观形式。康德认为概念是由部分到整体,而直观形式则是从整体出发,然后对整体加以限制,才出现局部的各种特殊的时空,因

---

① 康德:《纯粹理性批判》,商务印书馆2009年版,第58页。
② 康德:《纯粹理性批判》,商务印书馆2009年版,第55页。

此，时空形式区别于概念，也证明了时空是直观而非概念。时空既非自身存在之事物，亦非属于事物为一客观规定，时空作为先天的直观形式是逻辑的先在性，或人心机能所固有的潜在性。所以，时空不能脱离人的感性对象而单独地表现出来，人之所以能够看到各种感性对象具有时空的规定性，那是因为人在直观感性对象时早已将时空规定性表现在其中了，因而人们可以根据感性直观，抽象出形成感性对象的时空形式的普遍性与必然性。

第四，时空可作为无限的量而被表现，无论从深度与广度都是如此，可无限地扩延和分割，也说明它是直观而不是概念。

由上可见，前两点说明了时空是先天的，后两点在前两点的前提下，阐明了时空直观形式区别于悟性范畴，它是感性直观，而不是悟性范畴的逻辑规定。形而上学演绎的关键，是能否证明时空是一个主观性，而不存在于对象之中。康德把时空看作是主观的，在感觉对象中不存在是错误的。康德和休谟一致认为，普遍性与必然性不能从经验中拿出，所以，对这个错误的反驳，必须从哲学公理出发，给予逻辑的回应，同时证明时空在对象中的存在。如黑色作为一个点无现实性，那如何证明它的存在？首先，点要有强弱之量，即必须有强度大小的量；其次，这个点有了强弱之量后，就会产生质的差别，如浅黑、深黑等色差。最后，任何一个感觉的点在强弱之量中仍是点，必须有外延规定，即三维的空间规定和一维的时间持续之量，由此说明时空必然在对象中存在。

（二）先验演绎及其问题

时空作为先天直观形式，怎样对人的一切感受性具有普遍的客观有效性呢？在回答这个问题时，涉及时空的先验演绎。空间的先验演绎说明了几何学的先天综合命题是何以可能的，时间的先验演绎说明了物理学上运动的先天综合命题是何以可能的，但是，康德在进行这两方面的先验演绎时，并没有对他应说明的问题展开演绎与说明。相反，在空间的先验演绎中，直接强调几何学上的先天综合命题是以空间的纯粹直观为基础，如两点之间的直线最短等。应该说，这些阐明有合理意义，它必须以纯粹空间为基础才能形成；脱离空间，等于脱离实际，空间的直观形式等于几何的原始材料，在空间直观的基础上，思维才能发现不同方案和图形的规律性。在这里，很容易形成对康德思想的误读，即认为康德主张几何学的先天综合命题是以纯粹直观为基础，没有思维的作用，这不符合康德的本意。如上所述，康德的问题在于他认为时空是先天的直观形式，凡是感受性都要进入时空的综合之中，对于这点，康德并没有给予详细的说明。他说为什么几何学上的先天综合命题对人的实践普遍适用，因为空间是普遍的、必然的直观形式，凡是有外感出现时，必然进入空间的综合中，这可称为感性综合原理，但康德对这个综合原理并没有展开说明。因而对时间的先验演绎同样如此，在他看来，时间是一切运动形象的必然规定，离开时间，不可能有运动的形象，因而演绎出物理学上有关运动的先天综合命题是如何可能的。这些命题的真理性在于它本身就是感性机能的能动性以时间的形式综合、把握、表现感受性，因而在这个综合把握中，运动的现象就必然与时间相关，离开时间，它便不能成立，因此，外感对象一出现必然存在于时间之中。

从上可见，康德只是说时空作为直观形式，它具有普遍性和必然性，以物自体的刺激为基础的感性内容一出现，必然进入空间的外感形式与时间的内感形式的综合中，表现为在经验中的感性对象，因而时空对人的一切感性对象都具有普遍性、必然性的客观有效性。从此看，康德有关时空的先验演绎比较模糊，也不突出，并且也没有展开，甚至可以说实际上没有给予说明。正因为缺乏详细的演绎，所以，人们对康德的时空直观形式往往产生一些误解，以为康德的时空形式是一个时间的先在性，它能先于感性内容或人的感性对象而存在，实际上，这种观点脱离了康德。康德的意思是时空的直观形式对人的一切感性对象都具有普遍性、必然性，但它是逻辑的先在性。这个逻辑的在先性对人的感性对象具有内在的规律性，时空不能自己表现自己，它只能与人的感性经验一起表现在人的意识中，所以，康德的时空观最后的结论与通常的观点具有一致性，即我们所经验到的感性对象具有时空性，时空是一切感性对象的存在形式。当然，康德的时空观也有与通常观点不一样的地方。第一，对于常人而言，具有时空形式的感性对象是一个现成的存在，是一个现成的显现在人的意识中的复杂的构造。因此，第二，时空必为感性对象自身所具有。对于这两点，第一点有缺陷，第二点是正确的。与此相反，康德认为人所看到的一切感性对象具有时空形式，这是因为在感性对象的显现过程中，感性机能已将时空直观形式体现在感性对象之中了，只是这个过程不为人所意识。康德认为时空形式不是对象本身所具有的，它只是感性机能的先天性，体现在对感性对象的直观，就此而言，康德是错误的。

那么，感性机能以其时空形式综合感官内容应当是怎样一个过程？或者说时空的先验演绎展开应是怎样的呢？在此，不妨依照康德的观点尝试推演一下，物自体刺激人心，因而就有人心的感官表现为各种不同感觉，由于感觉自身没有时空性，那么各种不同的感觉作为不同的感觉之点纷纷出现在如下的一系列关系中：第一，不同的感觉之点以前后要继的逻辑顺序出现，而不同的感觉在前后相继顺序中又相互合一；第二，不同的感觉出现在同时并存的逻辑顺序中，同时并存又相互合一；第三，上述二个序列的不同感觉关系在相互渗透中变成统一体，这个统一体当通过人心机能的感官而被原始地显现出来时，它不是轮廓清楚，而是浑然一体的模糊。这个模糊一出现，就在感性机能的直观中，那么，这个直观同时就以外延之量的形式，或者说以时空形式把这个最初的浑然一体的内容表现、排列在时空形式的外延中。这样，原来那些仅仅是不同的感觉之点的内容不仅被清楚地表现出来，而且被表现在时空形式中，这样，对人表现出来的感性对象，无不表现在时空之中。这样的思想，是以感觉没有时空，即以感觉只有外延之量而无内涵之量为前提的，当然，这个前提是错误的。

（三）统论时空观的得失

康德时空的实在性，固然是一切经验对象的普遍性和必然性，但它只具有相对意义上的先天性和先验性，而不具有绝对意义上的先天性。因为不这样看，就等于说时空是一个独立存在的客观存在，但于康德而言，时空不具有这样的客观独立性，它只具有经验上的、观念上的实在性，而这种实在性又是一个逻辑上的先在性，没有脱离感性对象的时间上的先在性，所以，尽管他的时空形式是主观的直观形式，但他得出的结论和常人一样，即时空是感性对象的存在形式。

从上述观点出发，康德反对两种时空观：第一，牛顿的绝对时空观，第二，莱布尼茨有关时空只是不同感性对象之间所固有的一种秩序和关系的观点。在莱布尼茨看来，时空虽然是事物固有的秩序，但是，他同时也认为这样的时空是人的意识所具有的一种模糊的意识，不是人的一种清晰的意识，所以，不具有客观实在性。在人心之外的客观世界，虽然有它的逻辑秩序，但由于它们是一种超时空的单子，这样时空规定便表达不了它们的关系，所以，时空只是人心的一种模糊规定。对于前者，康德反对牛顿的绝对时空观是对的，因为如果时空是独立存在，它就会变成一个最后的、独立的本体或本源，不仅如此，数学上的先天综合命题也无法得到解释。因为如果时空是独立存在的，它作用于人心，表现在经验中，就会再从经验中归纳出来，但是，人永远无法完全从经验中归纳和概括出时空对人的表现，这样，人如何能知道空间是三维的呢？几何公理具有普遍性与必然性呢？对于后者，康德之所以反对莱布尼茨有关时空是不同感性对象所固有的秩序，是因为如果承认了莱布尼茨的观点，那么，数学上的先天综合命题就要从经验中概括或归纳出来，但是，时空形式并不能从经验中归纳出来。所以，康德坚持时空是先天的直观形式。

康德的观点虽然是错误的，但它推进了德国古典哲学的发展，后来的哲学家在批评、纠正康德的错误时，也纠正了牛顿的绝对时空观，而保存与发展了莱布尼茨的时空观。当然，在批评康德的时空观时，不等于回到牛顿的时空观，同样也不等于回到莱布尼茨的时空观，所以，三种时空观在推进时空观发展的过程中都有积极的意义。

第三章 先验逻辑

一 泛论先验逻辑

（一）从先验感性论到先验逻辑的理性必然

先验感性论是在纯粹感性阶段，关于感性规律或时空形式的问题。在这个规律起作用的前提条件下，便形成了对人显现着的各种各样的感官对象，或感性形象。感性形象虽然是人的意识起点，但是对人来说，单纯的感性形象不会产生人的意识与认识。因为人如果只有感性形象，就与动物一样，没有意义的觉知。所以，康德说："心之感受性，即心在被激动时容受表象之能力，如名之为感性，则心由自身产生表象之能力（即知识之自发性），当名之为悟性。……此两种能力实无优劣。无感性则无对象能授与吾人，无悟性则无对象能为吾人所思维。无内容之思维成为空虚，无概念之直观，则成为盲目。故使吾人之概念感性化，即在直观中以对象加于概念，及使吾人之直观智性化即以直观归摄于概念之下，皆为切要之事。此两种能力或性能，实不能互易其机能。悟性不能直观，感官不能思维。唯有两者联合，始能发生知识。但亦无理由使此二者混淆；实须慎为划分，互相区别。"① 因此，要产生知识必须以感性为基础，

---

① 康德：《纯粹理性批判》，商务印书馆2009年版，第78—79页。

有思维的作用，因为感性不会思维，而思维不能感觉。所以，单凭感性，或单凭思维都不行，知识唯有产生在二者的结合中，知识是这两个因素相互规定的结果，因此，研究知识要研究思维对感性的关系，这样先验感性论自然而然的便过渡到了先验逻辑。

既然知识产生于思维与感性的固有关系中，那么，知识的形成也来自两种源流。在泛论逻辑一节中，康德说："吾人之知识，发自心之二种根本源流：第一，为容受表象之能力（对于印象之感受性）；第二，为由此等表象以知对象之能力（产生概念之自发性）。由于前者，有对象授予吾人，由于后者，对象与所与表象（此为心之纯然规定）相关，而为吾人所思维。故直观及概念，乃构成吾人一切知识之要素，无直观与之相应之概念，或无概念之直观，皆不能产生知识。此直观与概念两者，又皆有纯粹的与经验的之分。当其包含感觉（感觉以对象之现实存在为前提）时，为经验的。当其无感觉杂入表象时，则为纯粹的。"[1] 先验感性论表明，感性机能起作用的结果，是对人表现为各种感性形象，感性形象一出现，作为刺激，就必然刺激人心的思维机能，继而对其进行规定与把握，产生意义觉知。正是在这个意义上，以先验感性论的结果为前提，过渡到思维的理解作用，而这个思维的理解作用是逻辑的。由于意义觉知是思维在对感性关系中所固有的理解作用，而思维的理解作用是一个先天性，所以，称为先验逻辑。

思维的逻辑是能产生意义觉知的逻辑。在这里，康德把思维导入与感性对象的相互规定中，虽然不甚完美，但是，思维与感性对象之间的固有关系，及其二者之间相互规定的观点，都是很有意义的思想，并将先验论推向了一个崭新的阶段，纠正与避免

---

[1] 康德：《纯粹理性批判》，商务印书馆2009年版，第78页。

了先验论中的两个缺点：第一，认为在思维或理性中，先天的具有一种天赋观念；第二，纠正了当时流行的思维脱离感性关系，在理性本身中有些固定的思维模式等。康德坚定不移地认为思维是在与感性的相互规定中产生了思维的规定性。

尽管康德的观点有合理性，但是康德的弱点是对思维规律的理解缺乏全面性，没有看到一个重要环节——实践。实践不是一个外在性，它本身应是人的认识所固有的一个环节。因为如果思维规律作为理解作用是对感性对象的关系的话，那么，思维规律也应是思维以感性为中介而对实践所固有的关系，当然，这个固有关系必须以感性为中介。人在实践活动中，所谓人与客观存在发生关系，不过是在人与人的关系中而与自然的关系。在这个关系中，客观存在刺激人的感性机能而表现为感性形象，然后，它在思维的理解下产生意义觉知，离不开人的实践活动，因此，思维对感性的关系间接地也就是思维对实践的固有关系。由此可见，感性、思维和实践是人的认识所固有的三个环节。在三个环节中，实践又与存在相联系，这样才能解释认识的来源和发展。因此，实践作为认识的基础，在以感性为中介而对思维的固有关系中，必然内在地包含着思维以感性为中介而对实践的关系在内。在思维与感性的固有关系中，康德虽然正确揭示了思维的能动性，但由于脱离了实践，这样便无从解释感性的根源和发展。

（二）先验逻辑与普通逻辑

在研究思维的逻辑规律时，康德以为逻辑基本分为两大类：普通逻辑与先验逻辑。他说："逻辑又可分为悟性普范运用之逻辑，与悟性特殊运用之逻辑两种。……前者可名之为原理之逻辑，后者可名之为某某学问之机官。"① 对于普通逻辑，在古希腊，柏拉图、亚里士多德都给予过系统的研究。在康德看来，如果把人的认识分为两类，第一类是各种特殊的认识，即以各种特殊事物为对象而产生的各种特殊的认识；第二类是普遍认识，由一些普遍范畴所构成的命题。前者是科学认知，后者是哲学认识。普通逻辑抽去了一切知识的内容，抽去了科学的特殊认识和哲学的普遍认识，只研究两种认识同为知识的一般逻辑方式。因此，康德认为，普通逻辑抽去了各种知识内容，不论是经验的，还是先验的，只单纯研究思维的形式一面。诚如康德所说："故逻辑学者在其论究纯粹的普泛逻辑时，常需注意两种规律。（一）以此为普泛的逻辑，故抽去一切悟性知识之内容及一切对象中所有之差别，而只论究思维之纯然方式。（二）以此为纯粹的逻辑，故与经验的原理无关，而不借助于心理学（往往有人以为须借心理学之助者），因之心理学对于悟性之法则，绝无丝毫影响可言。盖纯粹逻辑乃论证之学，其中所有之一切事物，皆必须全然先天的确实者也。"② 所以，"如吾人所述，普泛逻辑抽去一切知识内容，即抽去一切知识与对象间之关系，而仅考虑知识间相互关系之逻辑方式；即普泛逻辑乃论究'普泛所谓思维之方式'。……顾普泛逻辑则不问知识之源流，唯依据悟性在思维中所用以使表象相互关联之法则，以考虑表象——此等表象不问其先天的起源于吾人自身，抑仅经验的所与"③。总之，普通逻辑只以思维的最一般方式为对象，而不考虑一切知识的内容。在这个基础上，普通逻辑又分为如下几类：第一，以某种对象为出发点，研究正确认识对象的思维方法；第二，应用逻辑，结合心理学的研究，研

---

① 康德：《纯粹理性批判》，商务印书馆2009年版，第79页。
② 康德：《纯粹理性批判》，商务印书馆2009年版，第80页。
③ 康德：《纯粹理性批判》，商务印书馆2009年版，第81页。

究什么心理作用可以阻止思维形式的发展，什么样的思维形式有利于思维形式的发展。

先验逻辑的问题在于：纯粹的思维形式有没有自身所固有的内容或意义，即这个内容或意义是为思维所固有的，而不是来自外在的经验。康德在先验感性论中，论证了时空先天直观形式的普遍性与必然性；在先验分析论，即思维作为悟性的领域中，思维也必然有把握感性对象的先天形式，即范畴，或纯粹悟性概念，这些纯粹悟性概念是思维形式所固有的内容。所以，"规定此类知识之起源、范围及客观的效力之学问，当名之为先验的逻辑，盖因其与论究理性之经验的及纯粹的二种知识之普泛逻辑不同，仅在悟性及理性之法则先天的与对象相关之限度内，论究悟性及理性之法则"①。这是说先验逻辑与普通逻辑不同，它不抽去知识的内容，而是在与内容的关系中研究它的普遍必然性，在这个意义上，先验逻辑也是一种方法论。如果说先验逻辑研究的思维规律不仅涉及它的形式，而且涉及它的内容，那么，这个内容是生成于思维作为悟性在对感性关系中的自发性。在这里，所谓先验的，"即非一切种类先天的知识皆能成为先验的，仅有吾人以之知某某表象（直观或概念）之能纯粹先天的使用或先天的可能，及其所以然之故者，才能称为先验的。……盖此先验的名词，乃指与知识之先天的所以可能及其先天的使用有关之一类知识而言"②。因此，必须把思维规律本身与对这种思维规律的认识加以区别，因为对于思维规律的认识不等于思维规律本身，康德哲学是对思维规律的研究。

既然先验逻辑不抽去知识的内容，而是在与内容的关系中研

---

① 康德：《纯粹理性批判》，商务印书馆2009年版，第82页。
② 康德：《纯粹理性批判》，商务印书馆2009年版，第82页。

究它的普遍性和客观有效性,为什么黑格尔在提到康德的先验逻辑时,仍然批评它是脱离内容的主观形式?这主要是指先验逻辑虽然强调其法则与规律生成于思维作为悟性在对感性对象的关系中,但是,它并没有实现思维规律与感性对象作为存在的内在统一,而只是外在的结合。在康德的哲学中,感性对象既是思维规律的对象,也是它的客观内容,但是,感性内容只是外在提供的。这样,其结果便是:思维形式虽具有内容,但思维形式并不是感性对象本身所固有的;反过来说,各种感性对象也不包含在思维的规律之内,二者是相互外在的,在此意义上,黑格尔批评康德思维规律仍然是脱离内容的形式。黑格尔要求思维规律与存在具有对立统一性,思维规律内在的就具有它自己的内容,因为思维规律内在的就具有表现人心之内世界的多样性,正是在这种唯心主义的基础上,完成了形式与内容的统一。康德先验逻辑这个缺陷最后归结为:他认为思维规律仅仅是把握对象的先天的主观形式而与对象无关,但是,康德坚持先验逻辑不抛弃感性内容,这是德国古典哲学的初始阶段,是黑格尔唯心主义辩证逻辑的思想先驱。

(三)先验逻辑及其内在区分

在《纯粹理性批判》一书中,康德把先验逻辑分为:先验分析论与先验辩证论,先验分析论可谓该书最重要的组成部分,这两部分构成先验逻辑的整个内容。

先验分析论与先验辩证论的区分在于:"在先验逻辑中,吾人使悟性孤立——此犹以上先验感性论之对于感性——将纯然起源于悟性之思维部分从吾人知识中析出。此种纯粹知识之使用,依赖一种条件,即此种知识所能应用之对象,乃在直观中授与吾人者。在无直观时则吾人之一切知识即无对象,因而完全空虚。

论究悟性所产生之'纯粹知识之要素'及'吾人无之则不能思维对象'之原理者,此一部分之先验逻辑,名为先验分析论。……但因独立使用此等纯粹悟性知识及此等原理之诱惑甚强。甚至欲超越经验限界以外〔仅有经验始能产生纯粹悟性概念所能应用之质料(对象)〕,故悟性遂致敢于冒险,仅借合理性之幻影,以悟性之纯粹的方式的原理为实质使用,且对于对象不加辨别而加以判断——对于并未授与吾人实亦绝不能授与吾人之对象,亦加判断。……于是纯粹悟性之使用,乃成为辩证的。故先验逻辑的第二部分,必须为批判此种辩证的幻相,名为先验的辩证论,顾此非独断的产生此种幻相之术(此种技术不幸为玄学术士所通行)乃就悟性及理性之超经验使用以批判悟性及理性者也。"[1]先验分析论与先验辩证论之间既有区别,也有认知逻辑的必然关联。先验分析论以先验感性论为前提,研究思维作为悟性在对感性的关系中,如何产生人的认识,及认识的基本原理。这个问题归结为纯粹悟性范畴不是来自感性和经验,那么,它又如何被使用到各种认识中去,而对感性对象具有必然的客观有效性呢? 这种问题也是康德在导论中提出的,人关于自然界的先天综合命题是何以可能的,它是怎样成立的,正是在对这些普遍的综合命题的论证中,才构成了人对自然界的各种原则和对自然立法的思想。因此,在先验分析论中,思维的能动性是不脱离经验或感性对象的,但是,在先验分析论中所形成的各种关于自然的认识,都是多种多样的,不同的对象,即杂多会形成不同的有限认识。人一旦有了这样的觉知,在此基础上,人的思维就会产生更高的要求,要求各种经验或各种知识的普遍统一性,这样的活动便是理性。在《纯粹理性批判》中,理性有两种含义:第一,要求知

---

[1] 康德:《纯粹理性批判》,商务印书馆2009年版,第85—86页。

识的统一性；第二，在这种要求下，理性会产生统一对象或知识的规定性和规律性，这些规定性或规律性不叫范畴，而叫理念；理念是有关知识统一性的最高概念，一旦知识的发展进入理性领域，此部分叫作先验辩证论。这部分在《纯粹理性批判》中也较为重要，表达了康德以其认识论为基础的世界观的本质，同时也正是在此部分，表达了康德的不可知论的实质。但是，先验辩证论是以先验分析论的观点为出发点，先验辩证论是先验分析论发展的必然结果。

在先验辩证论中，理性必然要超越经验，走向超验的领域。在超验的领域，理性提出的问题都是无法用经验证实的。如世界的整体是有限的，还是无限的；世界的根源是什么等，这些都是超出人的经验之外的问题。在先验辩证论中，思维的活动完全离开了经验，思维的对象也超越了经验领域，完全摆脱了感性内容。所以，在超验的领域，理性提出要统一各种知识的要求，却不会有任何科学的成就，因为在此领域中形成的综合命题是空洞的，例如，关于世界的本质和统一性，理性是无能为力的，也不能加以证实，由之必然陷入不可知论。因此，康德不得不把理性的作用限制在经验领域，理念只作为一种理想的调整原则来加以使用。

所谓调整原则，即推动人的认识在其不同的逻辑认知环节中，不断提高它的统一性，换言之，人的认识发展在不脱离经验的前提下，使人的经验认识不断产生普遍的原理来统摄各种各样的具体原理。由此可见，康德严格地限定了理性的作用，将理性的权力限定在不超越经验的范围内；人的认识的最后统一，即超验领域是人的理性无能为力的，不可知的。可以说，先验辩证论的结论与先验分析论之原理的缺陷是分不开的，先验分析论是先验辩证论的理论基础，后者是前者的最高发展，结果是不可知。从整个认识的分析看，康德试图要解决历史上唯理论与经验论之间的对立，但是，由于康德缺乏辩证思维，他的解决只是把唯理论与经验论外在地结合起来，结果从最后的结论看，受经验论的影响很大。这个经验论的局限性主要表现在，认识对象是不脱离经验的，那么，关于它的存在才是可证明的；如果对象是超感性、超经验的，它的存在或不存在，理性是无法证明的，因此，人的认识只能停留在经验或现象界。

除此之外，这里还值得注意的是：康德之所以把对理性的阐释部分称为先验辩证论，在于康德对辩证法的理解与通常的理解不一样，有他的独到之处。在这里，康德将辩证法与古希腊的诡辩论或争辩术相提并论，因此，康德对辩证法很轻蔑。在康德看来，凡是逻辑都是一种逻辑原理指导人们认识的方法，只起到方法的作用，但是，如果脱离了实际单从逻辑原理出发，去空想一种思想体系，使其思想内容在表面上不违反逻辑规律，康德认为这是错用了逻辑。虽然康德缺乏对辩证法的正确认识，但康德的理解也有合理的思想，即不要单纯从逻辑原理出发去创造体系，应和实际相结合才能解决问题。所以，康德概括他对辩证法的理解，把先验逻辑的第二部分——理性叫作先验辩证法，意即在此领域，思想最易走向脱离实际的幻想，产生不真实的知识，因而在这些幻相中最易产生争论不休的问题。所以，在这部分，康德是要提供一个克服这些幻相的原则。

二 先验分析论：悟性判断机能

先验分析论既是对思维作为纯粹悟性何以可能的种种要素的分析与演绎，也是对先天综合命题何以可能问题的分析与论证，同样也可以说是对人的认识何以可能问题的解答与说明。在对上述问题的分析与阐释过程中，既揭示了悟性范畴的演绎原则，也彰显了悟性判断分类表及其特点；同时也说明了如何从判断分类表演绎出范畴表。

康德说："先验分析论乃将吾人所能之一切先天的知识分解为纯粹悟性自身所产生之种种要素。在分析时首要注意以下主要四点：（一）此类概念须纯粹的而非经验的；（二）此类概念须不属直观及感性而属于思维及悟性；（三）此类概念须基本的又须严密与引申的或复合的概念有别；（四）吾人之概念表须极完备，包括纯粹悟性之全部领域。"① 所以，"我之所谓概念分析论，非分析概念，……乃在分析悟性自身之能力（此事及今罕有为之者），盖欲仅在产生先天的概念之悟性中探求此等概念，及分析悟性能力之纯粹使用，以研讨先天的概念之所以可能耳。此为先验哲学之本有任务。……故吾人将在人类悟性中溯求纯粹概念之原始种子及其最初倾向，此等纯粹概念本在悟性中备有，其后遇经验机缘始行发展，且由此同一悟性将以后所附加其上之经验的条件解除，而显示其纯粹性者"②。那么，"先验哲学在探求其概念时，具有'依据一单一原理以进行之利便及义务'。盖此类概念，乃纯粹不杂，自绝对的统一体之悟性发生；故必依据一原理或一理念而互相联结。此一种联结，实提供吾人以一种规律，由此种规律，吾人始能使每一纯粹悟性概念各有其适当之位置，且亦以此规律，吾人乃得先天的决定其体系上之完备。否则，此类事情，将依据吾人之任意判断，或仅依据偶然之机缘矣"③。依照上述原则，康德对纯粹悟性概念，或范畴分别进行了两方面的演绎。首先，纯粹形而上学的演绎，主要是论证悟性概念的来源和怎样获得范畴体系的途径；其次，先验的演绎。先验

---

① 康德：《纯粹理性批判》，商务印书馆2009年版，第87页。
② 康德：《纯粹理性批判》，商务印书馆2009年版，第88页。
③ 康德：《纯粹理性批判》，商务印书馆2009年版，第89页。

的演绎实质上又分为两个步骤,第一,悟性概念的普遍演绎,即先验演绎的普遍原则与实质;第二,以第一为基础,说明了先验演绎的具体发展,涉及康德范畴表中每一个范畴的具体演绎。统观整个先验演绎,虽然存在着合理性,也存在着不合理性,如斯密批评第一章:"发现一切纯粹悟性之概念之途径"的第一节"悟性之逻辑的运用",立场不明,不能令人满意。但它所值得人们思考的问题是:到底人的思维有无规律?人的思维与存在有无统一性?

(一)纯粹悟性概念的形而上学演绎

先验分析论是讲思维在对感性的关系中,思维作为悟性所产生的逻辑规定,即范畴到底有多少。从先验哲学看,康德认为悟性作为思维的机能,它把握对象的思维逻辑规定性不是来自经验或感性,而是思维的先天逻辑规定。固然思维的逻辑规定——范畴表现在人的各种经验意识中,但是,怎么知道思维对感性对象的那些逻辑规定或范畴?或者说思维作为悟性的范畴有多少或多少种类,进而根据什么途径去寻找思维规定的全部体系呢?这些问题便构成了形而学上学的问题。

康德认为人的思维机作为先验的逻辑机能,它最根本的特质是判断机能,即人形成知识的过程是一种判断机能,概念是认识对象的规定,二者联系起来是判断。对于此,康德说:"今以吾人能悟性之一切作用归之判断,故悟性可视为判断能力。盖如上所述,悟性为思维能力。"[①] 既然思维作为悟性是判断的能力,那么,如果能找出思维作为判断机能的逻辑规律,就能从中演绎出范畴。这就与传统的普通逻辑不一样,传统逻辑是从概念—判

---

① 康德:《纯粹理性批判》,商务印书馆2009年版,第90页。

断—推理，而康德是从判断—概念，形成概念必须先有判断先行于前。然而，人的思维机能依据什么规律进行判断？在康德看来，幸而历史上有亚里士多德概括了人类的经验所形成的普通逻辑的判断表，这个判断表虽有缺陷，但不影响大局，因此，如果把亚里士多德的判断分类加以合理的改造，就会从这个判断表中找出完美的范畴表来。

康德认为范畴表现在悟性判断中，判断是对经验的判断，也即是说，范畴来自悟性作为判断机能，但是这个判断机能在产生范畴时，则不能脱离感性对象，而是在对感性对象的逻辑把握中产生范畴。在这里，康德的先验逻辑与亚里士多德的普通逻辑不一样，亚里士多德的逻辑是主谓逻辑，只涉及形式而不涉及内容。如前所述，先验逻辑不仅研究它的形式而且关涉它的内容，所以，纯粹悟性概念虽然产生于思维，但它不能脱离感性对象，表现在经验中，所以，纯粹悟性概念是逻辑的先在性，而不是时间的先在性。

康德在对普通逻辑进行改造的基础上，得出了自己的判断表。他的做法是："吾人如抽去判断之一切内容，而仅考虑悟性之纯然方式，则将见判断中之思维机能可归摄为四项，每一项又包括三子目。"① 在这里，康德把普通逻辑的二分法改造为三分法，每一类三分，第一是肯定，第二是第一的对立面，第三是前二者的统一，这种判断分类的思想是可贵的，也奠定了黑格尔逻辑学中正反合的理论基础。

一、1. 判断之量：全称的
　　　　　　　　　　特称的

---

① 康德：《纯粹理性批判》，商务印书馆2009年版，第90页。

　　　　　　　　　单一的
　　　　2. 判断之质：肯定的
　　　　　　　　　否定的
　　　　　　　　　无限的
　　　　3. 关系判断：断言的
　　　　　　　　　假言的
　　　　　　　　　选言的
　　　　4. 形相判断：可能的
　　　　　　　　　实然的
　　　　　　　　　必然的

继而，康德在上述判断分类的基础上，演绎出了自己的范畴表。

　　一、判断之量：全称的——一切S是P，单一性。
　　　　　　　　特称的——有些S是P，多数性。
　　　　　　　　单称的——这个S是P，总体性。

在判断之量中，全称判断、特称判断与单称判断都是一个量的限制，因而通过这种判断所出现的是量的范畴。不过，应注意的是：从全称判断演绎出单一性，从单称判断中演绎出的是总体性，这完全与普通逻辑倒过来了。康德之所以作这样的改变，是因为他在二律背反中注意到"所有的""一"必然是一个无限性，因而得不出一个完整的总体性范畴，因为人永远找不到"所有的"总体。例如，所有的人都是有死的，那么，要证明这个判断是正确的，就要把包括判断者自己在内的人都观察到，然而，这显然又是绝对做不到的，所以，由此得出结论，不能从全称判断中得出总体性。不过"所有的"又都是以"一"为基础，所有的量的概念都包含着每一个在内，每一个都是"所有"之中的一分子，"所有的"不过是多个"一"而已。换言之，单从量上看，彼此之间无区别性，就"所有的"包含多个"一"而言，它以每一个"一"为基础，"所有的"是无限的，基础是有限的，然而"一"则是"所有的"所包含的一个单一的"一"，故从全称判断中演绎出单一性。

特称判断包含了某些限定，包含着多数性——演绎出多数性。

单称判断和全称判断的性质是一致的，也就是说全称判断和单称判断都是一个整体性，正是应用了这个一致性，才从单称判断中演绎出总体性。但是，全称判断的整体性是无限性，单称判断的整体性是一个现实的总体性；全称判断的整体性是个理想性，而单称判断的整体性是个现实性。

二、判断之质：肯定的——S 是 P，实在性。
否定的——S 不是 P，或者说 S 是非 P，否定性。
无限的——S 不是非 P，制限性。

在康德看来，凡是一个判断，S 是主词，P 是谓词，但是，谓词恰好揭示了主词是什么的规定，换言之，在 S 是 P 的肯定判断中，不论谓词是什么，它总是一个关于 S，或对象是什么的规定，因此，首先，从 S 是 P 的肯定判断中，或者说，从对象的谓词中演绎出质的范畴——实在性。其次，否定的判断：S 不是 P，由此从 S 是非 P 中演绎出——否定性。最后，无限判断是前二者的结合，S 不是非 p。这是说 S 不论是什么，它不是非 P，非 P 是个范围，S 不在非 P

的范围，只能是P，所以，从S不是非P中演绎出：制限性。

从一个判断主词和谓词的联系看，不论它的具体形态是什么，其中都含有关系的范畴。

三、关系判断：断言的——S是P，实体与属性。
假言的——如果S是P，就不是非P，原因与结果。
选言的——S或者是P，或者不是P，交互作用。

关系范畴是康德范畴表中的核心。既然判断的主词和谓词之间表示了一种关系，那么这个关系表现为断言的判断、假言的判断与选言的判断。首先，如果把S是P的主谓关系加以限定的话，那么，首先是实体与属性的关系。因为当把S作为统一对象而对其进行判断时，P只是提示了S作为统一体某一方面的属性，因而是实体与属性的关系。其次，如果把S是P加以限制的话，S就不是非P，在肯定的否定中，涉及S是P和非P的关系，由之便可演绎出因果关系。最后，S是P之前必然是非P，这样，P与非P是相互制约的，P离不开非P，非P也离不开P，由之得出交互作用。总之，在关系判断的整体中包含着直言判断、假言判断与选言判断，与之相应的有实体属性、因果关系与交互作用。康德认为能够表达思维形式内容的范畴基本上就是上述这些，但是以关系范畴为基础，还可以表现出一种对人的认识能力的关系，即不增加认识的内容，只与人的认识能力相关的形相范畴。

四、形相判断：想当然的——S可能是P，可能性与不可能性。

实然的——S 是 P，存在的与非存在。

必然的——S 是 P，必然性与偶然性。

形相范畴以形相判断为基础，但是，形相范畴并不增加知识的内容，只表现概念与认识能力之间的关系。所以，"判断之形相全然为一特殊机能。其特质在一无贡献于判断之内容（盖除量、质、关系三者以外，别无构成判断内容之事物），而仅在与'普泛所谓思维有关之系辞'相关"①。根据这个判断形式，首先，S 可能是 P，P 是一个质，在这里，S 可能是 P，包含着 S 可能不是 P，所以，由此可以推出可能性与不可能性的范畴，而可能与不可能两者之间仍是一个关系范畴。其次，S 是 P，是一个质的判断，包含着现实性，存在与不存在，但是，存在和不存在都得从实然判断中演绎出来。最后，第三个判断是上述二者的统一，从想当然的判断到实然的判断，把可能性和现实性结合了起来，判断一个事物可能变成现实，就得出了必然性。在这些判断中含有必然性，就是 S 是 P 形式的整体。虽然想当然的判断、实然的判断和必然的判断不增加判断的知识内容，但是，通过这三种形相判断可以找到可能性、现实性与必然性的范畴。因此，这三种形相的判断是通过可能性、现实性和必然性表现出来的。

以上是康德根据判断表演绎出来的范畴表，不过，康德认为其范畴表还可以细分，但他同时也认为这些范畴是思维作为悟性的基本逻辑形式，并在《纯粹理性批判》中，既阐释了范畴表的功用，同时也给予了赞美。他说，"此范畴表提示若干精美之点，对于由理性所得一切知识之学术方式，或有极重要之效果。盖此表在哲学之理论部分，为用极大，且在'本于先天的概念而又依

---

① 康德：《纯粹理性批判》，商务印书馆 2009 年版，第 93 页。

据一定原理体系的分门别类之学问',此表提供一全部学问之完备计划,实为不可缺少者,此就以下之点即知之,盖范畴表不特包含一切悟性之基本概念至极完备之程度,且复包有人类悟性中所有概念之'体系之方式',因而提示所拟议中之思辩学问之一切节目以及此类节目之顺序,一如我在他处之所叙述者"①。

在康德看来,可以把范畴表分为数学的与力学的两类,数学的是指量与质的范畴;力学的是指关系和形相的范畴。他说:"由此表所提示之要点:第一,此表虽然包含四类悟性概念,但可先分为两组;第一组与直观(纯粹的及经验的)之对象相关,第二组则与此等对象之存在(在对象间之相互关系中。或在对象与悟性之关系中)相关。在第一组中之范畴,我名之为数学的,在第二组中之范畴,则名之为力学的。前一组之范畴,并无与之相应之事物;唯在后一组中有之。此种区别须在悟性本质中有其根据。第二,就概念之一切先天的分类必为两分法而观,则此每类中所有范畴之数常同为三数之一事,实堪注意。其尤宜注意者,则每一类中之第三范畴,常由第二范畴与第一范畴联结而生。故一切性即总体性实即视为单一性之多数性;制限性仅为与否定性联结之实在性;相互性为交互规定实体之因果性;最后必然性乃由可能性自身所授与存在性。但不可因此即以第三范畴为仅引申的而非基本的悟性概念。盖联结第一概念与第二概念中之活动不同。"② 这种分法表明,第一组范畴直接与人的感性直观相联系,这些范畴只涉及事物的量与质的规定性,而不涉及事物的关系与整个存在。所以,在人的认识中代表着人的认识发展的直接逻辑形式,相当于黑格尔逻辑层次的直接性。第二组涉及事物

---

① 康德:《纯粹理性批判》,商务印书馆2009年版,第99页。
② 康德:《纯粹理性批判》,商务印书馆2009年版,第93—100页。

的存在及其相互关系,这个认识阶段比前一组范畴更为深入,相当于黑格尔逻辑层次的间接性。此外,在这里,康德还提到了"三数之一事"是范畴表的特点,但是,康德虽然把范畴表列出来了,也讲第三个范畴是前二个范畴的统一,然而,康德并没有对范畴之间的关系进行演绎,范畴表只是列了出来,堆在那里。所以,就康德范畴表而言,也具有一种给定的,非发展的特点,但从范畴的分组看,也的确暗含着一个卓越的思想,即在范畴的体系中,当把量与质的范畴看作是与人的感性直观相关,关系和样态范畴看作是与事物的存在及关系有关时,这种范畴的排列符合人的认识发展的逻辑规律,人类的认识就是从感性直观对存在对象的认识,进而达到悟性对对象关系的反思。

正因为此,康德的观点为黑格尔哲学所批判与继承。黑格尔在康德的先验逻辑中所揭示的范畴理论的影响下,总结、研究并发挥了人类认识发展过程中不断积累的为人所熟知的诸范畴,建立了系统的概念体系,既以概念自身的形式和内容、主观与客观的辩证统一,克服了康德的思维形式与感性内容的外在结合,以及悟性范畴和外在世界的僵硬对立;也以概念自身的矛盾运动,克服了康德范畴之间静止的、非发展的特点,建立了概念体系。黑格尔不仅在总的原则上,改造、批判与发展了康德的范畴理论,而且在概念的具体演绎中也贯穿着对康德范畴理论的改造、利用与发挥,最后用唯心主义的辩证逻辑取代了康德的先验逻辑,成为马克思主义唯物辩证逻辑的理论来源。

(二)纯粹悟性概念的先验演绎

纯粹悟性概念的先验演绎分为范畴的一般演绎与具体演绎,前者称作概念分析论,后者称作原理分析论。前者阐释了一般纯粹悟性概念是经验所以可能的条件,通过主观的演绎与客观的演绎，从心理与逻辑两方面，说明了悟性范畴何以对感性对象具有普遍的、必然的客观有效性。后者在前者的基础上，进一步诠释了悟性判断机能所形成的综合统一性都有哪些具体的普遍命题，以及关于这些普遍命题的演绎。

1. 普遍的一般演绎

通过形而上学的演绎说明范畴不是来自经验，而是来自思维对感性的理解作用。那么，通过形而上学的演绎把范畴的数量找了出来，随之而来的问题便是，范畴作为思维的先天规定性必然表现在人的一切经验或认识中，因而是人的经验或认识所以可能的条件。在这里，似乎存在着一个矛盾，即一方面，悟性范畴是先天的，不能从经验中发现；另一方面，悟性范畴又与人的感性对象相关。对于此，康德说："但吾人对于此类概念，与对于一切知识相同，虽不能在经验中发现其可能性，但至少亦能在经验中发现其产生之缘起原因。感官印象提供最先之刺激，全部知识能力向之活动，于是经验成立。故经验包含有两种不同之要素，即自感官所得之知识质料，及自纯粹直观纯粹思维（此二者遇有感官印象之机缘始活动而产生概念）之内的源流所得以整理此质料之方式。研求吾人所有知识能力自特殊的知觉进展至普遍的概念之最初活动，当然获益甚大。"[①] 所以，这恰恰说明，一方面，人的认识始于经验；另一方面，其认识原则是先天的，二者并不矛盾。先验演绎就是要阐明范畴表中的范畴必然是形成人的一切认识所以可能的规律性，并进一步说明范畴的先天性为什么能与感性对象相关。因此，"在构成人类知识之极复杂组织之杂多概念中，有若干概念，全然离经验而独立，识别为纯粹先天的行使者；至此类概念所以能如是行使之权

[①] 康德：《纯粹理性批判》，商务印书馆2009年版，第104页。

利，则常须演绎。盖因经验的证明，不足证明此种先天的行使为正当，故吾人须解答'此类概念如何能与其不自任何经验得来之对象相关'之问题。说明'概念所由以能先天的与对象相关之方法'，我名之为概念之先天演绎；……"① 在这里，康德与传统哲学不同，过去的哲学往往假定对象是现成的，对象是对象，认识是认识，割裂了对象与认识的生成关系，康德认为人的认识与对象生成并存于悟性范畴对感性对象的固有关系中，即表现为思维作为悟性对感性对象的综合判断之中。那么，悟性范畴何以对感性对象具有普遍的、必然的客观有效性，对此，康德的演绎又分为主观的与客观的演绎。

主观演绎

主观演绎和心理学相关联，旨在说明人的经验所以可能，必须揭示人的经验所以可能的心理能力。康德认为人的经验所以可能，从心理方面看，它和三种心理主观作用分不开：第一，感知的综合；第二，再生想象力的综合；第三，概念认知的综合。这三方面在形成人的认识时是不可分割的，在这里的区分只能看作是逻辑上的，而不是时间上的，因而对人的认识来说是一个逻辑的在先性。所以，虽然人的经验形成于最后——概念认知的综合中，但在这个环节中却包含着前两个方面，是前二者的集大成者。值得注意的是：所谓主观与客观的演绎不在于说明各种特殊的经验或认识，而在于阐明一般的经验，即说明普遍的认识规律和原理。

第一，在直观中的感知综合。在说明这个问题时，康德首先提出一个贯穿于分析论乃至全书的基本思想，即不论人的意识表象起源如何，都在人心之内，他说："以上吾人已论及现象自身实不过感性的表象，此感性的表象就其自身言绝不可以之为所能

---

① 康德：《纯粹理性批判》，商务印书馆2009年版，第103—104页。

存在于吾人表象能力以外之对象。……盖在吾人知识以外，吾实无能以知与此知识相应而与之对立之事物。"① 由于感性表象不可能存在于人的知识之外，故而它都要受人的内感规定。内感规定是时间，这样，受内感规定，就是受时间规定，即人的表象，包括外感的空间必然都在时间的内感规定中。因此，在整个演绎中，时间的因素非常重要。

康德认为在先验感性论中，由感性机能所显现出的感性表现，本身是杂多的，相互分散、各自孤立，并不具有统一性。人在这个基础上，呈现感性的过程中，也有直观。那么，这些感性印象或杂多在人心机能对其直观的过程中，又进一步受内感或时间的规定，被综合在时间的连续性中，表现为前后相继，或同时并存，使之具有在经验中的统一性，即把它联系在一维时间的规定中。所以，"一切表象皆为心之变状而属于内感。故吾人之一切知识终必从属时间（即内感之方式的条件）。一切表象必须在时间中整理、联结及使之相互成立关系"②。康德把这样的综合过程，称为直观过程中的感知综合。这种综合以感性机能所呈现的各种感性印象为对象，以时间为基础，所以，它是人的一种先天综合能力。

第二，想象力中再生的综合。在感知的综合中，之所以能形成在时间中的一种统一表象（这个表象或同时并存，或前后相继），必须借助于一种心理规律；这种心理规律就是心理学中所讲的联想律，这个联想律就是想象力的再生作用。也就是说，感知综合之所以可能，又是与人的一种想象力作用分不开的，即在感知的过程中，形成的不同感性形象的联系本身就服从再生的想象力。只有这样，才能在感知的综合中形成不同的联系。

---

① 康德：《纯粹理性批判》，商务印书馆2009年版，第138页。
② 康德：《纯粹理性批判》，商务印书馆2009年版，第135页。

对于再生的想象力，康德强调两点：这样的想象力作为经验的法则，是以两种事实为前提，第一，被想象的现象或事实本身，它本身服从这样的联想规律，然后才能产生经验的联想律；第二，在这种现象的规律中，事实上不同的现象必然服从或者是并存，或者是相继的联结规律。在康德看来，人所以能以经验的联想律去想象或表现对象，是由于被想象的对象本身作为对象原来都是服从这样一种联想规律的。如果对象在某一时是春天，在另一时为秋天，这便不能形成经验的联想律。因此，在感知的综合中，之所以可能且形成不同的感性表象之间的某种统一性与联系，都有再生的想象力在起作用。假如一个人在直观中，第一瞬间所直观到的东西消失在第二瞬间的直观中，第二瞬间的直观又消失在第三直观中，如此等等。那么，就难于产生在时间中的前后相继，同时并存，此时，在直观中所出现的仍然是杂多，或与杂多的瞬间相对应的杂多表现。这说明人在直观过程中，必须有一种想象力在起作用，当第一瞬间的直观进入第二瞬间的直观时，直观到新的感性表现，前一瞬间的直观就要通过想象力的作用被再生和表现。有了这样的想象力的再生作用，人才能形成不同的感性表现在同一时间中的相互并存、前后相继。

在康德看来，想象力的再生过程不是经验的，而是一种原始的、先天的并与人的感知综合分不开的先验能力。"故感知的综合与再生之综合实为固结而不可分者。又以感知综合乃构成'使一切知识所以可能'之先验的根据——此不独关于经验的知识，关于先天的知识亦如是——故想象力之再生的综合，应列人心之先验的活动中。吾人因而名此种能力为想象力之先验的能力。"[1]

---

[1] 康德：《纯粹理性批判》，商务印书馆2009年版，第137页。

康德在叙述这个过程时，先从经验的联想律，然后把这种联想作用归结为与人的感知综合不可分割的心理过程，所以，再生的想象力的综合是感知综合的心理基础，二者不可分。另外，康德称再生的想象力为先验的，主要是为了和经验的想象力相区别，同时，他关于感知的综合过程有一个先验想象力在起作用的思想也是伟大的。

第三，概念认知的综合。有了以再生的想象力为基础的感知综合的自发作用，才能有各种感性印象在前后相继，同时并存的时间持续中对人显现出来，有了这个显现，接着思维就立即展开它的理解作用，这个理解作用是概念认知中的综合。

概念认知中的综合直接涉及思维的理解作用，思维的理解作用表现为一个"我思"的统一性。如果在前一瞬间的我与后一瞬间的我之间互相孤立，就会变成一个没有统一性的杂多的我。因此，悟性作为思维的活动必须有这样一个特点，在某一瞬间思维的我与其他瞬间思维的我都是一个我，一个"我思"，只有这样，才有人的自我意识统一性的可能，即在整个思维的过程中，是一个思维在起作用，才能通过内感表现为一个我思的统一性。因此，"'对象所使之成为必然的'之统一，实不过在表象之杂多综合中'意识之方式统一'而已。仅当吾人在直观之杂多中产生综合的统一时，吾人始能谓吾人认知对象。但若直观不能由——所以使杂多之再生成为先天的必然，以及'使杂多在其中联结'之概念可能之——综合机能依据规律而产生，则此种统一实不可能"[①]。基于上述观点，康德反驳了休谟的观点。在休谟看来，意识的统一性是完全由记忆产生的，记忆产生意识的统一性，与之相反，康德认为记忆要以思维作用是一个思维的统一性为

[①] 康德：《纯粹理性批判》，商务印书馆2009年版，第138—139页。

前提，即以一个思维在起作用而表现为一个统一的"我思"和我为前提条件。如果不这样，思维作用就表现为多个我，而多个我则前后无联系。那么，在每一瞬间我所想的东西便是孤立的东西，即无须记忆而产生了。正是在这里，康德揭示了休谟思想的弱点。

另外，康德认为人所直接接触到的对象都是在人的主观性之中，不过，在先验感性论中，康德提出自在之物在人心之外，这样，便产生了一个问题，以感知的综合为基础所形成的表象是什么？如果是感性机能的感性显现，但是，感性显现，或感性表现也是主观的东西，那么，人的认识必须与对象相符合，而这个对象到底是什么？由于对象必须由人的认识来表现，它便不能是物自体，但必然有一个对象和人的主观表象相一致，在这里，康德把这个对象叫作先验的对象。先验对象先于人的一切表象，而有其逻辑上的实在性。关于这个先验对象，康德在感知的综合中就已说明了这个问题。康德认为，当对象作为意识对象时，这个意识对象就已经是经验意识了，现在研究的正是这种经验所以可能的原理是什么？经验必须与先验对象相符合等于经验必须和经验所以可能的原则相一致。因此，所谓的先验对象是一种在概念认知的综合中的一种原则和规律，一种普遍的统一性。这个统一性是"我思"的能动性以表象为前提所形成的把握表象的那种概念，概念是一个规则性。换言之，先验的对象实际是思维把握表象的综合统一性，"我思"的统一性是一种普遍的统一性，这种统一性是思维的能动性以感知的表现为前提所形成的把握表象的那种概念。概念规定对象只是主观的东西，是思维把握对象的逻辑基础。由此可见，概念在康德这里只是主观的标准，这表现了其局限性。所以，继康德之后，黑格尔根据先验的对象提出一个原理，即不是对象和人的主观概念相一致，而是事物、对象本质就是概念，即事物或对象应与它的本质，或者说与概念相一致。这样，康德哲学中的主观概念在黑格尔哲学中便成了事物自身的本质，这有其合理性。

应该给予注意的是：康德所说的概念不是指具体的、特殊的经验概念，即这种或那种概念，而是指一般的概念，即对经验的对象具有普遍性与必然性，且不超越经验领域的概念。那么，普遍概念的本质是什么？形成这种概念的普遍规律是什么？关于前者，"此'概念'一名词，其自身即提示此种意义。盖此种统一的意识乃所以联结——继续的所直观所再生之——杂多在一表象中"①。"如无——先于一切直观之资料及'与之相关，对象之表象始为可能'之——统一，则不能有知识，及知识互相间之联结或统一。此种纯粹本源的不变意识，我将名之为先验的统觉。……故此种统觉之数的统一，为一切概念之先天的根据，正与空间时间之杂多性为感性直观之先天的根据相同。"② "易言之，经验中之现象，必须从属统觉之必然的统一条件，正与在纯然直观中，现象必须从属空间与时间之时的条件相同。任何知识之能成为可能，唯系于是。"③ 关于后者，"盖表象之能在我内部中表现某某事物者，仅在此等表象与其他一切表象同属一意识，且至少必须能在一意识中联结故耳。此一原理乃先天的确立者，可名之为吾人表象中（因而在直观中）所有一切杂多之统一之先验原理。今因一主观中所有此种杂多之统一乃综合的，故纯粹统觉提供'一切可能的直观中所有杂多之综合统一原理"④。"但一切经验的意识，对于先于一切特殊经验之先验的意识（即视为本

---

① 康德：《纯粹理性批判》，商务印书馆2009年版，第138页。
② 康德：《纯粹理性批判》，商务印书馆2009年版，第140页。
③ 康德：《纯粹理性批判》，商务印书馆2009年版，第141页。
④ 康德：《纯粹理性批判》，商务印书馆2009年版，第145页。

源的统觉之自然意识），具有必然的关系。故在吾人之知识中，一切意识必须属于一单一意识（即自觉意识），乃绝对的必然者。于是'意识之杂多'之综合的统一，为吾人先天的所知，因而，为'关于纯粹思维之先天的综合命题'之根据，正与空间时间为'关于纯粹直观方式之命题'之根据相同。经验的意识所有一切繁杂内容必须联结在一单一之自觉意识中之综合命题，乃吾人所有普泛所谓思维之'绝对第一且为综合的原理。"① 毋庸置疑，概念是联结空间时间之杂多性为单一意识的先验统觉，所以，先验统觉提供了"一切可能的直观中所有杂多之综合统一原理"。那么，进一步也可以说依据经验的概念之综合统一，实则亦即以范畴为基础而形成的先验统一性，因为纯粹悟性概念即是范畴。所以，"普泛所谓可能的经验之先天条件，同时即为'使经验之对象所以可能的条件。我今主张以上所引之范畴，实不过可能的经验中之思维条件，正与空间时间为此同一经验之直观条件相同，范畴乃吾人'由之对现象思维其普泛所谓对象'之根本概念，故具有先天的客观效力"②。

  总之，在以先验想象力为基础的感知综合中出现在时间中的表象，必须在思维的综合中作为概念认识的综合，这种综合的规律就是范畴，正是在思维作为悟性的主观心理综合中，才能形成人的我意识到的经验，同时形成人的我意识到什么的经验对象。这个经验是普遍的，说明思维先天的与对象相关，思维先天的与对象相关也是经验所以可能的概念认知的过程。正如康德所说："普泛所谓经验及'其对象之知识'之所以可能，依据于三种主观的知识源流——感官、想象力及统觉。此三者每一项皆可视为

---

① 康德：《纯粹理性批判》，商务印书馆2009年版，第145页。
② 康德：《纯粹理性批判》，商务印书馆2009年版，第142页。

经验的，即就其应用于所与现象时言之。但三者每一项皆为'使经验的使用一事可能'之先天的要素，即先天的基础。感官在知觉中，想象力在联想（及再生）中，统觉在再生表象（再生表象所由以授与吾人者）二者同一之经验的意识中，即认知中，经验的表现现象。"① 简言之，人的认识所以可能，包含着三种心理作用：即感知的综合、再生的想象力与概念的认知活动。如果人的认识在心理上是可能的，那么，它在逻辑上是否可能便是客观演绎所要回答的问题。

客观演绎

客观演绎以主观演绎为基础，其演绎包含如下内容：

第一，物自体刺激感性产生感受性，感性机能的感性表现，一出现便以时间为中介，进入以先验想象力为基础的感知综合之中。

第二，有了感知的综合，不同的表象便对人显现为前后相继，或同时并存的时间关系，这种直观对象又必然进入思维作为悟性把握它的概念综合之中，这种概念的综合必然显现为对象是什么的先天根据，归根结底是在概念形式中的逻辑规定，而这种逻辑规定作为范畴必然是客观的适应一切经验的对象，因为一切经验对象是在这个普遍的逻辑规定中形成的。

第三，在前两者的基础上，说明思维能力先天的与对象有关，说明纯粹悟性概念作为逻辑规定对一切经验都是普遍的、必然的，因而是客观有效的。"普泛所谓可能的经验之先天的条件，同时即为'使经验之对象所以可能'之条件。我今主张以上所引之范畴，实不过可能的经验中之思维条件，正与空间时间为此同一经验之直观条件相同。范畴乃吾人'由之对于现象思维其普泛

---

① 康德：《纯粹理性批判》，商务印书馆2009年版，第144页。

所谓对象'之根本概念，故具有先天的客观效力。……但此等范畴之所以可能乃至其必然性，依存于'吾人全部感性及随感性而来之一切可能的现象与本源统觉之关系中'。在本源的统觉中，一切事物必与自我意识之一贯的统一之条件必然相合，即与综合——即依据'唯在其中统觉始能先天的证明此事物所有完全的必然的同一性之概念'之综合（在时间系列中，所随之而起者与其他现象之综合）；如无此种'具有先天的规律而使现象从属其自身'一类之统一，则绝不能有知觉之杂多中所见及'意识之一贯的普遍的必然的统一。"① 因此，人的认识所以可能，表现为思维的能动性与经验的对象两个方面的统一性，因为思维不仅形成认识，对象也是思维能动地创造的，因为对象是在人的意识之内为人所意识到的对象，在这个意义上，说思维能动地创造了对象有其合理性，它的缺点是把范畴和表象及物自体割裂了，这也彰显了康德哲学的特点。

主观演绎与客观演绎是统一不可分的。康德在二版序言中，强调了客观演绎的重要性，但它只是说明了思维的逻辑规定作为范畴具有普遍性、必然性和客观有效性，以及这种逻辑规定通过什么表现出来，即它必须通过感知的综合，想象力的综合与概念认知的综合表现出来。从康德的主观演绎与客观演绎看，在哲学史上揭示了人的认识何以可能的心理逻辑结构，这种观点中经费希特直到谢林，都是从心理逻辑结构的整体上把握人的认识过程，但是，到了黑格尔发生了变化，黑格尔抛弃了人的心理逻辑结构的心理一面，而单纯从逻辑一面演绎认知逻辑规定的辩证法。

---

① 康德：《纯粹理性批判》，商务印书馆2009年版，第142页。

＊　　　　＊　　　　＊　　　　＊　　　　＊

　　如上所述，概念是联结空间时间之杂多性为单一意识的先验统觉，所以，先验统觉作为悟性的判断机能是使经验对象所以可能的先天条件。由此表明联系、统觉概念与判断机能，在说明人的认识何以可能问题中的重要性。所以，康德在阐述了主观演绎与客观演绎之后，又在第二版演绎中分别对联系、统觉概念，以及判断机能作了进一步说明。

　　第一，联系的环节或概念。

　　在二版演绎中，康德解释了从未阐明和证明的感性机能为什么只能提供杂多的因由。他说虽然时空的普遍性、必然性是这些杂多的感性内容的直观形式，但是，经过感性机能的时空直观形式综合而出现的感性内容，仍然是孤立的，无联系的杂多。

　　这个原因在哲学史上由来已久，来自西方哲学传统的一个主要成见，即认为感官不能提供不同对象的关系，它所表现的对象只能是互相孤立的、杂多的，特别是经验论者持这种看法，认为关系都是由思维提供的，在纯粹的感官中看不到关系，这种观点对康德影响很大。这种观点从19世纪末至20世纪初，不仅被斯宾塞与詹姆士的哲学所动摇，而且被完形心理学派与詹姆士的心理学所动摇，他们在哲学与心理学领域，既说明了所谓感性不能提供关系的观点是错误的，也反驳了在感性机能起作用的同时没有思维作用的观点。他们认为，感性机能起作用时，感性不是毫无联系的杂多，而是表现为感性之流；感性之流对人隐约地显示着上下、左右、前后、大小、并存以及大于与小于等等关系，而杂多的对象正是在这种关系中被表现出来的。不过，在他们看来，这种关系多半还是外在的关系，感性机能对人显现关系并不意味着它能对人显现内在的、本质的因果、实体属性、交互作用等关系。然而，尽管这些关系是外在的，但是，外在关系正好是这些内在关系的表现，二者是不可分的。这种观点，即感性也在表现关系，对解释与理解人的认识发展具有不可忽视的作用，因为外在关系——前后相继、左右并存正好是内在关系的表层或现象，由此便可以以外在的关系为中介去把握、理解其内在的关系。应当说，康德有关思维能动性的实质也在这里。但是，由于康德以前的心理学没有从实验心理学得出这种观点，所以，康德继承了前哲学的观点，认为虽然感性是以时空直观形式对感受性的综合为先天根据，而显现为各种感性印象，但这些感性印象还是处在杂多中，感性印象不能显现它们之间的关系。正因为如此，他在阐明思维能动性之前，首先提出使杂多在关系中而存在的联系是纯粹悟性的综合。诚如康德所说："表象之杂多能在纯为感性（即仅为感受性）之直观中授与；而此种直观之方式，则能先天的存在吾人之表象能力中，只为主观在其中被激动之形相。但'普泛所谓杂多'之联结，则决不能由感官而来，故不能已包含在感性直观之纯粹方式中。盖联结乃表象能力所有自发性之活动；且因此种能力与感性相区别，必须名为悟性，故一切联结——不问吾人意识之与否，或为直观（经验的，或非经验的）杂多之联结，抑为种种概念之联结，——皆为悟性之活动。对于此种活动，可以名为'综合'之普泛的名称归之，以指示吾人自身若不豫行联结，则不能表现事物为在对象中联结，且在一切表象中，联结乃唯一不能由对象授与者。"[①] 易言之，悟性的综合活动是形成一种在关系中或在联结中的各种感性对象的统一性。

悟性的综合活动之所以能形成杂多之间的关系，还需借助于

[①] 康德：《纯粹理性批判》，商务印书馆2009年版，第110—111页。

先验想象力。因此，在二版演绎中，康德又再次阐释了再生的想象力。他说："此种感性直观的所有杂多之综合，（乃先天的可能而必然者），可名之为形象的综合（synthesis speciosa），……。但此形象的综合，若仅就其与统觉之本源的综合统一之关系观之，即仅就其与在范畴中所思维之先验的统一关系观之，则因与纯然智性的联结区别之故，应名之为想象力之先验的综合。想象力乃表现'当时并未存在'于直观之能力。唯以吾人之一切直观皆为感性的，想象力由于'唯在其下想象力始能与悟性概念以相应的直观'之主观的条件，故亦属于感性。但因想象力之综合乃自发性之表现，为规定者，而非如感官之仅为被规定者，因而能依据统觉之统一，就感官之方式先天的规定感官，故在此范围内想象力乃先天的规定感性之能力；其所有'综合直观'之综合—若与范畴相符合，自必为想象力之先验的综合。此种综合乃悟性对于感性之一种活动；且为悟性对于吾人所有'可能的直观之对象'之最初应用，因而为其他一切悟性应用之根据。"① 在这里应该注意两点：第一，想象力之先验的综合属于思维的统觉，不脱离感性形象，所以，提出形象的综合；第二，这种形象的综合所形成的不同对象的前后相继、同时并存等表象，正好与统觉相适应，为进一步的纯粹悟性综合准备了条件。康德认为除了形象的综合环节外，还需要有更高的环节，即能使这种形象综合表现在一个更高的统一概念之中，或者说，表现在统一的自我意识之中，这便是先验统觉的综合。

第二，统觉的概念。

康德认为在经验中，我们可以经验到意识的统一性，但使经验的统一性之所以可能的原理和规律是什么呢？康德将这个原理

---

① 康德：《纯粹理性批判》，商务印书馆2009年版，第123页。

或规律称之为先验的统觉。先验的统觉又谓自觉意识之先验的统一，或纯粹统觉。先验的统觉与经验的统觉不同，"凡能先于一切思维授与吾人之表象，名为直观。故一切直观之杂多，与此杂多所在之同一主观中之'我思'，有必然的关系。但此种'我思'表象乃自发性之活动，即不能视属于感性者。我名此表象为纯粹统觉，以与经验的统觉相区别，或又名之为本源的统觉，盖因此为产生'我思'表象（此表象必然能伴随一切其他表象，且在一切意识中，常为同一不变者）之自我意识，其自身不再能伴有更高之表象。此种统觉之统一，我又名之为自觉意识之先验的统一，盖欲指示一发生先天的知识之可能性故耳"①。不过，先验的统一原理，在先验感性论中与先验分析论中，既相互区别，又相互联系。"一切直观所以可能之最高原理，在其与感性相关者，依据先验感性论，为'一切直观之杂多，应从属空间与时间之方式的条件'。此直观所以可能之最高原理，在其与悟性相关者，则为'一切直观之杂多，应从属统觉之本源的综合统一之条件'。在直观之杂多表象授与吾人之限度内，从属前一原理；在其必须联结在一意识中之限度内，则从属后一原理。盖无此种联结，则无一事物能为吾人所思维，所认知，即因所与表象将不能共同具有'我思'统觉之活动，因而不能包括在一自觉意识中认知之。"② 在上述基础上，先验的统觉，亦分为主观的统一与客观的统一。所谓"统觉之先验的统一，乃直观中所授与之一切杂多由之而联结在一'对象之概念'中之统一。故名之为客观的，且必须以之与意识之主观的统一相区别，此主观的统一乃内感之一种规定——由此主观的统一，客观的联结所须之直观杂多始经验的

---

① 康德:《纯粹理性批判》，商务印书馆2009年版，第112页。
② 康德:《纯粹理性批判》，商务印书馆2009年版，第114—115页。

授与吾人，我是否能经验的意识此杂多为同时的或继续的，则一依情状或经验的条件"①。总之，所谓先验的统觉就是思维作为悟性的自发性，泛言之，悟性为知识之能力。这种能力或思维活动能把感性形象综合在一个"我思"的统一性中，由之对人显现为我意识到什么的经验意识。"我思"的综合活动作为统觉就是规律和原则，是人的意识所以可能的最根本的先天根据或逻辑基础。

因此，先验的统觉就其本身而言，实际上就是"我思"。"我思"是一个分析命题，从"我思"中可以分析出凡是我意识到的东西都在"我思"之内，但这样一个纯粹的统觉作为一个分析命题说明它本身无真理性，只是一个先于经验的统觉活动。先验统觉的真理性在于经过形象的综合所表现出来的表象具有逻辑规定性。在这种逻辑规定性中，由之所形成的知识是综合的，而不是分析的。所以，康德强调思维的综合不仅是主观的，同时它也是客观性、必然性的最高综合的统一。只有在这种综合中，才能产生人的认识或知识，产生我意识到什么的统一性。因此，它是人的意识统一性的最高规律。思维综合活动的规律形成人的各种概念或范畴，范畴作为综合活动的原则与规律，是使人的经验所以可能的原则。范畴只能运用于经验或感官对象，因而它是使经验所以可能的最高统一规律。当然，范畴也可能超验地使用，但超验的作用没有任何意义。

此外，康德还提出，表现在形象综合中的内容还是感性的，从此出发，对人显现的无论是内感，或是外感现象，都在人心之内。因此，无论内感，还是外感在我心之内作为整体来说，都是人心自己的形象。人心自己的形象把外感和内感综合起来作为统

---

① 康德：《纯粹理性批判》，商务印书馆2009年版，第116页。

一的东西来把握，为心理——物理的自然。这个心理——物理的自然是人心自己的形象，因此，心理——物理的自然作为感性表现来说，都是统一在内感的时间形式之中。在这个基础上，康德进一步提出人心如何能将心理——物理的自然这样一种人心自己的表现转变为自己的对象，或者说，如何能意识到它？这涉及思维作为悟性的统觉活动，如何在对心理——物理自然的综合中产生人能经验到什么的自我意识。如果从内外感的总和作为心理——物理的自然界看，无论它的整体或某部分，它之所以能够转化为人心自己的对象，就在于感性所显现的心理——物理自然界的表现都统摄在人心内感的时间中，所以，形象的综合便可以以内感时间为中介，使内感由被动变为主动，产生它对综合活动的意识觉态，从而使人心之内的形象表现变成自己的对象。例如，就形象的综合而言，以内感的时间规定为中介，而时间是一个向量。那么，要认识时间的向量，就必须借助于外感，画一条线，向一个方向移动，这就开始了综合，这个综合活动把对象表现在同时并存、前后相继的一维时间流中，同时综合活动本身又激动了内感，使内感产生了意识觉态，把无论是内感，还是外感的人心形象变成人的意识对象。只有思维作为悟性把表象综合在一个思想的综合活动中，才能成为我意识到的自我意识活动。这个自我意识活动在于统觉的综合活动也是以时间为中间环节，不过是把时间中的关系综合到概念中了，因此，这个综合是概念的综合，是一个把对象作为是什么的逻辑综合，也是一个明确的意义觉知的综合。

第三，判断机能。

关于判断，康德在《纯粹理性批判》中，提出了比过去任何哲学都更为深刻的见解。康德批评普通逻辑的判断只讲两个概念的联系与关系，与之不同，康德认为判断不是别的，是悟性的综合统一，悟性的综合统一性就是判断。具体地说，判断就是思维作为悟性的理解作用，以范畴的形式把感性表象统摄在概念的统一性之下，或把表象归结为概念。这就是说判断作为综合的统一性，是产生知识的基本机能，涉及概念的产生，涉及从感性表象到概念的产生，悟性的统觉正是人产生概念的活动。

概念的发展离不开思维作为悟性的理解作用，悟性的理解作用作为统觉的综合活动，既要以已有的概念为参考，也要有过去的知识起作用，更要有统觉的综合活动作为思维创造性起作用。统觉的综合活动作为创造思维，不仅具有综合作用，也内含有分析作用，同时，主词与谓词在创造思维中也达到了内在的统一。这样，康德有关创造思维的论点，提出了比先前一切逻辑学更为深刻的解释，为黑格尔的辩证逻辑奠定了良好的基础。总之，悟性统觉是一个思维的判断活动，它的规律和范畴是综合的规律性，这点特别能突出它的客观演绎。通过思维作为悟性的判断，说明了经验所以可能。

第四，思维的三种假设。

在上述论点的基础上，康德进而又阐释了思维的三种假设：第一，自发的自然发生论；第二，新生论；第三，先验的合谐论。在三种假设中，自发的自然发生论是经验论，认为范畴是从经验中现成地归纳总结出来的，这种观点经过休谟的哲学诘难已然很难站得住脚了；先验的合谐论是莱布尼茨的唯理论，认为人有天赋观念，并且和客观对象具有统一性，是预定合谐。这种学说不仅不能说明天赋观念和客观对象具有统一性这样一个非常复杂的问题，而所谓预定合谐，还容易倒向神秘主义；新生论是康德自己的学说，在三种学说中，康德自认为新生论最为切合实际。新生论的认识原则，既不是从经验中产生，也不是早已潜存在思维中的天赋观念，它只是思维在对感性的固有关系中的一种自发性，所以，认识的原则不是时间上的在先性，而是逻辑上的在先性。就此而言，康德的新生论在西方哲学史上起到了历史的转折作用，黑格尔正是在此基础上改造了康德的先验逻辑，建构了自己的辩证逻辑学。

先验演绎的结果表明，悟性是形成经验的规律性，是经验对象的立法者。"顾对象之知识所唯一由以可能之条件共有两种，第一为直观，对象由直观授与吾人（此对象虽仅为现象）；第二为概念，与此直观相应之对象，由概念始为吾人所思维。……范畴由其必然性及先天的与经验之对象相关，盖因经验之任何对象，仅由范畴始能为吾人所思维也。……于是一切先天的概念之先验的演绎，今乃具有全部研究所必须依据之原理，即先天的概念必须认为使经验所以可能之先天的条件。"① 总而言之，悟性为人所经验到的自然立法，自然不是自在之物，而是为人所意识到的对象，因而这种普遍的演绎说明了经验所以可能的原则，说明了悟性范畴对人的经验具有普遍的、必然的客观有效性。

2. 具体的演绎

先验演绎是有关普遍的一般演绎，说明了人的认识作为判断机能是一个先天综合的统一，一般纯粹悟性范畴何以是经验所以可能的条件。在这个普遍演绎的基础上，康德进一步说明悟性判断机能所形成的综合统一性都有哪些普遍命题。换言之，康德认为光停留在一般的演绎上是不够的，必须进入范畴表中的四种范畴的具体演绎，只有在范畴的具体演绎中，才能表明判断机能在不同的演绎中形成哪些先验的范畴，这种具体的演绎称作原理分析论。

由于具体演绎涉及思维作为悟性判断与感性的关系，所以，

---

① 康德：《纯粹理性批判》，商务印书馆2009年版，第108页。

康德首先在"原理分析论"的"导言：泛论先验的判断力"中，对先验判断力进行了进一步的解释与定义。在这里，康德对判断力所下的定义，适合于先验的判断力和一般的经验的判断力；所谓判断力就是统摄具体事例于一般规律之下的思维能力，就一般经验而言，就是把不同的事例归结为一个普遍概念的实在性；"如以普泛所谓悟性为规律之能力，则判断力乃归摄事例于规律下之能力，即辨别某某事物是否从属于一所与规律（casus datae legis 所与规律之事例）之能力。……于此可见虽为能力以规律教导之者。判断力则为一特殊才能，仅能练习之而不能教导之者。判断力乃吾人所称为天禀之特殊性质；缺此能力，则非学校教育所能补救之者。"① 判断力为天赋能力，非学校教育所成就，作为先验的判断力就等于说统摄感性对象于使经验所以可能的纯粹悟性概念之下，所以，先验的判断显然是一般的经验判断所以成立的原则或基础。正因为如此，康德认为普通逻辑的判断不能指导人的判断力，而先验的判断则具有这样的性质，因为它从根源上揭示了判断力如何统摄感性对象于纯粹悟性概念之下。那么，要说明具体范畴如何统摄对象于概念之下，需要借助于先验图型。

先验图型

先验图型本已包含在普遍的先验演绎中，但是，由于在普遍的先验演绎中没有涉及具体的范畴，只是涉及范畴的普遍性，故而未提。那么，现在直接涉及各组范畴的具体演绎，所以，先验图型说便提到日程上来了，若无先验图型，便无法说明各组范畴的具体演绎。

所谓先验图型，可以从如下三个方面来解读。

第一，从问题的提出来看，就一般的经验判断而言，如人是

---

① 康德：《纯粹理性批判》，商务印书馆2009年版，第154页。

动物，谓词和主词总有部分是重合的、一致的，所以，在具体的经验判断中不存在问题。但是，当涉及悟性概念时，就出现问题了，由于悟性概念是纯粹范畴，其中没有任何可感性，因而形成不了知识，所以，如果说先验的判断是统摄感性对象于悟性概念之下，那么，就出现了一边是纯粹悟性概念，纯粹悟性概念仅仅是人的思维逻辑形式；另一边是各种感性对象。这样，思维的先天逻辑形式，与以物自体的刺激所产生的后天的感性内容，在内容上无一关联和重合，两者是完全异质和对立的。那么，怎样使纯粹悟性概念与感性对象结合起来呢？如何使悟性概念作为普遍的、必然的客观规律适用于感性与经验，成为经验所以可能的条件呢？康德认为必须有一个中介——先验图型。

所谓先验图型，"盖吾人已见及，若无对象授之概念（或至少授之构成概念之要素），则此等概念全然不可能且不能具有任何意义。故概念不能视为应用于物自身者（不同此等事物是否或如何授与吾人）。且吾人亦已证明对象所由以授与吾人之唯一方法，乃由于感性之变状；最后吾人又证明纯粹先天的概念在其所表现于范畴中之悟性机能以外，尚必须包含某种先天的方式的感性条件（即内感之条件）。此等感性条件，构成范畴唯在其下始能应用于任何对象之普遍的条件。制限'悟性概念使用'之方式的纯粹条件，吾人将名之为概念之图型（Schema）。在此类图型中悟性之进程，吾人将名之为纯粹悟性之图型说（Schematismus）"[①]。所以，先验图型的特点在于，一方面和纯粹悟性概念有相似之处；另一方面又和感性对象有相似之处，因而作为中介，可以使纯粹悟性概念应用于感性对象。对此，康德说："在对象包摄于概念之下时，对象之表象必须与概念为同质；易言

[①] 康德：《纯粹理性批判》，商务印书馆 2009 年版，第 158 页。

之，概念必包有对象（包摄于此概念之下者）中所表现之某某事物。……但纯粹悟性概念与经验的直观（实与一切感性直观），全然异质，绝不能在任何直观中见及之。……然则直观如何能包摄于纯粹概念下，即范畴如何能应用于现象？其所以必须有此先验判断论者，正因此自然而又极重大之问题。"① 所以，"此必有第三者，一方与范畴同质，一方又与现象无殊，使前者能应用于后者矣。此中间媒介之表象，必须为纯粹的，即无一切经验的内容，同时又必须在一方为智性的，在他方为感性的。此种表象即先验的图型"②。

第二，怎样寻找先验图型所以可能的规律？康德认为感性对象中有直观形式——时空，空间作为外感的直观形式归于内感——时间，时间能把空间统摄于自己之中，因此，时间具有普遍性、必然性。那么，只要以时间为中介，就可以形成与各式各样的范畴相适应的先验图型。

在康德看来，"悟性概念包含'普泛所谓杂多之纯粹综合统一'。时间为内感所有杂多之方式的条件，因而为一切表象联结之方式的条件，包有纯粹直观中所有之先天的杂多。至时间之先验的规定，以其为普遍的而依据于先天的规律，故与构成时间统一之范畴同质。但在另一方面，因时间乃包含于'杂多之一切经验的表象'中，故又与现象无殊，是以范畴之应用于现象，乃时间之先验的规定而成为可能者，此种时间之先验的规定乃悟性概念之图型为现象包摄于范畴下之媒介"③。如果可以根据时间关系形成先验图型，那么，形成先验图型的心理力量是什么呢？在具体的演绎中，康德重新发挥了想象力的学说，提出想象力的新机

---

① 康德：《纯粹理性批判》，商务印书馆2009年版，第156—157页。
② 康德：《纯粹理性批判》，商务印书馆2009年版，第157页。
③ 康德：《纯粹理性批判》，商务印书馆2009年版，第157页。

能，即先验的生产想象力。先验的生产想象力是联结范畴与感性之间的中介，这个心理力量在起作用时，一方面根据各式各样范畴的抽象意义，如实体属性、因果性等；另一方面又根据时间关系形成一种介于范畴与感性之间的图型，所以，形成图型的作用的是先验的想象力。关于这点，康德说："图型自身常为想象力之所产。但因想象力之综合，其目的不在特殊之直观，而仅在感性规定中之统一，故图型应与心象有别。"①"此种悟性之图型说，在其应用于现象及现象所有之纯然方式时，乃潜藏于人心深处之一种技术，自然似难容吾人发见之窥测之者。吾人至多所能言者仅为：心象乃再生的想象力之经验的能力之所产；而感性概念之图型（如空间中之图形）则为先天的纯粹想象力所产，有若一种略图，心象自身则由此图型且依据之始成为可能者也。此等心象仅由于其所隶属之图型，始能与概念相联结。至心象自身，绝不能与概念完全相合。而纯粹悟性概念之图型为依据'由范畴所表现之概念'之一类统一规律所规定之纯粹综合。"②当先验的想象力形成图型之后，范畴就可以根据图型起作用，综合感性材料并形成经验。所以，在先验演绎中，最后统觉的统一必须以先验想象力形成的图型为中介，综合感性材料，然后形成经验。总之，有了图型才能把纯粹的范畴和具体的感性形象相联系，即一方面把具体的感性形象归结为纯粹范畴的先天性，另一方面使纯粹范畴对感性形象具有客观有效性。

第三，上述两点的结合是康德所谓纯粹思维作用与纯粹感性作用以时间为中介而产生的相互规定的关系。由上已知，这个相互规定的心理基础是先验想象力，虽然它是感性的，但是作为悟

---

① 康德：《纯粹理性批判》，商务印书馆2009年版，第158页。
② 康德：《纯粹理性批判》，商务印书馆2009年版，第159页。

性的一个环节起作用,则归属于悟性。所以,统觉的综合规律是:首先是思维在感性的刺激下而起作用,由之思维在对感性的关系中,能动地产生把握感性的逻辑规定,即范畴。其次是思维在以逻辑的规定性把握感性对象时,必须要有先验的想象力起作用。想象力以时间为中介,根据悟性逻辑规定的意义,创造出适合范畴的先验图型,因而在先验图型的二重性中,即在与范畴,又与感性有关的中介中,完成了思维与感性的相互规定,完成了范畴对感性的综合作用,从而产生了经验。"由是吾人乃知各范畴之图型,仅包含一时间规定及仅能表现此时间规定。量之图型,乃在一对象之继续的感知中时间本身之产生(综合)。质之图型,乃感觉或知觉与时间表象之综合;即时间之充实者。关系之图型乃知觉依据时间规定之规律,在一切时间之相互联结。最后形相及其范畴之图型,乃'视为规定对象是否及如何属于时间之所依者'之时间自身。故图型不过依据规律之'时间之先天的规定'而已。此等规律,就一切可能的对象,按范畴之顺序,与时间系列、时间内容、时间顺序及时间范围相关。"[1] "故显然,由想象力之先验的综合,悟性图型说所产生之结果,只为直观之一切杂多在内感性之统一,间接亦即为——视为与内感感受性相应之一种机能之——统觉之统一。……总之,范畴除经验的使用以外,并无其他可能的使用。盖因范畴为先天的必然统一之根据(此种先天必然统一自'一切意识必然联结在一本源的统觉中'之源流而来),故仅用为使现象从属'综合之普遍的规律,因之使现象适于一贯的联结在一经验中。"[2] "故范畴而无图型,仅为悟性对于概念之机能;并不表现对象。此种客观的意义,范畴自

---

[1] 康德:《纯粹理性批判》,商务印书馆2009年版,第161页。
[2] 康德:《纯粹理性批判》,商务印书馆2009年版,第161—162页。

感性得之，感性在制限悟性之过程中，乃使悟性成为现实者。"①综上所述，先天的综合判断之所以可能，直观、想象力和思维的理解作用，缺一不可。

在"第一章纯粹悟性概念之图型说"中，虽然康德举了许多具体经验的事实来说明先验的图型，但令人遗憾的是，康德图型说的缺点在于他并没有给每一个范畴指出图型，尤其是对质的范畴，始终没有找出适合质的范畴的图型。

分析判断与综合判断的最高原理

康德在阐释了先验图型之后，在"第二章纯粹悟性之原理体系"中，马上又讲了一个重要问题，即分析判断与综合判断的最高原理。在他看来，在进行范畴的具体演绎之前，有必要先澄明一个问题，即分析判断与综合判断的最高原理之间的区别。

第一，分析判断与综合判断不同。分析判断指的是普通逻辑在认识中的作用。这种认识是以已经形成的概念为基础而形成的判断、推理，因而其认识的发展归根结底都包含在最初形成的概念之中。由于这个概念是已形成的、已存在的现成的前提，那么，关于这个概念是怎样产生的，甚至它的发展等，分析判断是不关心的，分析判断只是分析已有的概念，并以此为基础形成判断和推理。

综合判断的概念，或认识的形成、发展与变化，离不开先验综合的统觉作用，因此，综合判断实际上是一个创造的思维。由此可见，分析判断和综合判断之间存在着很大的差别，同时指导人们认识的原理也根本不同。应该说，康德对两种判断，或认识的区分是其在认识论上的巨大贡献。

第二，分析判断和综合判断各自有不同的原理。康德认为普

---

① 康德：《纯粹理性批判》，商务印书馆2009年版，第162—163页。

通逻辑的矛盾律、排中律等是分析认识的最高原理。既然分析认识或判断只以已有的概念为出发点,并分析其固有的内容,那么,只要有矛盾律便可以进行下去。所以,"一切普泛所谓判断之普遍的(虽仅消极的)条件,(来问吾人所有知识之内容如何,及与对象之关系如何)为不自相矛盾;盖若自相矛盾,则此等判断之自身,即不就其与对象之关系而言,亦为空虚不实者"①。基于这种见识,康德指明了莱布尼茨的思想实质。他说莱布尼茨将认识分为理论认识和事实认识两种,理论认识只要根据矛盾律就可以进行,而事实认识要根据因果关系。由于理论认识是以已有的概念为出发点,所以,是分析的,且以矛盾律为其最高的原理。在此值得注意的是:康德对矛盾律的理解有巨大的发展,超出了普通逻辑。普通逻辑的矛盾律只限于对象的特点或某方面的规定,所以,当涉及这个对象的另外特点或其他方面的规定时,它又会重新开始。因此,矛盾律在普通逻辑中是一些零散的、片断的集合,没有形成统一的理解。康德对矛盾律有了这样的思想,凡是含在甲概念中的一切规定,都与甲概念不矛盾,都是甲概念的所是,这是同一律。甲概念的矛盾律则表现为与甲概念一切规定相反的非甲,换言之,非甲之所是,不包含在甲之所是之中,这就是甲的矛盾律,形成以某概念为基础的总体的矛盾律。当然在总体的矛盾律中也包含了甲概念的某一规定和它另一部分的规定的排斥和矛盾,但是,这个矛盾和排斥是可以统一起来的矛盾,而不是不可统一的。康德的这种观点对黑格尔的辩证逻辑产生了不容忽视的影响,黑格尔明确地表示在他的逻辑学——本质论中对这种公式作了发挥,认为如果把矛盾律包含在一个概念之中,才有概念的发展。

---

① 康德:《纯粹理性批判》,商务印书馆2009年版,第164页。

综合判断的最高原理是以范畴综合感性的原理。"故一切综合判断之最高原理为：一切对象从属'可能的'经验中所有直观之综合统一必然的条件。"① 在这里，所谓必然的条件是指直观形式：时空，尤其是时间，归根结底是指范畴。实际上，《纯粹理性批判》的要旨在于阐释综合判断的最高原理，综合判断的最高原理与分析判断的最高原理不同。康德说："在分析判断中吾人唯限于所与概念，求自其中抽绎某某事物而已。……但在综合判断中，则我必须超越所与概念以外，以完全与其中所含有者相异之某某事物，视为与此概念具有关系。"② 那么，如何"说明综合判断之所以可能，非普泛逻辑所论究之问题。……但在先验逻辑中，此为一切问题中之最重要者；且在其论究先天的综合判断之所以可能时，吾人又须顾及其效力之条件及范围，故此实为先验逻辑所论究之唯一问题。……今姑假定为欲以所与概念与其他概念综合的比较，吾人必须超越所与概念以外，须有一第三者，以唯在此第三者中，两概念之综合，始能成就。然则为一切综合判断媒介之第三者，又为何物？仅有一唯一之全体，吾人之一切表象皆包含其中，此即内感及其先天的方式、时间。……故综合判断之所以可能，吾人必须在内感、想象力及统觉中求之；且因此三者包有先天的表象之源泉，故纯粹之综合判断之所以可能，亦必以此三者说明之"③。换言之，先天直观形式、想象力之综合，以及先验统觉之必然的统一，是先天综合判断所以可能，亦即经验所以可能的必备条件。

纯粹悟性的原理体系

在阐释了分析判断与综合判断的最高原理之后，康德接着按

---

① 康德：《纯粹理性批判》，商务印书馆2009年版，第168页。
② 康德：《纯粹理性批判》，商务印书馆2009年版，第166页。
③ 康德：《纯粹理性批判》，商务印书馆2009年版，第166—167页。

照范畴表构造并阐述了原理体系。相应于范畴表中的四类范畴，综合判断的原理体系为：第一，直观之公理（量）；第二，知觉之预测（质）；第三，经验之类推（关系）；第四，普泛所谓经验的思维之公准（样态）。

这四项原理体系是与范畴表相适应的综合命题，是形成认识自然的最普遍的原则。直观之公理和知觉之预测是有关量和质的范畴把握对象的规律性，其特点是有和原理相对应的直观内容，所以，前两组原理称作数学的；后两组原理的特点是没有与这些范畴相对应的直观内容，距离直观内容较远，属于间接认识，是有关对象的存在和关系的规律，所以，一般称作动力学原理。康德申明，在这里，他用数学、动力学名词与通常所讲的数学和普通物理学无关，仅仅是在上述意义上，即"在纯粹悟性概念应用于可能的经验时，其使用悟性之综合或为数学的或为力学的；盖综合，一部分与普泛所谓现象之直观相关，一部分则与现象之存在相关"①。"我之所以选用此等等名称者，盖欲使人特注意于原理之证明及应用之有所不同耳。在依据量与质之范畴（仅就量与质之方式方面言之）所有现象之先天的规定中所包含之原理，就其证明及先天的应用于现象二者而言，皆容有直观的确实性。因之此类原理与其他二组之原理有别，盖其他二组之原理仅能有论证的确实性。……故吾人名前一类原理为数学的，后一类为力学的。但所应注意者，在一方既与数学之原理无关，在他方亦与普通物理学的力学之原理无涉。吾人所论究者仅为与内感（所与表象中之一切差异皆置之不问）相关之纯粹悟性原理。"② 总而言之，纯粹悟性为原理之源泉："凡成为原理者，皆由于纯粹悟性。

---

① 康德：《纯粹理性批判》，商务印书馆2009年版，第170页。
② 康德：《纯粹理性批判》，商务印书馆2009年版，第170—171页。

纯粹悟性不仅为'关于所发生事象之规律能力',且其自身为原理之源泉,依据此等原理凡一切事物对于吾人呈现为对象者必须与规律相合。"① 以上述原则为前提,康德按照范畴的顺序,在先验演绎中,展开了对范畴的具体演绎。

第一,直观之公理。

直观之公理是以量的范畴去把握对象的规律,这个规律是先天综合命题。所以,它的原理是:"一切直观皆为扩延的量。"② 或者说,直观之公理作为"纯粹悟性之原理:一切现象,在其直观中,皆为扩延的量"③。

证明如下。

首先,直观之公理的必然性。一切在直观中的对象,都表现在直观的形式中,因而从现象的时空形式看,可出现直观形式本身的杂多的总和。时空与其直观内容统一起来,会表现为一种同质的现象不同部分的杂多总和与这些部分的总和在形式中杂多的总和,这样一种杂多的总和都以一个同质性为前提,就是一个量的概念。换句话说,直观的对象被思维把握,最初必然根据它的时空形式把它的内容把握在一种扩延之量中,这个扩延的量等于直观对象,而时空存在形式本身就是一个扩延之量,因而直观对象就毫无例外的被把握在一种扩延之量中。就空间看等于直观对象的体积或形体方面的量,从时间看是一个一维的时间之量。所以,"现象在其方式方面,包含先天的为一切现象之条件之'空间时间中之直观'。除由'一定的空间时间表象所由以产生'之杂多综合以外,……普泛所谓直观中所有杂多及同质的事物之综合统一之意识,在对象之表象由此意识始成为可能之限度中,即

---

① 康德:《纯粹理性批判》,商务印书馆2009年版,第169页。
② 康德:《纯粹理性批判》,商务印书馆2009年版,第171页。
③ 康德:《纯粹理性批判》,商务印书馆2009年版,第174页。

量（quantum）之概念"①。

在这里，必须区别直观对象的存在形式——时空本身在直观对象那里只是一些形象，它本身并不直接作为扩延之量而出现，它是作为感官的形象而出现。但是，感性内容的这种时空存在的形象，在与悟性发生作用时，思维的理解作用必然以量的范畴把它把握为扩延之量。这是思维的理解作用，与原来的时空形象不同，说明以量的范畴把握对象和现象的一个最基本的规律性，也说明了思维能动的理解作用。在这里，康德对扩延之量给予了定义与解释："在其部分之表象使全体表象可能因而部分之表象必然先于全体之时，我名量为扩延的。盖我欲表现一直线，若不在思维中引长之，即由一点逐次产生其一切部分，则无论如何短小，我亦不能表现之。仅有此种方法，始能得此直观。……以一切现象中所有纯粹直观之要素为空间时间二者，故一切现象（视为直观者）皆为扩延的量；仅由直观之感知进程中，部分至部分之继续的综合，此现象始以为吾人所知。因而一切现象皆被直观为集合体，即被直观为以前所与部分之复合体。"② 思维将时空形象把握为量的逻辑规定性，空间是三维，时间是一维，这个命题是一切认识首先要接触的一个规律。而在这个规律中，部分先于全体以至一个表象的全体，是这个公理最重要的内容。

其次，直观之公理和知觉之预测的原理都是数学上的先天综合命题，都有相应的直观内容。扩延之量对应的是直观对象中的时空存在形式，这个量甚至就是时空本身的量，即时空本身就是扩延之量。但是，时空作为扩延之量的规定性，需要思维能动的理解作用来把握，没有思维的能动性，它是以直观的时空形象的

---

① 康德：《纯粹理性批判》，商务印书馆 2009 年版，第 171—172 页。
② 康德：《纯粹理性批判》，商务印书馆 2009 年版，第 172 页。

感性形式向人表现，所以，必须有思维的能动性对感性对象作出一种理解，直观公理和知觉预测这两组公理和后两组公理的不同首先表现于此。这类命题的谓词，扩延之量就在对象之中，不是思维外加到直观对象上的，思维能动性只是对其进行理解，产生了扩延之量的规定性。所以，虽然扩延之量需要思维的理解作用，但扩延之量事实上是直观对象本身的形式。那么，这样的思维之综合为什么叫先天综合判断呢？在康德看来，从直观对象中直接分析不出扩延之量，因而必须借助于思维能动的理解作用。思维的理解作用作为一个综合判断，它必然会在综合中，从一部分到另一部分才形成扩延之量的概念，故而称作综合命题。在这个意义上，只有这个综合命题才是真正的公理，其他数学公理严格地说不是公理，例如：等量加等量，其和相等，这是分析的，不是综合的命题；又如有 7＋2＝9，虽是非分析的命题，但它只能称为算式，而不具有公理的意义。

最后，直观之公理是综合命题，其意义在于通过思维的理解作用，将感性直观对象把握为扩延之量。但是，在先验感性论中，由于物自体刺激感性所产生的感受性本身无时空形式，因则变成了超时空的点。感觉的点作为抽象不等于存在，它的存在必须有量的规定，所以，必须经过感性时空形式对其直观，感性对象才会具有三维的或一维的两种外延之量。在这里，康德并没有把时空的扩延之量看作是感觉内容本身所具有的量，他没有意识到感性内容本身若没有扩延之量是不存在的，所以，只是停留在时空形式与感性内容分裂之中。康德认为感觉内容本身只是一个无量的规定性的点，只是经过时空直观形式的把握外加上去并形成感性形象，然后，思维对直观形式把握才形成扩延之量。因此，康德提出了问题，但却作不出对象本身就有量的规定性，没有量的规定性，它就不能存在的见解。

第二，知觉之预测。

知觉之预测是思维在对感性的关系中，以质的范畴把握直观现象的规律。这个规律表现为一个先天的综合命题。"其原理为：在一切现象中，其为感觉对象之实在者，皆具有强弱之量，即具有强弱之度。"① 强弱之量也是一个连续之量，它是一个单一性。"一种量吾人感知仅为单一性者，在此量中仅由所与量渐近等于零之否定而始能表现其量之增多者，我名之为强弱之量。故现象领域中之一切实在者有强弱量，即度。"②

证明如下：

在说明知觉之预测的特点是什么之前，首先要注意康德的一个弱点。由上述原理可见，在这里，康德并没有履行思维以质的范畴去把握直观对象的规律，如果依照他的解释，质的规律仍然还是一个量的问题，不过不是扩延之量而是强弱之量的问题。其问题在于他对质、质的意义是什么尚不明确，所以，在范畴表中把质分为肯定、否定与限制三个方面。由于康德对何谓质及质作为范畴的意义是什么还不明确，所以，在图型说一章中，他力图为质的范畴作一个图形，但却失败了。在那里，康德只是把质归结为感觉，存在是肯定的，不存在是否定的。这个演绎虽有意义，但缺乏一个最基本的演绎，要补充就必须首先需要明确什么是性质？质的意义是什么？

质的意义等于感觉实在，感觉的东西是个形象，质是一种思维把握感觉形象的规律，即将直观中的感觉形象把握为一个统一体能够表现为感觉的实在。这是思维作为悟性的理解作用在对直观对象的关系中，经过直觉公理后必然要产生的一种把握对象的

---

① 康德：《纯粹理性批判》，商务印书馆2009年版，第174—175页。
② 康德：《纯粹理性批判》，商务印书馆2009年版，第176页。

规律。按照康德的意思，与质相对应的材料就是感觉实在，但质的理解作用不等于感觉实在，即把感觉实在理解为质的规律，不是感觉实在本身所固有的，只是思维加给它的主观逻辑形式。换句话说，感觉实在本身不具有质的规定性，必须要有思维作为悟性的理解作用在对感性对象的关系中，产生以质的范畴去把握它，从而使感觉实在成为具有普遍的、必然性的质的规定性。

进一步看，当思维以质的范畴把感觉形象把握为感觉实在时，对于这个感觉实在我们总可以设想它的否定性等于零，即不存在，由此便可以先天的设想这个感性作用能从零一点一点的增加，经过无限等级，达到为人所感觉到的感觉实在所需要的量，所以结论是：凡是感觉实在本身都可以归结为强弱之量，因而有一个度。对于这点，康德说："盖即谓现象包含仅为主观的表象感觉之实在者，此实在者与吾人以主观被激动之意识，及使吾人与普泛所谓某某对象相关者。顾自经验的意识至纯粹意识，其间能逐渐转移，以至经验的意识中之实在者完全消失，仅留存'空间时间中所有杂多之纯然方式的先天意识'。故产生感觉量，'自其初等于零之纯粹直观，上达至任何所需要之量'之进程中所有之综合，亦属可能之事。但因感觉自身非客观的表象，且空间或时间之直观不应在其中见及之，故其量非扩延的，而为强弱的。此种量乃在感知之活动中产生者，因之此种量之经验的意识，由感知活动能在某一时间中自等于零之无，增进至所与之尺度。故与感觉所有此种强弱性相应，必须有一强弱之量——即影响于感官之程度（即其所含之特殊感官）——归之于知觉之一切对象（在知觉包含感觉之限度中）。"[①]

根据康德对感觉实在的理解，其知觉预测的演绎必然是这样

[①] 康德：《纯粹理性批判》，商务印书馆2009年版，第175页。

一个过程：首先，当思维以质的范畴或规律来考察感觉实在时，思维必然会根据肯定和否定之所以可能的规律把它把握为一个强弱之量——度。"因一切现象不问在其扩延方面及强弱方面，皆为连续量，……。如知觉之一切实在皆有其度，在其度与否定之间，存有度量常递减为更小度量之无限阶段，又若一切感官亦必具有感觉所有感受性之特殊度量，则无一知觉因而无一经验能直接或间接证明（不问其推理之如何纡远）现象领域中之一切实在完全消失。易言之，一虚空空间或一虚空时间之证明，绝不能自经验得之也。……。盖即某某一限定空间或一限定时间之全部直观，为彻底实在者（即无一部分为虚空者），但以一切实在皆有其度，度则能经由无限阶段递减至无（空隙），而绝不变更现象之扩延量，故必有无限相异之度量以充实空间时间。故直观之扩延量虽同一不变，而其强弱量则固能在种种现象中或大或小。"① 在这里，康德有关一个强弱之量——度的观点对黑格尔也产生了一定的影响，后者在其逻辑学中将其称为尺度。

其次，凡是感觉的实在都有强弱之量是一个先天综合命题，这意味着所谓强弱之量来自思维作为悟性的理解作用，它不等于感觉对象的实在，而是思维把感觉实在理解为强弱之量。如果没有思维的理解作用，从感觉实在或可感性质中分析不出强弱之量来。康德在先验感性论中，认为对人所显现的感受性只是一个抽象的点，本身并没有量的规定性，它仅仅是一抽象的无在性，即等于它本身的存在不是一个现实性，虽然经过时空形式的综合具有了量的规定，但是，具有时空形式的直观对象，只有经过思维的理解作用，才能将其把握为强弱之量。所以，知觉预测与直观公理一样，扩延之量与强弱之量都不是感性形象本身所固有的，

---

① 康德：《纯粹理性批判》，商务印书馆2009年版，第178—179页。

而是得自思维作为悟性的理解作用。所以，凡是感觉的实在都有强弱之量是一个思维把握对象的先天综合命题。

最后，知觉之预测的意义是提出了度的概念，并包含了从一个感觉实在的否定出发，直到它不同等级的强弱之量，即度。这个思想暗含着一个共相在其存在的不同等级的强弱之量变化中，会产生特殊的、不同的质的差异，而不同的质的差异都有一个共同的基础。例如，红色是个共相，红色作为共相在它不同等级的强弱之量中，都有一些新质的差异，而每一个质的差异都有自己的度——强弱之量，这个规律很有价值，也颇具启发性。这个规律的启发作用在于：共相如何与殊相相统一？这个问题暗示着共相与殊相互相统一的规律。共相不仅存在于殊相之中，而且殊相也可以归结为共相；一个共相在它的不同等级的强弱之量中会产生特殊的、不同的质的差异，而质的差异都有一个共同的基础。但遗憾的是，康德自己没有意识到这点，后来黑格尔在《逻辑学》中，把暗含在康德有关强弱之量中质的差异具有不同度的关系以概念的辩证发展逻辑揭示了出来。

第三，经验之类推。

经验之类推说明思维在对直观对象的关系中，必然产生以第二组动力学的范畴去把握理解对象的规律性，因而必然形成和此规律相联系的先天综合命题。"类推之原理为：经验仅由'知觉之必然的联结之表象'而可能者。"[1] 又或"类推之普泛的原理为：一切现象，就其存在而言，皆先天的从属'规定现象在一时间中彼此相互关系'之规律"[2]。所以，"此类原理具有此种特质，即并不关涉现象及其经验的直观之综合，乃仅与

---

[1] 康德：《纯粹理性批判》，商务印书馆2009年版，第181页。
[2] 康德：《纯粹理性批判》，商务印书馆2009年版，第185页。

现象之存在及与其存在相关'现象相互间之关系'有涉"①。

证明如下：

经验之类推与直观之公理、知觉之预测不同，它关涉的是直观对象的存在及其关系。那么，这个思维规律作为先天综合命题是何以可能的？第一，此规律有无必然性？在对感性对象的感知综合中，只能形成一些不具有必然性的联系，即常常有甲则有乙的现象，这种联系必须经过思维作为悟性的统觉才能成为必然的，形成具有一定逻辑规定性的经验对象。由此可见，经验的类推是在经过直观公理和知觉预测之后进入认识的更深层次的原理，这个原理涉及用关系、形相范畴把握和理解对象。

第二，当思维以关系、形相的范畴把握感性对象时，由于演绎的中介始终是以时间内感为中介，所以，康德在此提出关于时间的三种形相，往后具体的演绎都和时间的三种形相有关。"时间之三种形相为延续、继续及同时存在，故时间中所有现象之一切关系，亦当有三种规律，且此等规律自应先于一切经验而使经验可能者。一切现象之存在，由此等规律始能就一切时间之统一形相规定之。……盖本源的统觉与内感（一切表象之总和）相关，且先天的与内感之方式相关，即与'杂多之经验的意识之时间顺序'相关。一切此种杂多，就其时间关系而言，必须联结在本源的统觉中。"② 总之，思维以时间为中介把握感性对象，而时间的三种形相为延续、继续及同时存在。所谓延续是指某个东西被设想为永久存在，亦即指不变时间的永恒性；所谓继续是指不同现象的前后相继，例如有甲必有乙的前后相继；所谓同时存在，即是甲与乙同时并存。时间有三种表现形

---

① 康德：《纯粹理性批判》，商务印书馆2009年版，第183页。
② 康德：《纯粹理性批判》，商务印书馆2009年版，第182页。

态，与三种时间形态相对应必然有不同的范畴，所以，范畴的演绎以时间为基础。在范畴的演绎中，虽交互作用、同时并存涉及空间，但在康德那里，由于空间从属时间，内感时间包容外感空间，故范畴的演绎始终以时间为中介。

第一类推：实体永恒性之原理

其原理为："在现象之一切变易中，实体乃永恒者，其在自然中之量，绝无增减。"[①]

在现象的一切变易中，变易包括同时存在和前后相继。在认识和理解同时并存和在时间中前后相继的变化时，必须以永恒不变的实体为理解变化的前提，即只有在实体的前提下，才能理解变化——同时并存与前后相继。

证明：之所以必须用实体去理解对象的变化，那是因为在感知的综合中，一切现象都被安排在时间中，即把现象排列在作为基体的时间之流和统一性中，只有这样，现象才能对人表现为同时共存和前后相继的现象。"第一类推之证明：一切现象皆在时间中。时间能规定现象存在两种方法中，或为互相继续或为同时存在。就前者而言，时间被视为时间系列；就后者而言，时间被视为时间容量。"[②] 同时并存和前后相继被表现在时间的统一性中，现象是变化的，但包容现象、统一现象的时间作为统一性则是不变的。在此意义上，现象的变化是统一在永恒不变的时间基体中。

既然一切东西都是在时间的统一基础上发生变化，为什么不用时间作为理解变化的统一基础呢？康德的理由是：以时间作为基体不行，因为纯粹时间自身不可知，人所知道的只是经

[①] 康德：《纯粹理性批判》，商务印书馆2009年版，第185页。
[②] 康德：《纯粹理性批判》，商务印书馆2009年版，第190页。

验时间或现象时间的关系，所以，必须通过思维的理解，在现象的变化中设定实体，以实体为时间的基体，时间以实体为中介把自身表现在同时并存和前后相继的变化中，否则纯粹时间自身不好表现。在先验感性论中，已知时间本身不是现象所固有的，相继的现象是通过感知的综合，表现在时间形式中；同时并存的现象在感知的综合中，可把一个接着一个现象排列为甲、乙、丙、丁等，但时间自身是不可知的。时间形式只是一维的，如果以时间作为基体，一维时间如何把自身扩充到和甲、乙、丙、丁等同时并存的现象中呢？同时并存还有一个空间问题，如上所述，空间是包含在时间之中的，所以，一维时间作为基体，作为统一性如何扩充为同时并存，都是一个时间问题。这样，用实体代替时间，是一切现象的基体，它不仅可以表现为一切现象的前后相继，也可以表现为同时存在。所以，时间以实体为中介也随之扩充到一切现象，共在的现象作为同时性也已在时间的关系中了。因此，时间把共在现象包容在一个时间关系上，共在现象不是由时间，而是由实体产生的，这样，以实体为基础来理解，或形成有关共在、继续的经验或知识。因而其结论便是：一切现象的基体必须思维或理解为实体，而实体是不变的，变的只是现象，现象是实体的变形。"一切现象皆在时间中；惟在视为基体（Substrate）之时间中（为内的直观之永恒方式），始能表现同时存在或继续。故'现象之一切变化皆应在其中思维'之时间，存留不变。盖时间乃'继续或同时存在'唯在其中或以之为其规定始能表现于吾人。顾时间自身为吾人所不能知觉者。因之，在知觉之对象中，必须有表现普泛所谓时间之基体；一切变易或同时存在，在其被感知时，必须在此种基体中，及由现象与此基体之关系而知觉之。但一切实在者之基体，即'一切属于事物存在者'之基体，为实体；而一切属于存在之事物，仅能思维为实体之一种规定。故永恒者——现象之一切时间关系唯与此永恒者相关始能规定之——乃现象领域中之实体，即现象中之实在者，且为一切变易之基体，永为同一而不变者。以实体在其存在中为不变者，故其在自然中之量，绝不能有所增减。"① 总之，一切都在时间中，只有在时间的直观形式中，现象才能对我们表现为同时并存和前后相继，而时间必须被理解为一个不变的东西，因为时间自身是不可知觉的，我们觉知到的只是同时并存和前后相继所表现出来的一种现象的时间关系。所以，必须把时间设定为一个基体，而这种基体则是永恒的、不变的实体，而同时共在和前后相继的一切时间关系都是实体的变形和表现。实体在时间中是永恒的，它的永恒性也随它表现为同时共存与前后相继的时间关系。结论：实体之量是不变的，不增也不减。

在这里，康德设定实体去统一现象，但通过设定实体去统一现象的理由是错误的。康德的理由是：时间作为直观形式本身不可觉知，同时作为直观形式的时间又是一维的，它本身不具表现相继和共存现象的内涵与本质，不具有从它自身把自己表现为多种多样的现象的能力，所以，必须在悟性的理解中把它设定为基体，把时间看作是这个基体的永恒规定。"实体在现象领域中，乃时间所有一切规定之基体。……盖仅有一时间，一切不同之时间皆必须位置在其中，其位置情形则非同时存在，乃互相继续者。……是以永恒性乃现象唯在其下始能在可能的经验中能被规定为事物或对象之必然的条件。"② 在这里，固然康德把实体只理解为思维把握现象的规律或逻辑规定性有其缺陷，但他以实体概

---

① 康德：《纯粹理性批判》，商务印书馆 2009 年版，第 185—186 页。
② 康德：《纯粹理性批判》，商务印书馆 2009 年版，第 190 页。

念来解释现象的思想，既有很大的合理性，也有不同于以往哲学家们不同的突出特点。以前的哲学一般总是以甲现象产生乙现象来说明现象的变化，由于这种变化和产生脱离了实体，因而实体只是一个最初的、抽象的存在。康德在此设定了实体在一切现象之中，便产生了解释乙现象的真正动力；产生乙现象的动力仍然是在甲现象中的实体，甲、乙现象来自一个实体和动力。康德的这种理解是深刻的，但错误是实体只是来自思维的理解作用，而不是现象本身所固有的。所以，第一类推设定了实体，表现为前后相继和同时并存，第二类推应根据第一类推说明现象的因果关系。但由于康德实体只是主观的逻辑规定，是外加上的弱点，再加上康德的目的在于批驳休谟的因果思想，说明因果关系不是在经验中的习惯联想，而是思维作为悟性把前后相继的现象理解为具有因果关系的逻辑规定性。为了达到这个目的，必须根据因果关系的直接意义，以思维把握甲现象伴随乙现象的逻辑规定为前提，来说明休谟的错误所在。在他看来，如果基于第一类推推下去，完成不了对休谟的批判，所以，必须把第二类推单独拿出来进行论证。

第二类推：依据因果规律，时间中继续之原理

第二类推是阐明思维在对现象的关系中，必然以因果范畴或逻辑规定去理解现象的关系，康德认为这个先天综合命题是认识一切的基本原理，在科学中的应用最为广泛。依据因果律，时间中继续之原理："一切变化皆依据因果联结之法则发生。"[①]

这个原理的中心目的在于驳斥休谟，回答休谟提出的哲学疑难问题。所以，有必要先简单地回顾一下休谟的观点，才能更好地理解康德。传统哲学的见解是：在认识过程中有一个基本原理

---

① 康德：《纯粹理性批判》，商务印书馆2009年版，第190页。

在起作用,即凡是发生的事物都有其原因,或都有一原因作为根据。休谟破天荒地提出:凡是发生的事物都有原因的命题不是绝对必然的,相反的命题与它具有同等价值,即凡是发生的事物都没有原因。休谟认为这两个命题互相对立,理性根本无法证明哪个能够成立,哪个不能成立,而经验也无法确证两个命题哪个是对的。尽管休谟否认了因果关系的必然性,提出了一个两难的问题,但他承认在认识过程中,因果关系是必要的,无因果关系,人的认识是很难预见的。如上所述,休谟认为因果关系就是在经验中由习惯形成的一种联系;人在经验中,经常经验到同样的事物,甲事物总是伴随有乙事物,因而表现为一个前后相继的过程,所以,习惯上把它联想为因果关系。在他看来,经验其实根本不能发现这个过程是什么,理性也不能确实论证这种现象为因果关系,它不过是一种习惯联想。基于这种观点,休谟把因果关系定义为:原因是伴随着一个事物的前件,结果是一贯和前件相伴随的时间在后的后件,这种前件和后件相互伴随便是因果关系,也是休谟因果关系的基本思想。

  康德既同意休谟的立场,同时也要克服休谟的错误。康德同意休谟的因果关系不能从知觉事实中发现,也同意休谟理性不能论证因果关系在现象的过程中,但他不同意休谟把因果关系看作为习惯联想;所以,康德的整个论证发挥了与休谟相反的观点,从休谟的内部把他的观点瓦解了。康德认为,当说前件经常伴随有后件时,或后件经常伴有前件时,因果性不是由这种经验而形成的习惯联想,而是这样的前后相继和变化,前件和后件关系本身必然被人的认识设定为因果关系。因为前件与后件都在时间的统一性中,所以,乙作为时间在后的现象,思维就会必然设想它受时间在先的甲规定,否则甲和乙的伴随就是偶然的,就可能出现后件无前件,前件也可以没有后件,这样前件和后件的关系就自相矛盾了。所以，当人的思维设想变化时，发生一个前件和后件经常伴随和相继时，这意味着思维以设定因果关系为前提，里面包含有因果关系在起作用，结论便是：不是由于人经常看到甲伴随乙而形成习惯联想，而是在人具有了甲与乙这种相继关系时，就包含了设定因果性的前提，所以，因果性是形成甲常伴随着有乙相继经验的所以可能的条件。"易言之，互相继起之'现象之客观的关系'，不能由纯然知觉决定之。欲使此种关系使人知为确定不易，则两状态间之关系，何者必在先，何者必在后，不能置之于相反关系中云云，必须思维为由此必然确定其如是者。但伴随有'综合的统一之必然性'之概念，仅能为存于悟性中之纯粹概念，而非在知觉中者；在此事例中，此概念乃为因果关系之概念，前者决定后者在时间中为其结果——非仅在想象力中所能见及（或绝不能知觉之者）之继续。是以经验自身——易言之现象之经验的知识——仅在吾人使现象之继续以及一切变化从属因果律之限度内而可能者；因而视为经验对象之现象，其自身亦仅依据法则而可能者。"①

证明如下。

首先，在感知的综合中，通过想象力进行的综合不能使人区分一个过程中甲在前，或乙在前，即想象力的综合作用不能决定不同的现象在过程中谁在前和谁在后的问题，它可以随意的根据主观，先想象到甲，然后再想象到乙，反之亦然。如感知一个房屋，可以由上到下，也可以从下到上；从左到右，也可以从右到左，康德将这种想象力的综合称作主观的过程。"盖因主观的继续，全然任意向为之，故由其自身对于杂多在对象中所由以联结

---

① 康德：《纯粹理性批判》，商务印书馆2009年版，第191—192页。

之方法，绝无所证明。因之客观的继续，由现象杂多之此种顺序所成，即依此顺序所发生事物之感知，乃依据规律继先一事物之感知而起者。"① 这就是说区别于主观过程，有一种不能颠倒现象先后关系的客观过程；客观的过程表明在感知综合的过程中，会出现不依人的主观性为转移的综合，因为这个过程表现时间顺序，思维的综合被迫根据时间顺序先有甲，后有乙，而不能颠倒。这就如同顺水行舟，只能从前到后，先感到舟在上游某点：甲；然后感到下游某点：乙，舟所经历的这种秩序是不能颠倒的。他说："例如我见一下驶之舟。我关于舟在下流位置之知觉，乃继其上流位置之知觉而起，在此种现象之感知中，先知觉舟在下流位置而后及其在上流位置，实事之不可能者。感知中所有知觉在其中互相继起之顺序，在此种事例中乃确定者，感知即为此种顺序所束缚。"② 康德认为这种经验是因果关系非常重要的前提。

其次，在上述前提下，由于时间顺序不同的现象被固定，那么，在理解这种现象时，思维只能把握为在前的东西规定在后的东西，前面的东西对后面发生的东西有制约作用。诚如康德所说："经验的知识之一切增进，知觉之一切进展——不问其对象为何或现象或纯粹直观——皆不过内感规定之扩大，即时间中之进展。此时间中之进展，规定一切事物，其自身不再为任何事物所规定。"③ "故正与时间包含'自存在者进展至继起者连续的进展所以可能之先天的感性条件情形相同，悟性由于统觉之统一，乃经由因果系列规定现象在此时间中之一切位置'之连续的规定所以可能之先天的条件，此因果系列中之因，必然的引达果之存

---

① 康德：《纯粹理性批判》，商务印书馆2009年版，第194页。
② 康德：《纯粹理性批判》，商务印书馆2009年版，第193页。
③ 康德：《纯粹理性批判》，商务印书馆2009年版，第204页。

在，因而使时间关系之经验的知识，普遍的对一切时间适用有效，因而客观有效。"① 据此，在康德看来，休谟的缺点在于一开始就认为事物的产生无原因，而康德认为当思维针对这种时间顺序进行理解时，必然把它理解为在前的东西规定在后的东西，从而在无形中把因果性输入对象之中，形成了变化、相继之经验。这就是说，从主观之继续到客观之经验，"是以吾人若经验某某事物发生在如是经验时，常以在其先之某某事为前提，发生之事物，乃依据规律继以先之事物而起者。否则我将不能对于对象，谓其为继起矣。盖因纯然在吾人感知中之继续，始无规律以规定此继续与'在其先之某某事物'相关，则我实无正当理由主张对象中有任何继续。我使感知中所有我之主观的综合成为客观的，仅由其与规律相关耳，依据此规律，则现象在其继起中——即视为此等现象发生——乃为前一状态所规定者。一'事件'之经验（即所视为发生之任何事物之经验），其自身仅在此假定上始成为可能"②。所以，"吾人如研讨'与对象相关所赋与吾人表象之新性质为何，表象由此所获得之尊严为何'，则吾人发现其结果仅在使表象从属规律以及使吾人必然以某一种特殊方法联结此等现象；反言之，仅在吾人所有表象必然在此等表象所有时间关系之某种顺序中之限度内，此等表象始获得客观的意义"③。

最后，综上所述，"一切经验及其所以可能，皆须有悟性。悟性之主要贡献，并不在使对象之表象明晰，而在使对象之表象可能。悟性之使对象可能，则由于其输入时间顺序于现象及其存在中。……易言之，所继起者——即发生之事物——必须依据普遍的规律继所包含在前一状态中者之事物而起。于是有现象之系

---

① 康德：《纯粹理性批判》，商务印书馆2009年版，第204—205页。
② 康德：《纯粹理性批判》，商务印书馆2009年版，第195页。
③ 康德：《纯粹理性批判》，商务印书馆2009年版，第196页。

列发生,此种系列以悟性之助,在可能的知觉之系列中,产生与先天的在时间中所见及者同一之顺序及连续的联结,且使之成为必然的——时间为一切知觉必然在其中占有位置之内的直观之方式"①。"易言之,即因与果之关系,就知觉之系列而言,乃吾人所有经验的判断之客观的效力之条件,亦即此等知觉所有经验的真理之条件,盖即谓此乃经验之条件耳。故在现象继起所有因果关系之原理,对于经验之一切对象(在此等对象在继续之条件下之限度内)亦适用有效,盖因此原理自身,即为此种经验所以可能之根据耳。"② 总之,当人们面对在时间顺序中甲在前,乙在后的现象时,思维作为悟性必然以因果关系规定去理解和把握它,无形中把因果关系输送到现象中去,因此,因果关系是形成相继、产生、变化这种经验所以可能的基本条件,脱离了这个基本条件,就没有这些经验的出现,所以,因果关系对在时间顺序中的现象而言,具有普遍的、必然性的客观有效性。

第三类推:依据交互作用或共同相处之法则之共在原理

思维作为悟性在对知觉对象的关系中以交互作用的规定,去把握知觉对象的规律。其原理在第一版中为:"一切实体,在其能被知觉为在空间中共在者,皆在一贯的交互作用中。"③ 在第二版中为:"一切实体,在其同时共在之限度中,皆在彻底的共同相处之关系中,即在彼此交互作用中。"④

思维作为悟性以交互作用的范畴去规定在空间中的共在者,是一个先天综合命题,在解读这个先天综合命题之前,首先应该明确在三种类推中贯穿着一个精神,即康德与休谟的分歧与对

---

① 康德:《纯粹理性批判》,商务印书馆2009年版,第198页。
② 康德:《纯粹理性批判》,商务印书馆2009年版,第199页。
③ 康德:《纯粹理性批判》,商务印书馆2009年版,第205页。
④ 康德:《纯粹理性批判》,商务印书馆2009年版,第210—211页。

立。休谟认为，从经验的感性内容中找不到实体属性、因果关系和交互作用，产生了休谟非理性主义的怀疑论，但休谟不否认实体属性、因果关系与交互作用在认识中的作用，不过他在解释这些规定时，则是基于以本能为基础的在经验中的习惯联想。康德在某种意义上，同意休谟的立场，认为的确不能把这些逻辑规定看作是感性内容中所固有的和自在的东西，但康德又反驳休谟，巧妙地指出当人谈到一切经验都有实体，一切发生的事物都有原因，不同的现象在空间同时共在又相互作用时，这些经验本身不是现成的东西，然而有使这些经验所以可能的先验条件，问题就在于研究使这些经验所以可能的先验过程。实体属性、因果关系、交互作用作为使经验所以可能的先天条件，是思维作为悟性把握对象的规律。这些规律不是在经验中形成的习惯联想，而是思维作为悟性的逻辑规定性。从这个观点看，在三种类推中都表现了康德与休谟的对立；从哲学思想史的发展看，康德的反思比休谟更进一步，接触到了问题的根本。

在第一类推中，原理中有实体的字样，实体是一，那么，康德为什么在此又提出"一切实体"呢？在第一类推中，康德把实体只是作为思维的逻辑规定贯穿到现象中，各种现象是实体的表现，这是康德的出发点，由于不同现象的交互作用的基础是实体，所以，不同现象的交互作用实际上是实体的交互作用。换言之，"'一方所有种种规定，其根据乃在他方中者'之实体关系，乃势力影响之关系；各实体交相包含他方实体中所有种种规定之根据者，此种关系方为共同相处或交相作用之关系。故空间中实体之同时共在，除根据此等实体交相作用之假定以外，不能在经验中认知之"[①]。这个证明也分为如下三个方面。

---

① 康德：《纯粹理性批判》，商务印书馆2009年版，第206页。

证明如下：

首先，在感知的综合中，以先验的想象作用为条件，只能表现为一种形象的综合。形象的综合可以从现象的任何一点出发，从上到下，从下到上，从前到后，从后到前，就如同看一所房子，顺序可经变动。康德认为，固然形象的综合可以从一点到另一点；从一个现象到另一个现象，但是这种变动性本身在感知综合中，所表现出的表象只是心理的、主观的现象，还不是客观对象。由于仅仅靠感知的综合只是心理的、主观的表象，还不足以把这种主观表象转化为客观的经验对象。所以，要形成客观的经验对象，必须在感知的综合条件下同时有自我意识，即思维作为悟性的规律起作用，才能形成交互作用的客观经验，所以，经验不能靠感知中的联想。

其次，在感知的综合中，把不同的表象和表象系列综合在时间形式中，因此，时间是作为这些不同现象本身所具有的同时性而被表现了出来，或者说，是作为不同现象的时间被表现了出来，这个时间是同时性。所以，知觉到的时间只是一个与现象混合在一起的现象时间，亦即现象的同时性。但时间作为这些现象的普遍性和统一性，纯粹时间本身是不能被觉知的，那么，悟性统觉以时间为中介就产生了一个问题，人们无法通过纯粹时间来把握现象的交互作用，在第一类推中就有这种思想，这就要意识到先验感性论中的时间与先验分析论中的时间是不同的。

在这里，就接触到了一个有关时空的问题。关于这个问题，先验分析论中的观点更符合康德先验学说的要求，也更加合理。在先验感性论中，康德强调时空是纯粹的直观，纯粹的时空是一个整体，部分是它的限制，这样很容易使人产生一种误解，即把时空直观形式看作是可以时间上在先的东西，看成是可以脱离现象和感性内容的东西，而不是一个逻辑在先性。在先验分析论中，时空是随着对感性内容的直观而被表现出来，或者说，人所面对的对象是经过时空直观形式把握的感官形象，那么，时空只有和现象在一起才能对人显现出来，形成经验的时间。康德认为纯粹时间不能以它自身对人表现，必须随着感知的综合而表现在被综合的现象中，所以，它总是作为经验的，或现象的时间而对人显现。这样，当思维理解对象时，以经验的时间为中介，才能产生思维作为悟性对感性对象的理解与把握。如第一类推中把不同的现象把握为一个实体的变形或表现；实体本身数量不变，不变的实体贯穿于所有的不同现象中，因而纯粹时间必然作为这个不变实体的延续规定而被表现出来。在把时间和实体的永恒性联系起来以后，实体便在它的延续中表现为各种现象，在它表现的各种现象中，除了前面所讲的实体属性、因果关系外，就是不同的现象同作为实体表现，是在实体的延续中的同时并存。这样，思维作为悟性的理解作用便把感知综合可以从任意一点出发的主观过程，变成为实体在它的永恒延续中的两个同时表现出来的不同现象，亦即不同现象同作为实体的表现，是在实体的延续中的同时并存。

然而，康蒲·斯密并不认可康德的这个演绎。斯密认为同时并存不是以时间为图型，而是以空间为图型去把握现象。实际上，在这个原理中确实包括空间，但康德通过把纯粹时间和实体联系起来的中介，把空间的图型包含在时间的同时性中。如康德所说："事物在其存在同一时间中之限度内为同时共在。但吾人何以知其在同一时间中？在感知杂多之综合中所有顺序，不关重要时，即自甲经乙、丙、丁以达戊固可，而自戊以达甲亦可之时，吾人即知其在同一时间中。"① 随后，他又补充证明道："在

---

① 康德：《纯粹理性批判》，商务印书馆2009年版，第206页。

吾人心中，一切现象因其包含在一可能的经验中，故必须在统觉所有之共同相处关系中（Communio），且在对象表现为共同存在互相联结中之限度内，对象必须交相规定其在'一时间'中所有之位置，因而构成一全体。……由此种交相作用，种种现象在其各在其他现象之外而又互相联结之限度内，构成一复合体（Compositumreale），此种复合体可以种种不同方法构成之。故有三种之力学的关系——一切其他关系皆由此发生——即属性、结果、合成是也。"① "故除甲与乙纯然之存在以外，必须有甲对于乙及乙又对于甲所由以规定其在时间中位置之某某事物，盖惟在此种条件下，此等实体始能经验的表现为同时共在。……故各实体（盖因实体仅就其所有规定而言，始能成为结果）必须在其自身中包含其他实体所有原因作用之结果；即实体直接或间接必在力学的共同相处之关系中。"② 综上所述，康德的演绎仍然是以时间为中介，他是以时间的先验图型统摄、包容了空间图型。在这里，思维的理解作用以设定实体为基础，把实体与纯粹时间结合了起来，使纯粹时间作为实体的延续而被表现出来，这样，就可以在实体的延续中，把不同的现象看作是在时间中的一个共在。

最后，思维作为悟性把由感知综合所形成的相互伴随的表象，看作是实体的两个不同的表现，把握为在实体的延续中的相互共在、相互规定。这就是说当悟性统觉以感知综合为基础，对不同的共存现象进行综合的同时，便会激动内感，出现我意识到什么，意识到不同现象的相互共在的自我意识或经验。面对不同的现象的相互共存的经验，思维作为悟性便会把它理解为实体延续中的两个不同表现的同时共存与交互作用的经验。所以，这种

---

① 康德：《纯粹理性批判》，商务印书馆2009年版，第208页。
② 康德：《纯粹理性批判》，商务印书馆2009年版，第206—207页。

经验只能看作是交互作用的思维规定在起作用，只有思维的规定才能把感知综合中的不同表现理解为交互作用，并把仅仅是主观表象的东西转化为具有客观意义的规定，这个由主观形象到客观对象的过程只能借助于思维作为悟性的理解作用，没有思维作为悟性的理解作用，便无法形成这样的经验。

到此为止，康德完成了经验所以可能的三种类推：实体属性、因果关系、交互作用。"此三种关系即经验之三种类推。此三种类推为依据时间所有三种形相，规定现象在时间中存在之单纯原理，此三种形相即与时间自身关系所视为量（存在之量、即延续）者、在时间中之关系所视为继续的系列者，及最后在时间中之关系所视为一切同时共在之总和者。此种时间规定之统一，全为力学的。……对于每一现象规定其在时间中之位置者，乃悟性之规律，惟由此种规律，现象之存在始能获得关于时间关系之综合的统一；因之此种规律，实以一种先天的方法规定位置，且对于一切时间皆有效者也。"① 三个类推以直观公理、知觉预测为基础，因为这两个推理是直接认识，经验类推是间接认识。在康德看来，这三个类推是人的认识与经验所以可能的最重要的原理；三个原理都是以第一类推为基础，纯粹时间又是以实体的延续为基础的。

综述三个类推，首先，感知的综合包含在三类推之中，或者说三类推都包含着形象的综合。形象的综合不能形成客观对象，它所形成的表象只能是心理的、主观的东西，这是三类推的出发点。其次，把主观表象转化为客观对象，转化为具有种种逻辑规定于自身的客观对象，需要思维作为悟性的理解作用。但是，思维的理解在起作用时，需要以形象综合所表现的时间为中介，时

---

① 康德：《纯粹理性批判》，商务印书馆2009年版，第208—209页。

间是这些表象的统一性。由于这个作为统一性的纯粹时间是不能被感知的，所以，理解作用必设定实体，把各种表象都看作是实体的表现和变形，只有这样，时间的统一性作为实体的延续性才能被理解，也即时间和实体具有统一性，二者合二为一。从此出发，以时间作为实体延续为中介，便会产生以下区别：就一切表象而言，或就感知综合中所出现的一切表现而言，思维的理解作用把这些现象理解为一个实体的不同表现，出现了以实体属性的逻辑关系来把握对象的过程；就在感知的综合中的现象出现先后的顺序而言，思维作为悟性的理解作用，就会把以实体为基础的先后表现把握为因果性；就感知的综合可从任一点出发而言，思维作为悟性的理解作用，会把它把握为以实体为基础的不同的表象的同时共存和交互作用。

总之，经验只有在悟性的理解中，才能使主观的表象对人显现为具有种种必然性和逻辑关系的客观性，从而显现为经验或自然。"所谓'自然'，就其经验的意义而言，吾人指为依据必然的规律，即依据法则之现象联结（就现象之存在而言）。故有最初使自然可能之某种法则，且此等法则皆为先天的。经验的法则仅由经验始能存在，亦惟有由经验始能发见之，此实'经验自身由之始成为可能之基本法则'之结果。故吾人之种种类推实为——在仅表示时间（在时间包括一切存在之限度内）与统觉统一（此种统一仅依据规律之综合中可能者）之关系之某种典型下——描写在一切现象联结中所有之自然之统一。要而言之，类推之所宣示者乃一切现象皆在——且必须在——自然中，盖若无此种先天的统一，则经验之统一，以及经验中对象之规定，皆将不可以矣。"[1] 易言之，自然作为经验不是对人显现为主观的表

---

[1] 康德：《纯粹理性批判》，商务印书馆2009年版，第209页。

象，而是对人显现为它本身具有种种逻辑关系的客观对象。对人显现的自然，是在悟性的立法中被显现出来的经验。这说明思维的能动性和感性内容的结合，二者的结合形成人的经验，或者说形成表现在人的意识中的客观对象，因而在三个类推中，常用知觉，而知觉则有不同的意义。第一，当综合过程只是感知的综合时，这个知觉只是在完成自我意识的知觉；第二，感知的综合为统觉所把握，出现了自我意识的知觉，即我能知道或意识到什么的知觉。总之，三个经验的类推体现了思维的能动性和感性的综合，二者的结合形成了人的经验世界或自然，人所意识到的经验世界，或自然都以思维的统觉作用为基础。因此，这三个经验的类推是悟性为自然立法的最重要的环节。

* * * * * *

关于三个类推中的几个问题。

首先，关于时间和空间的问题。关于时间空间的观点，分析论与先验感性论不一样，相比较而言，先验分析论的时空观较为合理。在分析论中，时空形式是在经过先验感性论中的感性对感受性的直观而显现出来的现象的或经验的时空，如果时空的直观形式不能作为现象的或经验的时空被表现出来，那么，时空形式就要来自经验，或者说从经验或现象中概括出来，那么，它就不能先于经验与现象，从这点看，似乎和康德的先验论相矛盾。

康德以前的哲学认为从经验对象中可以归纳出时空关系，概括出实体属性、因果关系、交互作用等范畴。康德与这种传统观点不同，认为时空形式与范畴从本源上讲不是经验的。因为既然时空形式与范畴是人的认识所以可能的条件，那么，当对象本身具有时空形式和种种逻辑规定时，这是由于有一个先验过程，感性机能的直观和悟性的理解作用早就先于人的经验把这些关系体现在对象之中了。由于这个体现与输送，经验中的对象才显现为时空中的各种逻辑关系。所以，在这个前提下，康德不否认可以从经验中概括出时空形式与逻辑规定性。休谟认为因果关系等逻辑范畴不能从经验对象中找出来，不过，他和康德的区别在于，从经验出发，承认前后相继的经验，但是，他脱离了悟性的理解作用，单纯从感性内容中去寻找对象的逻辑规定性。康德则不然，认为经验本身早已有了悟性的理解作用体现于其中，所以，一切认识都起源于经验，但不可归为经验。因为在一切经验对象中，存在着超出印象的东西，这种超出印象的东西就是悟性的理解作用已体现在经验之中，因而才可以从经验中概括出悟性概念。由此可见，在康德看来，范畴表不是现成的存在于人脑之中，如果范畴现成的存在于人脑之中，就不必寻找范畴表了，范畴表的生成不能脱离经验，应在人所能经验到的经验综合的范围内去寻找。亚里士多德的形式逻辑概括了这样的经验全体，他的判断分类和人所经验到的范畴是相适合的，因而可以根据亚里士多德的判断分类找出适合的悟性范畴表。

时空的道理也在于此，对人显现的感性表象表现为它本身就具有时空的现象，但这是由于在此现象出现之前，人的直观早已把直观形式体现在感性内容之中了，所以，才能对人显现为时空的现象，因而也才能从经验中概括出、抽象出纯粹的时空形式，这是分析论的观点。由此可见，分析论中的观点和康德的先验论并不矛盾，人能从经验中概括出时空，那么，人就能对时空进行理解和直观；被抽象的纯粹时空成为人理解或直观的对象，所以，可以成为数学和几何学把握的对象，因而康德并不排斥纯粹直观。认为数学中先天综合命题以纯粹直观为基础，以分析论的观点看仍能成立，分析论更合理，也更符合逻辑。但几何学不是完全为纯粹直观创造的，只是以纯粹的直观为基础，还要加上思维作为悟性的理解作用，才能创造几何学的先天综合命题。

其次，分析与综合的问题。这个问题的基本点在于：在康德看来，感受性无时空，时空只是感性把握感性内容的直观形式，是外加到感性内容之中的，这样，由于感性表象的连续性是外加的，必然便无法回答休谟有关思维与存在的统一性问题。如果反过来，不依康德的观点来理解，将其观点改变一下，把时空形式看作是感性内容本身所固有的内容，而不是外加的，那么，它本身必然处在统一时间的连续性中，或者说对象的统一性存在于时空的连续性中。时空的连续性本身是不能自存的，时空的连续性不是什么也没有的绝对虚无，从绝对虚无中什么也不能产生，所以，在时空的普遍连续性中必然存在着无所不在的实在性，这个实在性就是实体，时空是这个实体所固有的普遍的延续性，因此，可以通过思维的理解作用从中分析出实体，然后，把万物归结为实体的属性，并形成命题，这样，便体现出了思维与认识对象的统一性。

既然在时空的连续性中有无所不在的实体，那么，一个对象的不同表现，或各种现象作为同一体，也便存在于时空的连续性中，同时，不同表现或各种对象也必然存在于实体的规律之中。各种不同对象是实体的不同表现，就不同的表现是前后相继而言，是实体的因果性，并存是交互作用；因果与交互作用现象本身是实体本身所固有的。这样，这些综合命题包含着分析命题在内，通过思维的作用可以从现象中分析出其内在规定，然后通过思维作为悟性的理解作用，把现象的关系综合到实体属性、因果关系中，由此便改变了康德的悟性规定仅仅是输送到现象之中的思想，而变成悟性的逻辑规定是现象本身所固有的观点。

因此，上述三个类推作为思维能动性的综合命题，同时包含着分析命题。思维作为悟性的逻辑规定性是从对象分析出来的，但仍保留着康德哲学的合理性，即把感性表象转化成经验对象，是靠思维作为悟性对感性的能动理解作用。这样的理解前提就是把感性印象或感性表象看作本身具有时空关系的不同感觉的统一体，而不是看作不同感觉的集合体。如果看作是集合体，从中分析不出因果性等。但如果看作统一体而不是集合体，那么，这个统一体必然具有其时空的连续性，并通过连续性分析出因果性等。总之，三个类推作为先天综合命题，应该包含不同的分析命题在内；另外，悟性综合不仅仅是逻辑方式，同时也表现对象的逻辑规定，由之达到思维与存在的统一性。

最后，关于思维与存在。康德哲学中有一种倾向，即把人类各种精神现象的统一性都归结为一个精神作用。康浦·斯密猜测这个精神统一性的心理基础是想象力，他的后继者认为这是一种较为权威的解释。费希特认为一切精神现象都是先验想象力的表象，在自我设定非我之后，自我和非我永远处在交互作用之中，摇摆于自我与非我之间的是想象力。如果想象作用呈现为非我的外部状态，是感性的想象作用，特点是形象的；如果想象作用表现为在想象感性对象的意义时，把非我综合在想象的意义中，这是思维的作用，这个观点一直延续到谢林。到了黑格尔，他只强调各种精神表现都是一个精神作用，抛弃了想象力的心理学基础。强调人心作为统一的精神作用，并将统一性只看作是思维的活动性。从这个统一性出发，精神的活动性可以一分为二，一方面可以表现为对象，另一方面，表现为直观这个对象，以及把握这个对象的客观性。客观性与主观性都在人心之中，人心作为统一的精神作用，它本身是一个规律体系。所谓人心不是指个别人的人心，而是人同为人，即一切人的共同本源。这种人心体系一分为二，一方面，表现为对象或对象的内在规律；另一方面表现为主观性——直观对象与把握对象的能动性。这个主观性的规律和对象的规律是一致的，由此形成了一个不超越人心——精神之外的，仅仅在人心之内的思维与其对象的统一性，即思维与存在的统一性。这个统一性首先纠正了康德思维的逻辑性仅仅是主观的，不表现对象内容的错误，认为对象与自我都是一个精神统一性的两个方面，二者是一致的。所以，黑格尔的唯心主义在于克服了康德的思维与存在的非统一性，以唯心主义这样一种思维与存在的统一性表达了意识的原理，即思维与存在的统一性只限于人心之内的精神原理，或者说把意识对象和主观性统一在人心之内的事实。

普泛所谓经验的思维之公准

康德在综合原理体系中阐明了直观之公理、知觉之预测、经验之类推三个使经验所以可能的思维原理。这三项原理都有两方面的意义。

首先，与三项原理相联系的是有关感性对象的一些先天综合命题。作为综合命题，直观之公理的命题是：在直观中一切事物都是扩延的量；知觉之预测的命题是：凡是感性实在本身都有它所固有的强弱之量或度；经验之类推的命题是：世界作为一些事物的总和，其中贯通着一个实体，事物是这些实体的变形等。三个原理作为综合命题，在人的认识中起作用就是一个方法论。由于它们是关于对象的综合命题，所以，能扩大主词概念的内容。其次，理解三个原理还有另外一面，也是不能忽视的重要内容，不能把它和上面相混同，这便是康德哲学的中心之点，即解释这些先天综合命题是何以可能的，换言之，阐明思维面对直观对象而必然要表现出把握直观对象的逻辑形式，因而是表现一般经验所以可能的形式。直观之公理、知觉之预测与经验之类推作为思维规律是作为经验所以可能的逻辑方式的最后结证，其结证既体现在直观之公理、知觉之预测、经验之类推所以可能的证明中，同时也阐明了使人的经验所以可能的最基本的、最原始的逻辑方式。

如果把三个原理概括一下，到底使经验所以可能的普遍条件是由哪些因素构成的，那么，第一，感性材料；第二，直观形式，第一与第二的统一提供了最基本的感性对象；第三，思维作为悟性把握感性对象的逻辑概念或范畴。如果把第一和第二联系起来称之为感性，把第三称之为思维作为悟性的自发性，那么，任何经验所以可能的条件就是这样一个命题：思维作为悟性在其对感性的固有关系中，产生种种把握对象的逻辑规定，从而把感性对象的各种不同类型的时间形式归结为思维把握对象的种种逻辑规定的实在性，这就是所谓形成经验的普遍条件。这个普遍条件包括感性材料、直观形式与范畴，任何知识都在这样的条件下形成。

然而，理解这三个原理还有另一方面，即思维之公准。

其次，思维之公准与上述三个原理有不同的特点。如果把思维之公准变成命题，这些命题在于作为谓词的范畴丝毫不扩大概念的内容。因为"形相之范畴具有此种特质，即规定一切对象时，并不丝毫扩大——此等范畴作为宾辞与之系属之——概念。此等范畴仅表现概念与知识能力之关系。……由此在对象自身中，并无新增之规定为吾人所思及；其问题所在，仅为对象及其所有一切规定如何与悟性之经验的使用、经验的判断力、以及在应用于经验时之理性等等相关系耳"[1]。换句话说，这些范畴作为概念的谓词，不扩大主词的内容，因而与思维之公准相联系的范畴本身并不表明使人的知识和经验所以可能的规律。因为与思维之公准相联系的形相范畴并不确定经验的对象（质的与量的范畴），也不确定这种对象的互相联系（关系范畴）。"但形相的原

---

[1] 康德：《纯粹理性批判》，商务印书馆2009年版，第211页。

理，并非具有客观性之综合的原理。盖可能性、现实性、必然性之宾辞，并不丝毫扩大其所肯定之概念，即对于对象之类表象，并不丝毫有所增益。但因此等宾辞仍为综合的，惟仅为主观的综合而已，即此等宾辞以——概念所自来及其所在处之——认知能力加于（某某实在的）事物之概念，否则此等宾辞对于事物概念不能有所陈述。故若一事物概念仅与经验之方式的条件相联结，即纯在悟性中者，其对象名为可能的。事物概念若与知觉相联结——即与感官所提供为质料之感觉相联结——经由知觉而为悟性所规定者，则其对象为现实的。又若事物概念由依据概念之知觉联结所规定者，即其对象名为必然的。……以此同一权利，吾人以形相之原理为公准，盖以形相原理对于吾人事物之概念并不有所增益，而仅展示概念与知识能力联结之方法而已。"① 由于与思维之公准相联系的范畴本身并不表现使人的知识或经验所以可能的规律，只表现概念与形成它的认识能力之间的关系，或者说只表现概念与形成它的认识能力之间的一种相互联系的方式。所以，如果把思维之公准也变成先天综合命题，那么这种先天综合命题在于作为谓词丝毫也不扩大主词概念的内容，但是，人的概念与认识不论是普遍的、特殊的都离不开人的认识能力，都离不开使经验所以可能的经验方式。正因为如此，思维之公准可以看作是综合原理体系的一个最后的总体性，能把以前的内容都概括在自身之中。前三个原理讲人的认识能力在对对象的关系中形成概念，形成概念的过程是个规律，但是，认识能力在形成知识或概念的过程中，就其所表达对象而言，可以表现为一种可能性、现实性和必然性。但不论表达的是可能性、现实性与必然性，这三种表达都来自直观之公理、知觉之预测与经验之类推。所以，

---

① 康德：《纯粹理性批判》，商务印书馆2009年版，第223—234页。

可能性、现实性与必然性与三种原理是分不开的，即与使经验所以可能的认识能力分不开。思维之公准是讲由认识的能力所形成的经验和概念与人的认识能力的相互联系的方式，相互联系的方式表现为可能性、现实性与必然性。"形相之原理，亦不过可能性、现实性、必然性等概念在其经验的使用中之说明耳；同时此等原理，又限制一切范畴于其纯然经验的使用，而不容许其先验的使用。"① 总而言之，凡是知识、概念都是由人的认识能力所形成的，也就是说都是按照直观之公理、知觉之预测与经验之类推的公理所形成的，但就知识的内容和认识能力可以有不同形式而言，概念与可能性、现实性和必然性的联系是综合命题，也表现了思维把握对象的规律，但它表达的是由人的认识能力所形成的概念与认识能力之间的不同表达式，至于形成这样的综合命题的原理是什么，就是思维之公准所讲的主要内容。在思维之公准中必然集中了前面三个原理的作用在内，由概念所表现对象时可为：可能性、现实性与必然性。

另外还需注意：由人的认识所形成的概念分为两种，一种是直接的，另一种是普遍的。直接的知识是针对不同对象所形成的特殊概念。如人是有理性的动物；人的本质是社会关系的总和等诸如此类都属于特殊的知识。但是，这两个命题不论是综合的，抑或是分析的，作为一个概念联系，单纯在概念中不能确定是否有作为社会关系总和的存在，也不能确证人是不是有理性的动物。脱离经验，单纯从概念出发，便不能表达这些概念的客观性与必然性，所以，单纯从概念出发，解决不了知识是否可能存在、现实存在与必然存在的问题。这两个命题：人是有理性的动物，人是社会关系的总和，脱离了思维对感性的关系，它便不能表达其

---

① 康德：《纯粹理性批判》，商务印书馆2009年版，第211页。

自身内容是否是可能的、现实的与必然的存在。其所以不能，在于命题本身作为知识，作为思维是在与对经验的关系中形成的，因而它本身是表达了思维对感性的一种规定活动。黑格尔与康德不同，思维在对存在的关系中所形成的逻辑规定，是存在于对象中的实在性，因而在思维对存在的总前提下，演绎出有、无、质的概念，这实际上也在演绎存在里面的东西。所以，人是社会关系的总和，人是有理性的动物，是思维把握与人有关的对象的最后结证而已。这两个命题也具有先验性，它也是思维用于把握感性形象的思维机能，不过这是特殊的认识，不是普遍的认识。

依照康德的观点，在各种特殊的知识中，可以总结出普遍的知识或命题，例如凡是事物在直观中都有扩延的量；凡是感性的实在本身都有强弱的量，即度；凡是运动过程中表现为变化的事物，其质上都贯穿着一个实体性，一切事物都有原因等，这些都是普遍的命题。这些普遍命题不论是综合的，还是分析的，只停留在命题中，能否表达它有无现实性？能否表达它有客观必然性？如果从单纯的命题出发，当然不能。因为命题本身既然是各种认识的抽象，是各种认识的普遍性，是表现各种不同认识思维在对感性规定作用的产物，这些普遍命题所以产生，也根源于思维在对感性关系中的普遍规定作用。因此，这些命题除了作为知识外，更重要的是体现了思维把握感性的普遍规律；体现了思维在对感性的关系中各种不同形式的普遍性。这些普遍命题本身具有双重意义：第一，表现存在的普遍性，一般把它作为存在的规定性来把握；第二，表达思维的普遍性，思维对存在关系的普遍性。由此得出的结论便是：无论是特殊的命题，还是普遍的命题，都应在与感性对象的关系中，而不能仅仅在命题的范围之内，来表达其何以是可能的、现实的与必然的。那么，如何确定生成概念与人的认识能力之间的不同表达式，这便是思维之公准所要回答的问题。

首先，可能性的思维公准。

"在直观中及在概念中，凡与经验之方式的条件之相合者，为可能的。"①

简单地说，人的意识中所形成的命题或概念，不论其内容是什么，只要它符合经验方式的条件，那它就是可能的。"但我此处姑置其可能性仅能自经验中之现实性而来，一切事物不问唯就由先天的概念而来之事物可能性言之；我仍主张此等事物之可能性；我仍主张此等事物之可能性，决不能自此种概论之自身证明之，而仅在此等概念被视为普泛所谓经验之方式的客观的条件时证明之。"② 在这里，问题的关键是：如何理解经验方式的条件。所谓经验方式的条件也是经验所以可能规律的总体性，因此，其中包含着感性的质料与思维的逻辑机能。如果把经验方式的条件仅仅理解为思维的逻辑机能，就是对康德的误解，因为在康德看来，范畴或概念不是孤立的、现成的存在于人的理性之中，范畴或概念产生于思维作为悟性在对感性对象规定的关系中，所以，经验所以可能的方式也包含了感性被规定的时空形式，只有在这样的条件下才能理解概念有无可能性。总之，概念表达事物可能不可能，要看与经验的方式或条件相结合与否。

因此，可能性既适于特殊的认识，也适于普遍的认识，当然也适于数学的几何命题。就特殊的认识而言，如人是社会关系的总和有无可能性与实在性，这种命题有无可能性与实在性，要和人在生活中直观到的种种形象，以及在其直观中思维必然产生这样的规定来把握它。由于这个命题产生于思维对经验的关系中，

---

① 康德：《纯粹理性批判》，商务印书馆2009年版，第211页。
② 康德：《纯粹理性批判》，商务印书馆2009年版，第214页。

所以，这个命题才能具有可能性，也才能证实它的客观意义。就普遍的认识而言，如在世界各种事物的总和中，必有一实体贯通其中。对于这个命题，康德认为过去的哲学只是想通过逻辑或命题来证明它的客观性。要证明它，就要看命题是否符合经验的条件，在直观中看到一切事物都有扩延之量、相互作用，在这些形象的制约下，思维只有将其把握为一个实体的表现才是可理解的，才能证明命题的客观有效性，这个命题是符合形成经验的方式和条件的，所以，它是有意义的。再进一步看，命题本身固然表达对象，也彰显了是思维在把握感性的一种规律性，因而命题本身就是经验所以可能的条件，由此证明这些普遍命题的可能性。康德与黑格尔区别在于：康德证明在普遍变化中有实体的命题是可能的，实体是客观的，但康德认为实体只是思维的理解作用附加到感性对象上的。黑格尔认为感性世界里面本身就有实体在起作用，所以，黑格尔在说明实体概念时，也是在表达概念的实在性，在这个意义上，黑格尔发展并排除了康德公准之抽象意义。

在这个公准中，康德认为除了指出单纯停留在思维的逻辑形式，即概念或命题上，确立不了命题表达有无可能性，而且同时指出，单从直观，或感官印象来确定命题有无客观性是否可能，也是办不到的。康德认为单从直观印象会走向休谟的怀疑主义，休谟从直观形象的前后相随来确定因果关系是失败的。康德认为，确定一个命题有无客观性，单纯从概念，或单纯从直观都无法确定概念的客观性。因为概念不是来自直观，从直观也无法直接找到概念的规定性。因此，"仅由此种事实即此等概念先天的表现一切经验中所有之知觉关系，吾人始知此等概念所有之客观的实在性，即其先验的真理，此真理虽不能脱离'普泛所谓经验之方式，及——对象惟在其中始能经验的为吾人所知之——综合的统一'之一切关系,但实离经验而独立者也"①。所以,命题是否有可能性,要考虑到概念的先验性,考虑到概念是思维对感性直观的规定,才能确立命题或概念所表达的事物是否有可能性。莱布尼茨的错误就在于他的命题是从直觉中形成的,忽视了思维的理解作用。

其次,现实性的公准。

"凡与经验之质料的条件——即与感觉——相结合者,为现实的。"②

康德在现实性的公准中强调两点:第一,就命题或概念所表达的内容,无论它是一个现实的内容,或者是一个可能的内容,就其形成都要服从经验所以可能的条件(直观之公理、知觉之预测和经验之类推)而言。一个现实的内容无本质的区别,命题或概念所表达的内容具有现实性,不过是说这个概念或命题是与人的感觉、知觉相联系的。第二,这条公准的运用不必在任何条件下都直接以直觉为准,可以根据因果律来确定命题所表达的内容的现实性。换言之,"与视为现实的事物之知识有关之公准,并不要求——其存应属已知之——对象之直接的知觉(因而并不要求吾人所意识之感觉)。惟吾人所必需者,乃依据经验之类推(此为设定普泛所谓经验中所有一切实在的联结之范围者)'对象与某某现实的知觉之联结'之感知耳"③。证明命题与直觉的联系,即从直觉事实出发,按因果律类推,也可以间接地确立命题所表达内容的现实性,但这个间接性在原则上脱离不了第一条,即必须与一个知觉因素相联系。按这样的公准可以确立有外在于人们的时空实在性,或事物的存在,这涉及康德驳斥观念论的内容。

---

① 康德:《纯粹理性批判》,商务印书馆2009年版,第213页。
② 康德:《纯粹理性批判》,商务印书馆2009年版,第211页。
③ 康德:《纯粹理性批判》,商务印书馆2009年版,第215页。

驳斥观念论

所谓"观念论——此处指实质的观念论而言——乃宣称在吾人以外空间中所有对象之存在,或为可疑及不能证明者,或为虚伪及不可能者云云之理论是也。前者为笛卡尔(Descartes)之疑问的观念论,以为仅有'我在'之唯一之经验的主张,为确实不可疑者。后者为白克莱(Berkeley)之独断的观念论。白克莱以为空间及'以空间为其不可分离之条件'之一切事物,乃其自身即为不可能之事物;故视空间中之事物,纯为空想之物。……至疑问的观念论并无如是主张,仅力谓除吾人自身之存在以外,无能力由直接的经验证明任何存在,此种观念论在其未发现充分证据以前,不容有决定的判断之限度内,固极为合理而合于'思维之一贯的哲学的方法'"①。在康德看来,意识有广义与狭义两种意义,所谓广义的意义是指我意识到什么,这种觉态是一种内感现象,但与内感相联系的还有外感,即和一个意识对象相联系,把意识和意识对象统一起来,这是广义的意识,即我意识到自身和意识到的事物都是意识。所谓狭义的意义,是指意识只是局限于内感,一切人所意识到的内感中的苦乐之感。在有关意识的狭义理解上,康德不同于笛卡尔和贝克莱,并指责他们是主观主义的观念论。对笛卡尔而言,他只肯定我在思想,我在怀疑的内感具有无可怀疑的实在性,而对于内感相联系的外感对象一面则表示怀疑,怀疑它的客观实在性。康德认为这是没有道理的,因为既然意识到自我意识的觉态,必然也会肯定表现在对我意义上的外感的实在性。相较于笛卡尔,康德尤其反对贝克莱的观点。不过,有人认为康德对贝克莱的批判是混乱的,因为康德没有发现他与贝克莱的观点在本质上是一致的,实际上,这种指责没有看

---

① 康德:《纯粹理性批判》,商务印书馆2009年版,第216页。

出康德对贝克莱的批判重点在哪里。可以说，康德与贝克莱确实在一点上是一致的，即凡是外感对象都是可感性质或感觉的集合；但是康德最不同意贝克莱的观点是：把外感对象作为集合归因于内感的性质，得出存在就是被感知。外感对象作为不同感性集合和人所知道的集合是不一样的，外感对象作为不同感性的集合，可以脱离感知而独立存在，因而不能把外感对象作为感觉的集合混同于感知。存在就是被感知，把外感对象的独立性取消了，这在康德是无法接受的。康德坚持内感意识与外感意识要互相依存，但不是外感对象可以归因于内感意识的东西。

康浦·斯密把笛卡尔称作主观主义的原因也在于此。康德为批判笛卡尔与贝克莱的观点，提出了外感对象实在性的定理，即"我自身存在之单纯意识（但经验的所规定者），证明在我以外空间中对象之存在"①。对此，康德的证明如下：我感知到什么，或者我意识到什么是一种内感意识。在内感意识中意识到了自己的存在，但和人的内感意识相联，必然有不是来源于内感意识，而与内感意识处于同一层次的对立面——外感对象的存在。外感对象的存在就是和我意识到相联的形形色色的外感对象。我在我的内感意识中意识到"我思"是一个永恒的实体，但这个永恒者的知觉之所以能被证明，只有在外感对象的时空形式中，才能得到清楚的认识，得到它的客观实在性的证明，离开这点，永恒者就无法设想。内感意识固然有实在性，我是充满了内感意识之中的，但要认识时间，如果不借助外感，不借助一条线而表达时间的一维性，也难于对内感的时间性有明确的认识。这说明外感的对象不是由内感产生的，是与内感相对立而有自己独立的实在性，是人心表现自己的两个方面。在这种观点的基础上，康德首

---

① 康德：《纯粹理性批判》，商务印书馆 2009 年版，第 216—217 页。

先肯定了内感意识的实在性，同时也肯定了伴随着内感意识中我意识而出现的外感的实在性，二者都是现象。

此外，如果坚持在内感意识中，我意识到我自己作为什么之中含有超越的意识，即我通过内感意识意识到了我自己作为自在之物的存在；如果这个设定是合理的，相反，通过肯定外感对象的实在性，那么，也可以通过外感意识得出在我之外的自在之物的存在，二个推理都是合法的。对康德而言，他推论我意识到我自己的存在，通过外感对象在我之外有自在之物存在，这个前提必须设定，内感意识与外感意识都是现象。当然这样设定，就知识而言，我只能知道现象，因为从外感上看，我只能知道现象；从内感上看，我只能知道我意识到什么，及其苦乐感，但自在之物是不可知的。因此，康德的哲学所讲的自然必须理解为一个完整的现象界，即一个是外感意识，一个是内感意识；这个心理——物理的自然界是现象，是康德纯粹现象主义的观点。正是在这里，透露了康德为什么要设定物自体的前提，因为一个人心所呈现的心理——物理现象，必须有一个基础。

最后，必然性的公准。

"在其与现实的事物联结中，凡依据经验之普遍性的条件规定者，为必然的。（即其存在为必然的。）"[1]

凡涉及不同事物的联结，不论是前后相继，同时并存，只要用因果关系、交互作用把这种现象规定了，或者说只要它的形成来自悟性作为思维规定性的把握，那么，这种知觉现象就是必然的；同时，悟性概念对经验对象也具有普遍的、必然的客观有效性。

---

[1] 康德：《纯粹理性批判》，商务印书馆2009年版，第211页。

总而言之，原理体系的全部要点是强调，"一事物之可能性，不能仅自范畴规定之，以及欲展示纯粹悟性概念之客观的实在性，吾人必须常具有直观云云，此为最值注意之事实。……在缺乏直观时，吾人并不知是否吾人由范畴思维对象，是否在任何处所实有对象适合此等范畴。由此等等观之。吾人所能确定者，范畴自身并非知识，而纯为自所与直观以构成知识之'思维方式'"①。因此，知识是由概念与感性材料相结合而产生的，单纯从逻辑上形成不了知识，还需要有直观。所以，"纯粹悟性之一切原理，仅为经验所以可能之先天的原理，而一切先天的综合命题，亦唯与经验相关，——此等命题之可能性，其自身实完全依据于此种关系（按即与经验之关系）"②。在这里，可以发现康德的观点受经验论的影响比较大。

（三）先验分析论的归宿

整个先验分析论经过康德的阐明，最后的必然结论如下：人的认识是一个思维的自发性与感性对象的结合；思维作为悟性的自发性在对感官对象的关系中所产生的把握对象的逻辑规定——纯粹悟性范畴，它的客观性、有效性只能体现在经验的使用上，因而这些范畴的客观意义只有通过对感性直观的规定，才能确定下来。因为对人讲，只有感性直观才能提供思维的对象，离开感性直观，对人讲思维没有对象；没有对象，思维作为自发性的活动也就表现不出来，悟性范畴就只是思维的逻辑机能，只有逻辑的意义，而没有现实的意义。因此，"吾人已见及悟性自其自身得来之一切事物，虽不假之经验，而在悟性之处理下亦仅用之于

---

① 康德：《纯粹理性批判》，商务印书馆2009年版，第224—225页。
② 康德：《纯粹理性批判》，商务印书馆2009年版，第228页。

经验。纯粹悟性之原理，不问其为先天的构成的，如数学的原理，或纯为规整的，如力学的原理，仅包含所可名为可能的经验之纯粹图型。盖经验仅自——悟性想象力之综合与统觉之关系中创始的自发的授之'想象力之综合'之——综合统一而得其统一；现象（视为可能的知识之资料），必须先天的与此种综合统一相关而与之一致。但此等悟性规律不仅先天的真实，且实为一切真理之源泉（即吾人知识与对象一致之源泉），盖因此等规律在其自身中包含——所视为一切知识之总和，惟在其中对象始能授与吾人之——经验所以可能之根据，故吾人不仅说明真实之事理为满足，且亦要求说明吾人之所欲知者"①。"因之，先验分析论引达以下之重要的结论，即悟性之所能先天的成就者，至多亦预知普泛所谓可能的经验之方式。且因非现象之事物不能成为经验之对象，故悟性绝不能超越此等'对象唯在其中始能授与吾人'之感性限界。悟性之原理，纯为说明现象之规律；……"②总而言之，必须坚持范畴的经验使用，它是使人的经验所以可能的规律性，只有和经验相结合，它才是必然的、客观有效的，这是整个分析论的结论。

与范畴的经验使用相对立，可以使悟性范畴或概念脱离感性直观，而表现为一种先验的使用。因为"盖就范畴之起源而言，范畴与直观之方式空间时间不同，并不根据于感性；故范畴似容许有推及感官所有一切对象以外之应用。但就实际而言，则范畴仅为思维之方式，包含'先天的联结直观中所与杂多在一意识中'之纯然逻辑能力；故一离吾人所可能之唯一直观，则范畴之意义尚不如纯粹感性的方式所有之意义"③。通过对经验的反省，

---

① 康德：《纯粹理性批判》，商务印书馆2009年版，第228—229页。
② 康德：《纯粹理性批判》，商务印书馆2009年版，第233页。
③ 康德：《纯粹理性批判》，商务印书馆2009年版，第234—235页。

知道了悟性范畴起源于思维的自发性，是一个先于经验的逻辑性，因而如果悟性范畴脱离感性直观，则会表现为一种先验的使用，那么，它所指向的对象便是超感性的对象。但是，由于纯粹悟性概念是有关感性直观之思维方式，"故由'其中抽去感性直观一切条件——此为吾人所可能之唯一种类之直观——之纯粹范畴'，绝无对象为其所规定。……顾概念之使用包括——对象由之包摄于概念下之——判断作用，因而至少包括——某某事物在其下始能直观中授与之——方式的条件。如缺乏此种判断条件（图型），则一切包摄之事皆成为不可能矣。……是以有以下之结论，即纯粹范畴不足为先天的综合原理，以及纯粹悟性之原理仅有经验的使用，绝不能有先验的使用，以及在可能的经验范围以外，不能有先天的综合原理等等是也"①。所以，"'悟性仅能以经验的方法使用其种种原理及种种概念，而不以先验的使用之'云云之主张，如为所能确知之命题，则将产生重大之效果。在任何原理中，概论之先验的使用，乃概念应用于普泛所谓事物及物自身；经验的使用，则为概念仅应用于现象，即应用于可能的经验之对象。……盖吾人在一切概念中所要求者，第一，普泛所谓（思维）概念之逻辑的方式；第二，'与概念以其所能应用之对象'之可能性。在缺乏对象时，则虽仍包含——'自呈现之资料以构成概念'所需要之——逻辑机能，但并无意义而完全缺乏内容。……故一切概念及一切原理，即令其为先天的可能者，亦与经验的直观——即为可能的经验之资料者——相关。概念一离此种关系，即无客观的效力，就其表象而言，则纯为想象力或悟性之游戏而已。……故吾人要求仅仅的概念成为可感知者，即在直观中呈现有一对象与之相应。否则概念将如吾人所谓之无意思，

---

① 康德：《纯粹理性批判》，商务印书馆2009年版，第234页。

即毫无意义矣。……概念自身,其起源常为先天的,故自概念引来之综合的原理及方式,亦皆为先天的;但其使用及其与'所称为其对象'之关系,终极仅能在经验中求之——至经验之所以可能,则概念实包含其方式的条件"①。如果脱离了感性对象,悟性范畴便无客观之效力。所以,"自以上所论一切,必然有以下之结论,即纯粹悟性概念绝不容许有先验的使用,而常限于经验的使用,以及纯粹悟性之原理,仅能在可能的经验之普遍的条件下适用于感官之对象,绝不能适用于——与吾人所能由之直观彼等之形相无关之——普泛所谓事物"②。

纯粹悟性范畴的先验使用脱离了感性直观的超验性,与康德在先验感性论提到的物自体相关联,因为悟性规律的先验使用指向了物自体。在这里,由于悟性范畴的先验使用指向的对象脱离了感性直观,所以,就不可能有直观对象的实在性呈现给人们,所以,悟性所指向的对象是空洞的,那么,关于对象的实在性也毫无所知,这样便不能产生客观有效的综合命题,所以,纯粹悟性范畴的先验使用是不合法的,应给予禁止的。整个先验分析论的结论是:思维作为悟性使用的合法性,只能是经验的使用,禁止先验的使用。脱离感性直观,没有确定的对象,悟性所指向的对象只能是感性直观,这是先验分析论再三强调的观点。康德认为悟性范畴的先验使用虽然不合法,但是,由于悟性的先验使用指向的对象和物自体联系了起来,那么,这个对象作为本体,便与人的经验界发生了一种关系,这种关系对人的认识过程具有十分重要的意义。

---

① 康德:《纯粹理性批判》,商务印书馆2009年版,第230—231页。
② 康德:《纯粹理性批判》,商务印书馆2009年版,第233页。

三 区分为现象与本体之根据

(一) 现象与本体的两个源流

现象与本体问题的提出，一方面是来自悟性自身；另一方面又与先验感性论相关联。

由上已知，康德认为思维作为悟性的先验使用是不合法的，但思维作为悟性，它是知识的一种独立的源流；纯粹悟性范畴不是来自感性直观，而是来自纯粹悟性。既然范畴来源于悟性，那么，就有这样一种可能性，它可以不局限于感性的直观所提供的对象，而作为知识的独立源流，把自己使用在比感性直观更为广大的领域，即悟性自身可以表现为脱离感性直观而由自身指向一种非感性直观的对象，正因为有这样的可能性，才有先验的使用，也才要对它的意义进行研究与说明。康德认为这种先验的使用，固然不能产生合法的知识，但它的先验使用指向的对象触及到了物自体。物自体涉及了本体界，而直观对象则局限于现象界，所以，悟性范畴的先验使用提出了现象与本体关系的问题。

从另一个角度看，现象与本体关系问题，也和先验感性论相关联。在先验感性论中，康德认为感性机能有两个方面，感性内容和直观形式，二者的结合提供的感官表象必须有一个外在的基础，这个外在基础就是物自体。物自体的刺激产生感受性，并经直观形式的把握形成感性印象，但这个感性印象却并不反映物自体的性质。直观提供的感性印象在思维的把握中虽不反映物自体，但现象的产生与存在必须有物自体的存在；物自体作为本体是现象界的基础。因此，从先验感性论也可以说明现象与本体的关系问题。

虽然思维达不到对物自体的认识，但设定它的存在是不可或缺的因素；因而康德在第三章"一切普泛所谓对象区分为现象与本体之根据"中，毫不含糊地肯定了物自体的存在，并将物自体变成了本体的概念。康德在本章的注释中也将物自体称之为"先验的对象"，"所谓先验的对象乃指等于 X 之某某事物而言，关于此等于 X 之某某事物吾人绝无所知，且以吾人现今所有悟性之性质而言，亦绝不能有所知者，但以其为统觉统一之所依者，仅能为感性直观中杂多统一之用。由于此种统一，悟性联结杂多在一对象之概念中。惟此种先验的对象，不能与感官之资料分离，盖若分离，则无'由以思维此种对象'之事物矣。因之先验的对象其自身并非知识之对象，仅为在普泛所谓对象之概念下现象之表象而已——此一种概念能由此等现象之杂多规定之者"①。在先验演绎中，先验对象有两重意义，一方面，先验对象等于物自体；另一方面，在康德进一步的演绎中，先验对象不过是思维作为悟性机能，以其逻辑方式把感性直观表现变成客观对象的逻辑基础而已。

先验对象作为物自体或本体，本体不过是非感性直观或超越感性直观的一种作为思维对象的"X 之某某事物"，"X 之某某事物"即物自体或本体。所谓"本体之概念——即由纯粹悟性所不应思维为感官之对象而思维为物自体之概念——绝不矛盾。盖吾人不能主张感性为唯一种类可能之直观。加之，欲防阻感性的直观扩大及于物自身，即制限感性的知识之客观效力，本体概念实所必需。此留存之事物为感性知识所不能适用者，即名为本体，盖在展示此种感性的知识不能扩大其领域及于悟性所思维之一切事物耳。但吾人仍不能因之理解本体之何以能成为可能，且现象范围以外之领域，在吾人实等于空虚。盖即谓吾人虽具有或能推

---

① 康德：《纯粹理性批判》，商务印书馆 2009 年版，第 243 页。

展及于感性领域外之悟性，但并无——对象由能在感性领域外授与吾人及悟性由之能在此领域外现实的运用——之直观，且此概念亦无之。是以本体概念纯为一限界概念（Grenzbegriff），其作用在抑止感性之僭妄；故仅有消极的使用。同时，此本体概念并非任意空想之所产；虽在感性领域以外不能积极的有所肯定，但与感性之限界，实固结而不可分离者也"①。"但在悟性制限感性时，同时亦制限其自身，认为悟性由任何范畴亦不能认知此等本体，故必须在'不可知者'之名下思维之也。"② 而为人的思维所知者，仅为经验之对象，因为"悟性与感性之在吾人，仅在此二者联合行使时，始能规定对象。吾人如分离此二者，则有直观而无概念，或有概念而无直观——在此二种情形中，所有表象，吾人皆不能以之应用于任何确定的对象者也"③。

物自体作为本体不可知，其中含有两种意义：一种是消极的，一种是积极的。对此，康德说："吾人如指一事物在其非吾人感性的直观对象，因而抽去吾人直观此事物之形相之限度内，名为本体，则此为消极的意义之本体。但若吾人以本体为非感性直观之对象，因而预想一特种之直观形相，即智性的直观，此非吾人所具有，且即其可能性吾人亦能理解之者，则此殆为积极的意义之本体。"④ 本体概念之为消极的意义，在于它为悟性综合感性直观提供了一个界限。感性直观所提供的对象在思维的把握中作为现象，它自身要有一个界限，在这个界限点上和它相联系的对象是非现象界，本体不过是对感性直观的限制。有这个界限对悟性的使用有好处，使人明确意识到纯粹悟性的

---

① 康德：《纯粹理性批判》，商务印书馆2009年版，第237页。
② 康德：《纯粹理性批判》，商务印书馆2009年版，第238页。
③ 康德：《纯粹理性批判》，商务印书馆2009年版，第239—240页。
④ 康德：《纯粹理性批判》，商务印书馆2009年版，第235页。

使用只有经验的合理意义,而不能超越经验的界限。所以,本体概念的消极意义并不排除本体概念还有一种积极的意义。本体的积极意义在于:虽然人的直观是感性的,但可以利用这种直观设想在宇宙之内具有非感性直观的可能性,这种非感性直观可直接直觉到本体的实在性,使本体实实在在地转变为思维的一种现实的对象。在这个意义上,本体便由消极变成积极的了,本体可作为思维的实在对象产生具有合理意义的综合命题,这个可能性并不能排除,但康德在表述了这个想法后,再三强调这个可能性是否存在,乃至本体是否可以作为人之经验的最后基础而存在,对人的悟性而言都是无法确定与回答的。

第三章的问题实际上涉及先验辩证论,所以,康浦·斯密主张如果将本体的问题放在先验辩证论结束部分,可能更能说明问题。康德之所以没有这样做,一方面是受他哲学上逻辑建筑术的局限。康德在先验辩证论中,关于思想作为理性所产生的理念的演绎是根据三种推理形式,这与先验分析论中的范畴的演绎不同,范畴的演绎是根据判断。理念是根据直言、设言与选言三个推理,相应于三个推理有三种概念:灵魂实体、宇宙论理念或经验的总体,即上帝,其中上帝的理念或神学是最高的。根据三种推理形成三种理念,所以,在第三章"一切普泛所谓对象区分为现象与本体之根据"中,自然不便把理念作为本体加进来。在本章谈的问题是本体的问题,而本体的问题必须要在先验分析论中结束。另一方面来自传统哲学对本体论的理解。传统哲学的本体论认为,如果把人的认识分成两种认识,一种为特殊的认识;另一种是普遍的认识,相应于这两种认识有两种认识对象,一种是各种不同的特殊的认识对象;另一种是普遍的认识对象。但是,不论是以特殊的认识对象为对象,还是以普遍的认识对象为对象,都在使用思维所固有的普遍范畴,如普遍性与必然性等,因而哲学中便有这样一种领域，专以范畴为研究对象，这样的部门叫作本体论。所以，本体论不等于关于上帝的学说，康德认为范畴的学说正是这样一种本体论的学说，当然，康德改变了它的意义，因为范畴不表现本体，但这里谈的现象和本体论的问题直接和本体论相联，所以，必须根据先验分析论的结论在这里作出解释。按道理来说，这个问题的确应在先验辩证论的结尾来阐明，在那里，这个问题具有更广泛的意义，但根据康德的一贯观点，为了把它阐述得更透彻些，因而可看作先验分析论的必然性来处理，可把先验分析论和先验辩证论统一起来，可以把后者看作前者的必然结果；先验分析论中内在的包含着先验辩证论的问题，所以，应该从更广泛的意义上来理解这章的内容。

（二）从先验分析论到先验辩证论的理性必然

根据分析论的结论，纯粹悟性范畴只能具有经验的使用意义，但纯粹悟性范畴的经验使用对象是感性直观，感性直观是在时空中的杂多和个体对象，因而，纯粹悟性范畴面对这些对象的使用，及对这样的对象的规定所产生的知识，也是个别、分散的与具体的，表现为经验认识的杂多或杂多的经验知识，缺乏统一性。根据康德的观点，人意识到什么的起点是知觉，在这里的知觉已变成了人的经验意义上的知觉，而不单纯是指感性直观。那么，当思维以这样的杂多知觉为对象时，思维必然从内心产生一种更高的要求，要求经验的杂多有统一性，作为这样要求的思维机能称之为理性，是思维的最高逻辑机能，因而从思维作为悟性的内在性中具有发展为理性的内在根据。

思维一旦进入理性的高级机能，它的方向性是要求知识的统一，或统一的知识原理。从此要求出发，它必然导向经验总体的最后统一性，提出人类经验总体——本体概念。理性认识过程必然导致思维超越感性经验直达本体界。在这个意义上，本体的概念，就不是与人的经验所以可能的经验原理相对立，或者说，就不是单纯作为经验界的对立面——达不到的本体界了。在这里，本体界的概念也是人的经验所以可能的必要条件，或者说，本体的概念对于人的经验所以可能具有必要性，不是在人的理性运动中临时产生的，而是作为前提、作为逻辑的先在性、作为必要条件早已内在于使人的经验所以可能的原理之中。因为只要人发展经验所以可能的原理，从杂多的经验必然走向使经验具有统一性，这样，本体作为人类经验的前提，本体作为人的经验的逻辑先在性，便显现了出来，所以，先验分析论必然内在地过渡到先验辩证论。

先验辩证论所解决的问题无非是表明超感性或超经验的本体问题，本体概念本来是人类经验发展不可缺少的前提条件，但把这个前提条件揭示出来，理性却无法解决。因为"我所使普泛所谓现象与之相关之对象，乃先验的对象，即关于普泛所谓某某事物完全未完全规定其内容之思维。但此不能名为本体；盖我关于此事物之自身为何，绝无所知，且除视为普泛所谓感性直观之对象——即对于一切现象其自身常为同一之事物——以外，绝无关于此普泛所谓事物之概念。我不能由任何范畴思维之；盖范畴仅对于经验的直观有效，以范畴使经验直观归属于普泛所谓对象之概念下故耳。范畴之纯粹的使用，在逻辑上当然可能，即无矛盾，但此并无客观效力，因范畴在斯时已非应用于任何直观，即非以对象之统一与之直观。盖范畴纯为思维之机能，由此实无对象授与我者，我仅借之以思维'在直观中可授与吾人'之事物耳"[1]。所以，这个前提与人类经验认识的冲突与矛盾，也等于认

---

[1] 康德：《纯粹理性批判》，商务印书馆2009年版，第244页。

识的理想性与认识的现实性的冲突。认识的理想性指向本体，但这个理想性又达不到，这种冲突既归因于康德哲学经验论的局限性，也归结于康德哲学的前提是知性思维，他没有超越知性的界限而达到辩证理性的理解，只有到了黑格尔哲学的出现，才在唯心主义的前提下得到了解决，但这并不排除本体作为人的经验所以可能在康德哲学中的意义；正是由于有了这个意义，才有从费希特，中经谢林到黑格尔的发展。在这里，也可以发现康德想建立纯粹现象主义的形而上学，但是，他的现象主义又是不彻底的，因为他没有自觉到理性所指向的本体界不是与分析论中的经验界相对立的，而只是认为本体是人的经验发展所以可能的前提条件，或一个不可或缺的规定性。

（三）反省概念的歧义

反省概念的歧义与第三章"一切普泛所谓对象区分为现象与本体之根据"之中的内容紧密相联系，反省概念的歧义产生于悟性范畴的经验使用和先验使用的混淆，即本来是经验的使用但却混同于先验使用。鉴于此，在康德看来，虽然"一切判断固非皆需检验者（即注意于此一判断成为真理之根据），盖若判断为直接正确（例如两点之间仅能作一直线之判断），则证明此判断之具有真理者，殆莫过于判断自身矣。但一切判断，乃至一切比较，皆须反省，即皆须辨别所与概念所属之认知能力。我由以'使表象比较与表象所属之认知能力对立以及我由以辨别所互相比较之表象属于纯粹悟性抑或属于感性直观'之活动，我名之为先验的反省。概念在内心状态中所能发生之相互关系，为同一与差别、一致与相反、内部与外部以及被规定者与规定者（质料与方式）等等之关系。欲规定此种关系适当无误，全依于此一问题之解答，即此等概念主观的完全属于何种知识能力——属于感性抑属于悟性。盖知识能力之彼此相异，实使吾人由以思维此等关系之形相有大不同者也"①。基于人的认知能力彼此相异，以及由此所产生的表象不同，所以，有必要对"吾人所有之表象，究在何种认知能力中联结？表象所由以联结而比较者，为悟性抑为感官"等这样一些问题给予质询。

首先，反省与先验的反省。

何谓反省概念？何谓先验的反省概念？所谓反省，就其一般的含义而言，就是人意识到一个对象，人的意识活动又从意识对象返回自身，换言之，意识对象是从人的意识活动中投射出来的，意识活动又从投射的意识对象返回自身，而加以直观和把握，这即谓反省。根据整个先验分析论所发挥的观点看，对反省和反省的定义具有康德哲学所指的特定含义，因而在这里谈反省，必须以康德哲学为基础。反省或反思并不是说思维的活动从对象里面形成知识或概念，而是说思维面对感性直观所提供的对象产生一种把握、理解它的逻辑方式和意义觉知，并在意义觉知中具有心理上的一种自我觉态。这个自我觉态使人知道其在思索对象，并在思索中具有了结论，这种与人的思维对象结合起来的活动就是反思或反省。因而所谓"反省（reflexio）并非为欲直接自对象引取而与对象自身相涉者，乃吾人在其中开始发见'吾人由之始能到达概念之主观的条件'之心理状态。此为所与表象与吾人所有种种不同知识源流间所有关系之意识；且仅由此种意识能正当规定种种知识源流之相互关系"②。在康德看来，当人把直观对象上升为最初的经验对象时，就有反省或反思体现于其中，即有了思维作用体现于其中，这是一种最原始的反省，也是康德

---

① 康德：《纯粹理性批判》，商务印书馆2009年版，第245页。
② 康德：《纯粹理性批判》，商务印书馆2009年版，第244页。

讲的根本意义。反省就是当人投射出感性表象时，人心又从感性表象回到自身，而产生一种直观把握对象的统觉作用，所以，统觉即反省，这即谓康德哲学有关反省的第一层意义。

就反省的发展来看，统觉作用产生最初的经验，这个经验对象即为意识对象。这个意识对象是在时空形式中的杂多，但它不是最初的感官印象，而是经验对象。思维以这样的经验对象为对象时，便开始了反省的发展，反省的发展必然会比较这些经验的对象，从比较中产生把握对象的反省概念；这些概念有统一与差别、一致与相反、内部与外部、质料与形式等范畴。那么，这些范畴之所以没有被列在范畴表中，是因为它们不是使经验所以可能的根本范畴，只不过是悟性以它的范畴表形成经验之后，在对经验加以比较时派生出来的；由于这些范畴是以范畴表为基础通过反思而派生出来的，所以，便不必列入范畴表之中。但是，黑格尔在《逻辑学》中，则把这些反省的范畴作为概念体系之中的有机环节，表述在它的本质论中，更为合理地把这些范畴的意义表达了出来。

在康德看来，人们往往在使用这些反省的范畴时，不知不觉地走向了先验使用，脱离了直观，结果产生了这些范畴在意义上的歧义，即与它们应有的意义相反的意义。所以，要正确地把握反省范畴的合理使用。由于这些范畴总是与已形成的经验对象相互间的比较相联，所以，应正确处理一切概念——各种特殊的经验概念，以及纯粹悟性概念，以便确立概念在与知识能力的关系中所具有的位置，把概念的位置摆正当，才能产生对反省概念的正确使用。这样的一种考察，对概念在知识中的位置的考察叫作先验的反省。诚如康德所说："所与表象相互间之关系，但由先验的反省——即由表象与两种知识能力（感性与悟性）之何种能力相关之意识——始能决定之。事物是否同一或差别、一致或相反等等，不能纯由比较（comparatio）立即自概念自身决定之，唯借先验的反省（reflexio），由辨别事物所属之认知能力始能决定之。吾人今可谓逻辑的反省为比较作用；盖因吾人绝不顾及所与表象所属之知识能力，故其种种表象限于其在心中占有位置，皆应以之为同一等级之事物。先验的反省则异是，盖因其与对象本身有关，包含'表象互相客观的比较'所以可能之根据，故与前一类型之反省完全不同。此种先验的考虑实为凡对于事物欲构成先天的判断所绝不能规避之义务。"①

由上可见，概念在知识能力中的位置或在于悟性思维，或在于感性直观，以康德之见，这两种看法都有片面性。按照康德的先验分析论的观点，概念的位置存在于思维在对感性关系之中，只有这样，才能产生把握感性对象的意义觉知，或者说以感官的时空形式为中介产生把握对象的意义觉知，这种意义正好是那些纯粹悟性概念在对感性关系中所具有的意义。因为在意义觉知中，思维把感性印象归为意义，同时意义也以感官对象为基础而产生。只有这样，才能确立纯粹悟性范畴和感性对象相结合的实在意义，所以，这个意义既是悟性的，同时也是感性的，是二者交织在一起的统一。通过悟性统觉所产生的概念，其概念的意义和内容体现了悟性和感性的结合，所以，人所形成的概念的逻辑位置，既不单纯存在于悟性之中，也不单纯的存在于感性之中，而是存在于悟性与感性的统一之中。统一的主导是悟性只能以感性对象为前提，而不能先验地使用，康德把这个确定位置的反省叫作先验的反省。

其次，关于反省概念在认识能力中的位置之不同观点的对立。

---

① 康德：《纯粹理性批判》，商务印书馆2009年版，第246页。

关于概念在认识能力中的位置问题，在近代哲学史上有两种对立的观点，一种是经验主义，集中表现在洛克和休谟的哲学中；另一种是唯理论，集中表现在莱布尼茨的思想中。概念在认识能力中的位置问题，实质是近代经验论与唯理论对立的实质问题。经验主义者洛克和休谟把经验和知识的实在性归结为感性的实在性，所以，概念的位置在感性之中，理性的东西来源于感性。与这个观点相反，唯理主义主张概念在认识能力中的位置在理性或思维之中，因而把知识、经验及概念都归为理性的实在性，主张凡在感性中所有的东西无不存在于理性之中，都可从理性中演绎、引申出来，因而感性的东西不过是理性东西的外在表现，理性是它的根源；理性不但表现思维把握感性的规律，而且表现客观事物的秩序，是思维与存在的统一性，所以，概念的位置单纯反映在理性之中。

康德均不同意上述两种理论，他的先验分析论可以说是对上述两种观点的扬弃。康德在"附录反省概念之歧义"中，本应既批判莱布尼茨的唯理主义，也要批判洛克、休谟的经验主义的错误才是全面的，但由于康德前面强调了思维的逻辑规定，即纯粹悟性概念的经验使用，而反对它的先验使用。这样，纯粹悟性概念的经验使用，既包含肯定了唯理论，也包含肯定了经验论的合理性，那么，现在的问题是反对范畴的先验使用，指明范畴的使用也涉及感性对象。为此，在这里，康德则主要集中对莱布尼茨的唯理论作了分析与批判。然而，由于这个分析与批判是基于先验分析论的观点与结论进行的，所以，它是有局限性的。鉴于康德有关反省概念涉及思维与感性的关系问题，那么，在读"附录反省概念的歧义"时，要结合近代经验论和唯理论的问题来把握，特别不要将反省概念在感性中的位置单纯理解为感性直观。实际上，感性直观是指思维作为悟性把握时空形式中的杂多而对人显现的经验对象，其中已有了理解作用。经验对象作为个别对象是思维与感性的结合，同时，概念的位置在这种感性直观中，既在思维中，也在感性中，是悟性与感性的统一，这样才体现了康德学说是经验论和唯理论的结合。

最后，康德对莱布尼茨的批判。

概括地说，康德对莱布尼茨的批判是不公平的。莱布尼茨是唯理论者，认为概念的位置在理性之中，因而它必然脱离感性直观，而走向概念的先验使用，特别是走向康德所指出的反省概念的先验使用。但是，康德也并没有完全否定莱布尼茨的观点，如果这样，也不会构建出有关概念的先验学说了。

康德对莱布尼茨的批判，主要指向了莱氏的四大原理。第一，关于对象的统一性原理，这个原理涉及统一与差别的范畴。莱布尼茨既然把概念的位置单纯放在理性之中，所以，脱离了感性直观，只能就概念进行比较，这样一来，其结论是为同一概念所反映的两个对象由于相同，就难于区别，或者说，具有同一性的对象不可识别。相对于这个同一原理，莱布尼茨提出了相异律，即凡两个不同的对象必有差异，这样两个对象就被区别开了。康德针对两个相同的事物，即为一个概念所规定的事物不可识别的同一原理进行了批判。康德指出，单从概念上把握对象这个原理有道理，如果两个对象只有统一性，从逻辑上看不可识别，但不要忘记，概念的位置不是仅仅在思维中；就概念的存在而言，也在感性中，因而两个对象的存在必然在时空之中占有不同的位置，这样，它们之间就有了差异。如五平方米的空间和另一五平方米的空间，如果从概念和逻辑上看，二者是相同的，但是就两个五平方米的现实排列看，二者是有区别的。在这个意义上，康德反对将统一与差别的范畴进行先验的使用，即脱离感性直观，单纯概念的先验使用。

这个问题到了黑格尔这里，由于黑格尔认为概念不是思维附加于感性对象上，而是思维表达了感性对象的内在性，使思维与感性真正内在地统一了起来，并以这种内在的统一为基础，可以从概念的实在性中演绎出它作为在不同空间中的差异性，更好地实现了思维与存在的统一，以及理性与经验的统一。

第二，关于一致与相反的先验使用。由于莱布尼茨对概念的使用都是先验的使用，所以，他的思想体系就产生了这样一条逻辑原理，即世界上只有肯定和否定的关系，肯定固然与否定不可分离，但肯定必须在否定自己的对立物中来肯定自己，因而把对立物排斥在自己的存在之外，相反的对立物的存在也是如此。这样，莱布尼茨主张世界上的一切实在性都相互协调，或者同时并存，或经过前后相继的演化，世界上的一切实在性都是协调的而没有冲突。在康德看来，单纯从概念上看，这些设定是合理的，但是，如果把概念的位置联系于感性直观时，就有可能出现两个事物，甚至一个事物在它的具体时空存在中出现相互抵消的两种相反的规定，例如一个主体可在一时感到快乐，在另一种情况下又感到痛苦。这样，如果从思维与感性的统一看，把概念最后落实到感性存在时，莱布尼茨的观点就有了片面性。

继康德之后，黑格尔发展了莱布尼茨与康德的思想，黑格尔既肯定了概念是反映感性的内在规定，同时也承认莱布尼茨的那条肯定与否定的逻辑原理，并从单纯的逻辑关系演绎出在时空中的存在对象及其之间的相互作用关系，由此可见，黑格尔的观点较之莱布尼茨的观点更为彻底。

第三，关于本体论的问题。康德指出莱布尼茨认为概念的位置在理性之中，因而理性肯定的东西是基本的，表达了实在的本质，感性直观的东西只是理性的表现。基于这种观点，莱布尼茨只用内部的范畴，而排斥对象在时空形式中的外部关系的范畴。

这样，对象的实在性只在于内在性，而内在性则归结为超时空的点；这些超时空的点具有内在的性质，时空的实在性只是单子内在性的表象。康德认为，实在只能是精神本体，它的性质对人而言，只能是意识，但对于时空中的对象而言，由于对象与对象之间没有相互关系，即单子没有窗户，所以，不得不把单子的内部世界设定为先验的协调。康德认为，莱布尼茨的观点脱离了感性直观，只是把对象单纯放在理性中才有道理，但是，这样的先验使用没有什么科学意义。人的对象只是人的感官提供的在时空之中的存在，思维把握这些存在形成经验对象，因而就概念的经验实在性讲，是思维与感性的统一。因此，对象不仅客观的具有外部关系，而且也具有空间上这一部分与另一部分的关系，具有这个时间间隔与下一个时间间隔之关系。总之，康德纠正了莱布尼茨的片面性，肯定了时空中的外感关系，但是，他肯定的只是人意识之内的经验对象，而不是物自体。

第四，关于质料与形式的问题。这个原理是唯理论的原理之一，认为质料总是在先，形式在后，形式以质料为基础而产生事物。这个原理本来有它的真理性，但从康德的先验哲学的立场出发来理解，便丧失了其真理性，同样也犯了单从概念把握这种关系的缺陷。按照康德的观点，所谓质料，一方面是感性机能的感官表象，然而，只有感性材料形成不了对象，所以，必须有直观形式和悟性范畴对其加以规定，感性材料才能成为对象的存在，由上已知，直观形式不是来源于感性，悟性范畴不是来自感性杂多，而是逻辑上先于感性质料作为对象的潜在性。根据这个观点，所谓对象的实在性，是思维和感性直观相结合，而这个结合又是以形式方面的逻辑在先性为前提的。正是在这个意义上，康德没有达到思维与感性的内在统一，即没有达到质料与形式的内在统一，形成一个本体作为规律体系的逻辑在先性。

康德对唯理论的第四条原理,即质料与形式关系问题的批评是有缺陷的。不过,这并不影响康德基于自己的哲学立场指出唯理论的片面性。唯理论的片面性在于脱离感性直观,先验的使用范畴,所以,才形成莱布尼茨的先验体系。康德坚持范畴要有实在性,只能作经验的使用才有合理性,不能先验的使用;一旦先验的使用,就等于无对象了。在这个基本观点的前提下,康德列出了一个无的范畴表,无的范畴表也分为四类,这四类均来源于范畴的先验使用。第一,无对象之空虚概念,这与概念的先验使用密切相联,即脱离了感性直观;第二,概念之空虚对象,概念有实在性;而具有实在性的概念必须有它的对立物,但它的对立物对它而言是不存在的,这也归结为先验的使用;第三,无对象之空虚直观。在康德看来,几何学单纯以空虚直观为对象,这种纯粹直观由于脱离感性直观,等于无内容,所以,单纯数学知识不是真正的实在知识;第四,无概念之空虚对象,这是说假概念没有对象,例如两直线所作之图形,因为假概念不成立,自然也就没有对象。鉴于上述,"吾人观(一)推论的实在与(四)否定的无之区别,盖因前者不列入可能性中,以其纯为空想故(虽不自相矛盾),而后者之与可能性相反,则以其概念即取消其自身故。但二者皆为空虚概念。反之,(二)缺乏的无及(三)想象的实在,是为概念之空虚资料。设无光线授与感官,则吾人不能表现黑暗,又若无扩延体为吾人所知觉,则吾人不能表现空间。故否定及直观之纯然方式,在其缺乏实在的某某事物时,皆非对象"[①]。因此,范畴的先验使用是应该被禁止的。

[①] 康德:《纯粹理性批判》,商务印书馆2009年版,第264页。

第四章 先验辩证论

一 先验的幻相

在"先验辩证论"中，康德把辩证法与诡辩术相提并论，因为理性企图用悟性的范畴来追求经验的统一体时，很容易陷入幻相。先验辩证论的整个问题是要追究理性在它企图用悟性范畴来追求经验的统一体所能达到的程度及其可能性。然而推理的结果是：纯粹理性一旦脱离了经验的领域，就会在确定经验总体的超验使用中产生一种先验的幻相，即产生一种无效的知识。所以，康德说："吾人曾泛称辩证法为幻相之逻辑。"①

幻相或真理既不起源于对象，也不来自感官，而只能在判断中发现。"盖真理或幻相不在对象中（在此对象为吾人所直观之限度内），而在吾人关于对象之判断中（在此对象为吾人所思维之限度内）。故谓感官无误谬实极正当——此非因感官常能判断正确，实因感官绝无判断故耳。是以真理与误谬之以及引入误谬之幻相，唯在判断中发现之，即唯在对象与悟性之关系中发现之。在完全与悟性法则相合之知识中，并无误谬。感官之对象中——以其绝不含有判断——亦无误谬。无一自然力由其自身能

---

① 康德：《纯粹理性批判》，商务印书馆2009年版，第245页。

背反其自身所有之法则。故悟性（不受其他原因之影响），感官皆不能由其自身陷入误谬。悟性之不陷入误谬，盖因悟性若仅依据其自身所有之法则活动，则其结果（判断）自必与此等法则相合；与悟性之法则相合，乃一切真理中之方式要素。至若感官则其中绝无判断，即无真实之判断，虚伪之判断。今因吾人在悟性、感官二者以外，并无知识源流，故误谬由感性于不识不知中影响及于悟性而起，由此种影响乃致判断之主观的根据与其客观的根据相混合，而使悟性违反其真实之机能，……"① 由于"误谬由感性于不识不知中影响及于悟性而起"，所以，存在着两种误谬或幻相，即经验的幻相与先验的幻相。

经验的幻相是由于悟性受感性现象的诱惑，或受想象力的影响所产生的一些错误的判断。这种错误的判断可产生于内容和逻辑两个方面，在内容方面，本来不是前后相继的现象，感性由于某种原因把它把握为前后相继的现象；在逻辑方面，在于判断违反了形式逻辑的原理。康德认为经验的幻相容易揭露，并且也容易纠正，但是，先验的幻相却不易纠正。因为先验的幻相在人性中有其先天的、必然的根源。如前所述，在人类思想中有一种不可避免的倾向——追求经验得以构成的统一原理，追求统一原理的理性必然会在超验的使用悟性范畴时陷入先验的幻相。先验的幻相是与理性追求知识完整性的基本能力结合着的。所以，即使你知道先验幻相的根源是天然地产生于理性，但它仍然还要出现。先验的哲学的功用就是叫人永远防备这种幻相。诚如康德所说："吾人今非论究经验的（例如视觉的）幻相，此种幻相在'本为极正确之悟性规律'之经验使用时所发生，由此种幻相，判断能力遂为想象力之影响所误；吾人所欲论究者仅在先验的幻

---

① 康德：《纯粹理性批判》，商务印书馆2009年版，第265—266页。

相，此乃影响于'绝无在经验中行使意向之原理'，故在此种事例中吾人至少应有一种'原理所以正确'之标准。以其缺乏一切批判之警戒，此种先验的幻相遂引吾人完全越出范畴之经验的使用以外，而以纯粹悟性之纯然虚伪扩大，蒙蔽吾人。吾人今名'其应用全然限于可能的经验限度内'之原理为内在的，而名宣称超越此等限界者为超验的。所谓超验的，我并非指范畴之先验的使用或误用而言，盖此种先验的使用或误用，乃判断能力未受批判之制抑因而未充分注意纯粹悟性所能唯一容许自由活动之境遇限界所生之误谬。我所指者乃鼓励吾人破弃一切境界藩篱，夺获——不承认有所谓划境限界之——全然新领域之现实原理。故先验的与超验的非可通用之名词。吾人以上所述纯粹悟性之原理，仅容有经验的使用，而不容有先验的使用，即不容有推及经验限界以外之使用。反之，一原理撤废此等限界甚或实际指挥吾人超越此等限界者，则名之为超验的。"[1] 总之，悟性范畴仅容有经验的使用，而不容许先验的使用，否则，便会超越经验界而指向超验的对象，而产生先验的幻相。

二 先验的幻相之所在处

（一）泛论理性

理性有广义和狭义之分。广义的理性指一切先验的因素——人的心灵，先验辩证论中的理性指的是狭义的理性。康德认为当人的活动以悟性范畴为基础去推论未知时，这种活动表现为推理的活动，那么，产生各种推理和制约这种推理的主观性叫作理性，所以，与悟性的判断机能不同，理性是推理机

---

[1] 康德：《纯粹理性批判》，商务印书馆2009年版，第266—267页。

能。"吾人以悟性为规律之能力；今名理性为原理之能力以之与悟性相区别。"①

康德之所以把理性称作推理机能自有他的道理或理解。在康德看来，理性对悟性所产生的杂多知识天然的要提出一个理想的要求，即要求知识的统一性，因而要对杂多的知识进行统一，形成少数的原理。这样的冲动和要求就是理性，而人的推理活动正好表现了理性的要求。如大前提是普遍的规律，小前提是把个别的知识通过中介，归结于普遍规律之下，并得出结论，这种把个别知识包容于普遍知识之下的推理活动，正好符合了理性的要求。"故原理所得之知识，仅为我由概念以知'普遍中之特殊'之一类知识。因之，一切三段推理皆为'由原理演绎知识'之形相。盖大前提常授与一概念，凡包摄于此概念下——若包摄于一条件下——之一切事物，皆依据原理而自此概念知之。今因任何普遍的知识皆能用为三段推理中之大前提，且因悟性以此种普遍的先天命题提示吾人，故此等命题就其可能之使用而言，亦能名之为原理。"②

推理作为理性的机能，必然会促使悟性按理性的命令起作用，使悟性范畴脱离它的经验使用，以形成理性不依赖于感性经验的整体观念或统一原理，使悟性的个别知识归于理性的统一原理之下。所以，"悟性可视为由规律以保持现象统一之能力，理性可视为在原理下保持悟性规律统一之能力。故理性绝不直接应用于经验或任何对象，而仅应用于悟性，盖欲借概念与'悟性之杂多知识'以先于的统一，此种统一可名为理性之统一，与悟性所能成就之统一，种类绝不相同也"③。在这个意义上，理性与悟

---

① 康德：《纯粹理性批判》，商务印书馆2009年版，第269页。
② 康德：《纯粹理性批判》，商务印书馆2009年版，第269页。
③ 康德：《纯粹理性批判》，商务印书馆2009年版，第270—271页。

性虽表现为不同的逻辑机能,但是,理性推理机能与悟性判断机能同为一个思维活动,理性原理的形成,必须通过悟性,因此,二者是截然不可分的。

(二) 理性之逻辑运用

由于理性的目的是把悟性规则从属于理性的原理,而给悟性形成的个别知识以完整的统一性和普遍性,所以,理性之逻辑运用的一般过程是要寻求结论所依赖的大前提。换言之,"在一切三段推理中,我最初由悟性思维一规律(大前提)。其次我由判断力包摄所知之某某事物于规律之条件下(小前提)。最后,由规律之宾辞,即先天的由理性以断定由此所知者(结论)"①。

例如:人是会死的,苏格拉底是人,所以,苏格拉底是会死的。显然,在这个推理中,将个别归于一般。不过,由于理性推理是寻求结论所依赖的大前提,所以,这个三段论式的大前提又可作为另一个三段论式的结论。例如,动物是会死的,人是动物,所以,人是会死的。这样,人们可以用一连串的先行三段论继续寻找新的大前提,又如生物是有死的,动物是生物,所以,动物是有死的。"由此观之,理性在推理中努力使由悟性所得之种种杂多知识,规约至最小数目之原理(普遍的条件),由是以达其中之最高可能的统一。"② 理性要求的是知识的总体性,一如悟性使直观之杂多从属于范畴,所以,只有发现了一切条件的总体或无条件的大前提,理性才能够得到满足。不过,"就事实言,规律之增多及原理之统一,乃理性之要求,其目的在使悟性彻底自相一致,正与悟性使直观之杂多从属概念,由是而联结杂多相

---

① 康德:《纯粹理性批判》,商务印书馆2009年版,第271—272页。
② 康德:《纯粹理性批判》,商务印书馆2009年版,第272页。

同。……一言以蔽之，其问题为：理性自身——即纯粹理性——是否先天的包有综合的原理及规律，且此等原理以何而成？"那么，关于"纯粹理性在其综合知识中所有之先验原理"所依据之根据，唯有通过理性的三段推理的逻辑使用，才能得以解释。①

（三）理性之纯粹使用

悟性虽然在理性命令下，进行扩大关于感性对象知识的统一性，但由于悟性活动总是限于经验的范围，所以，其知识总是有限的、有条件的。理性的目的是迫使悟性不断地从个别的条件向更高的普遍条件追溯，直至达到一种不受其他条件制约的绝对条件。一到绝对条件，必然迫使悟性超越感性或经验的领域，因为绝对条件不能从经验中得出来。这个绝对条件用概念来表示不同于悟性范畴，而称作理念。"顾理性之先验的概念，唯在指向条件综合中之绝对的全体，除到达绝对的——即在一切关系中——不受条件制限者以外，绝不终止，……理性自身则专与悟性概念使用中之绝对的全体相关，而努力使在范畴中所思维之综合统一到达完全不受条件制限者。吾人可名此种'现象之统一'为理性之统一；由范畴所表现之统一，则名之为悟性之统一。因而理性仅与'悟性使用'相关，但此并非在悟性包有可能的经验根据之限度内（盖条件之绝对的全体之概念，不能应用于任何经验，诚以无一经验为不受条件制限者），乃仅欲规定悟性趋向——悟性自身关于此种统一并无概念之——某种统一之方向，以及联结'悟性关于一切对象之种种活动'成为一绝对的全体耳。故纯粹悟性概念之使用，则依据其性质且因其仅应用于可能的经验，自

---

① 康德：《纯粹理性批判》，商务印书馆2009年版，第272—273页。

必常为内在的。"① "故理性之先验的概念实不过——对于任何所与之受条件制限者之——条件全体之概念。今因惟不受条件制限者始能使条件全体可能，反言之，条件全体其自身常为不受条件制限者，故纯粹理性概念吾人能普泛以不受条件制限者之概念说明之，而视为包有综合受条件制限者之根据。"② 理性之先验的概念，即理念作为条件全体之概念，实以经验的整体为对象，这个经验的整体已经超出了现象界，所以理念涉及的对象或领域是一个超越经验的领域。在这里，康德给它一个严格的名词：即超验。

超验在先验的辩证论中很重要，理性提出统一知识的要求，这个要求本身有自己的规律，表现这个规律的就是理念。理念作为理性要求统一知识的先天规律，必然按其理性的标准，迫使悟性不断地在认识中进行条件追溯，最后达到超越经验的领域，这是理性的纯粹使用。"但自此纯粹理性之最高原理所发生之原理，其与一切现象相关，殆为超验的；即此种原理绝不能有任何适切之经验的使用。故此种原理与一切悟性原理全然不同，悟性原理之使用纯为内在的，盖因悟性原理所有之主题，仅为经验之所以可能。今试就'条件系列（不问其在现象之综合中或在普泛所谓事物之思维中）推及于不受条件制限者'之原理而言。此种原理是否具有客观的应用性？关于悟性之经验的使用，此种原理所包含之意义如何？抑或并无此种客观的有效之理性原理，而仅为一逻辑的教条，由其上溯层层更高条件以趋向完成，因而与吾人知识以最大可能之理性统一？……解答此种问题实为吾人在先验辩证论中之事业，此种辩证性质，吾人今将努力自其在人类理性中

---

① 康德：《纯粹理性批判》，商务印书馆2009年版，第285—286页。
② 康德：《纯粹理性批判》，商务印书馆2009年版，第283页。

所深密隐藏之源流以阐明之。今分辩证论为两章，首章论究纯粹理性之超验的概念，次章论究其超验的及辩证的三段推理。"① 总之，理性迫使悟性进入超验的领域，产生先验幻相，先验辩证论就是要解释这种幻相，分两大部分：第一部分是理念之概念的演绎，阐明如何获得纯粹理性的理念；第二部分专门阐明纯粹理性的辩证推理，理性的辩证推理迫使悟性在超验领域中的推理能获得什么样的结果。

三　纯粹理性之概念及其辩证推理

（一）纯粹理性之概念

1. 泛论理念

在先验分析论中，康德从悟性判断的各种形式中演绎出范畴，依照同样的方法，在先验辩证法中，从理性推理的三段式中演绎出理念。

理念作为"'理性概念'之名称已预行指示吾人之所论究者，不容局限于经验之某某事物，……无一现实经验曾完全与之相适合，但一切现实经验皆隶属之。理性概念能使吾人思考（Befreifen），悟性概念则使吾人领悟（Verstehen）（用以与知觉相关时）。理性概念如包有不受条件制限者，则与一切经验所隶属但其自身绝不为经验对象之某某事物相关——此某某事物乃理性在其推理中自经验以引达之者，……同时正与吾人名纯粹悟性概念为范畴相同，吾人对于纯粹理性概念应与以一新名称，而名之为先验的理念"②。然而，先验的理念虽然不能得自经验，但理念并

---

① 康德：《纯粹理性批判》，商务印书馆2009年版，第274—275页。
② 康德：《纯粹理性批判》，商务印书馆2009年版，第276—277页。

非主观任意所创造之。"我所谓理念乃指理性之必然的概念,对于此概念,无相应之对象能在感官之经验中授与者,故今所研讨之纯粹理性概念,乃先验的理念。此等理念乃纯粹理性之概念,盖因其视经验中所得之一切知识为由条件之绝对的全体所规定者。但此等理念非任意所制造者,乃由理性自身之本质所设置,故与悟性之全体使用有必然的关系。最后,理念乃一超验的且超越一切经验之限界;无一适合于先验理念之对象,能在经验中见及。"[1] 基于上述观点,理念的特点在于:第一,它们不是对象的现实规定性,而是对一切条件的绝对总体的理想追求;第二,理念不是偶然的,而是不可避免的,它产生于理性对完满知识的要求;第三,理念是超验的,因为理念所表达的完整性不可能在经验的领域得到证实。就第三点而言,其观点类似于柏拉图;柏拉图是西方哲学史上第一个感到从经验中得不到完满知识的哲学家,因此,他在经验界之外又设立一个理念世界。对此,康德直言不讳道:"柏拉图所用理念(Idee)一名辞,其意义所在,异常明显,不仅绝对不能自感官得之,且远超(亚里士多德所论究之)悟性概念,诚以在经验中从未见及与此理念相应之事物。盖在柏拉图,理念乃事物本身之原型,非以范畴之型态仅为可能的经验之枢纽者。以柏拉图之见解言之,理念乃自最高理性发生,自此最高源流成为人类理性所分有,人类理性今虽已非其本有之状态,但由还忆之进程(此即名为哲学)刻苦努力以还忆今已晦昧之旧日理念。"[2] 在这里,康德虽然采取了柏拉图理念超越经验的意义,但是,在康德的辩证论中,理念的具体意义和功用与柏拉图还是有区别的。

---

[1] 康德:《纯粹理性批判》,商务印书馆2009年版,第286页。
[2] 康德:《纯粹理性批判》,商务印书馆2009年版,第278页。

康德认为先验理念的功用,对理论理性来说是在于指导悟性进行统一各种特殊的知识,提供一个理想的完满性,对实践理性来说就是制定道德法则和道德规律,为人的活动提供一个完善的原型。对于这一点,康德说:"吾人对于先验的理性概念,虽谓此等概念仅为理念,但此绝不能视为其意义乃指此等概念为多余而空虚。盖即此等概念不能规定任何对象,但在一根本的及不为人所觉察之形相中,仍能对于悟性尽其职务而为悟性之扩大使用及一贯使用之法规。"① "但因另一方面,在悟性之实践的使用中,吾人之唯一任务在实行规律,故实践理性之理念常能具体的实际授与吾人(虽仅部分的);此实一切理性之实践的使用所不可欠缺之条件。理念之实现,固常在'绝对的完成之概念'之影响下实现之。"②

2. 先验理念的体系

如同在先验分析论中,悟性在对感性对象的判断中形成范畴体系一样,在先验辩证论中,康德从理性的推理中得出了理念及其体系。

在"先验的理念之体系"部分,所论究者不是有关逻辑的辩证,即三段推理所显露的谬误之所在,而是论究先验的辩证,即有关理性推理所得理念之起源。在康德看来:"纯粹理性概论之数,殆等于悟性由范畴所表现之'关系种类'之数。故吾人第一应推求一主辞中所有断言的综合之不受条件制限者;第二,应推求一系列中所有各项之假设的综合之不受条件制限者;第三,应推求一体系中所有各部分之抉择的综合之不受条件制限者。"③ "于是适有同一数目之三段推理种类,每一种类之三段推理由上

---

① 康德:《纯粹理性批判》,商务印书馆2009年版,第287页。
② 康德:《纯粹理性批判》,商务印书馆2009年版,第286页。
③ 康德:《纯粹理性批判》,商务印书馆2009年版,第283页。

溯推理以推演至不受条件制限者：第一，推演至其自身绝不能作为宾辞之主辞；第二，推演至自身不再有任何前提之前提；第三，推演至完成其分类不再需要任何事物之'分类所有项目之集团'。"① 从上述原则出发，从概念和主体及对象的关系，可以看出理念为数有三，因为从人的概念所表现的关系看，它包括两个方面，一种是和人的主体关系；一种是和对象的关系，而对象又分为经验对象和超验对象。他说："在一切吾人所有之表象中，普遍所见及之关系为：（一）与主观之关系；（二）与对象之关系，对象则或为现象，或为普泛所谓思维之对象，吾人如总合主要分类与细目二者而言，则表象之一切关系（吾人对之能构成一概念或一理念者）共有三种：（一）与主观之关系；（二）与现象领域中'对象之杂多'之关系；（三）与一切普泛所谓事物之关系。"② 就其以主体性为对象时，把人的主体归结为一个绝对条件时，这必然涉及心灵实体的理念。就概念必须表现对象来看，先验理念可有两种，一种是关于人的现象界（经验）整体的理念——宇宙论的理念；另一种完全脱离经验界，但却是自然界（现象界）的最高条件，同时也是人的有限生命的最高条件的理念——神或上帝。换言之，"思维的主观为心理学之对象，一切现象之总和（世界）为宇宙论之对象，而包含'一切吾人所能思维者所以可能之最高条件'之事物（一切存在之本源存在）为神学之对象。是以纯粹理性对于先验心灵论（psychologia rationalis）、先验宇宙论（cosmologia rationalis）、最后对于先验神学（theologia transzendentalis）提供理念。……盖此三种学问纯为纯粹理性之纯粹本有产物或问题"③。"最后吾人亦见及先验的理念

---

① 康德：《纯粹理性批判》，商务印书馆2009年版，第283页。
② 康德：《纯粹理性批判》，商务印书馆2009年版，第290页。
③ 康德：《纯粹理性批判》，商务印书馆2009年版，第290—291页。

自身之间显然有联结及统一，纯粹理性则由此种联结及统一始能联结其一切知识成为一体系。自一人自身（心灵）之知识进至世界之知识，更由世界之知识进至存在本源，实极自然，有类理性自前提至结论之逻辑的进展。"①

由上可见，先验理念为心灵实体、宇宙论的理念与神或上帝，三种理念分别得自纯粹理性之三种推理。当理性迫使悟性走向超验领域时，首先接触到的是关于主体的理念，即心灵实体，心灵实体的理念与人的直言（断言）推理相适应。直言（断言）推理的逻辑表达式为：A 是 B，C 是 A，所以，C 是 B。具体的演绎为：人的一切认识活动都以先验的统觉原理为一切经验所以可能的条件；先验统觉原理综合性的主体是心理活动，所以，一切人的认识活动是以心灵实体为条件。这样，当理性以主体为对象，迫使悟性不断追溯，最后必然进入超验的领域——心灵实体。

其次，宇宙论的理念与假言（设言）推理相联。当理性以经验为对象，迫使悟性进行条件追溯时，必然会以假言的推理表达一切有条件与无条件两者之间的关系，从而接触到宇宙论的理念。假言推理的逻辑表达式为：如果 A 则 B，所以，A 存则 B 存。具体的演绎为：如果现象界是一个统一整体，那么，它必有其最初的原因，所以，现象界是一个统一的整体，因而现象界必有其最初的原因，这个最初的原因是一个无条件的绝对者，是有限的现象界的根据。

最后，神学理念作为最高的理念，必然与选言推理相适应，从选言的推理中可接触到上帝，上帝是包括了一切的全体性。选言推理的逻辑表达式为：A 或者是 B，或者是 C，所以，A 包含

---

① 康德：《纯粹理性批判》，商务印书馆 2009 年版，第 291—292 页。

了 B 和 C 的全体性。具体的演绎是：上帝或是一切有限心灵的最高根据，或是自然界（现象界）的最高根据，所以，上帝是包括一切的绝对总体，也是最高的理念。

如果把三种推理得出的三种理念概括一下，即为：第一，思维主体的无条件统一体；第二，现象的一切条件综合的无条件的统一体；第三，一切对象的条件的无条件的统一体。诚如康德所说："故一切先验的理念可列为三类，第一类包含思维的主观之绝对的（不受条件制限之）统一；第二类包含'现象之条件系列'之绝对统一；第三类则包含'普泛所谓思维之一切对象所有条件'绝对的统一。"① 由上可见，同悟性范畴表中，最后一个范畴是前两个范畴的结合一样，理念也是一个完整的系统。这个系统的基础是：既然知识必然包含着主体和对象的关系，而且两者是不能绝对相互独立的，那么，理性的理想要寻找完整性，自然从主体开始，然后进到对象或世界，最后再寻找一个能够包含二者的理念——上帝。

总而言之，先验辩证论的最重要部分即为：理性以其统一知识的理想迫使悟性走向超验的领域。当悟性进入超验的领域时，其活动必然受理性的制约，受理性的三种理念标准所制约，因而在悟性走向超验的三种推理形式中，可以找到理念的数目——其数目为三。

（二）纯粹理性之辩证推理

理性以它的先天规律提出统一知识的理想标准，这个理想标准就是理念。理念迫使悟性完全脱离感性、经验领域。因此，思维的推理活动无论是在哪种逻辑形式中都运行在超验的领域。由

---

① 康德：《纯粹理性批判》，商务印书馆 2009 年版，第 290 页。

于理念是超感性、超时空、超经验的，所以，理念本身所指向的对象就是空洞的、无内容的，那么，当理性迫使悟性用范畴去综合或规定这个对象时，也便无法证实它的客观性。用康德的话说便是："纯粹先验的理念虽为——依据理性之本源法则——理性之必然产物，但其对象则可谓为吾人对之并无概念之某某事物，盖关于适合理性要求之对象，谓吾人常能构成一悟性概念，即构成一容许在可能的经验中展示及直观之者之概念，则实为不可能之事。但吾人若谓关于其与理念相应之对象，吾人虽不能有任何知识，顾尚有关于此对象之想当然之概念，则较为适宜，似不致令人有所误解。"[1] 因此，在辩证推理中，所有的推理都是幻相，也就是说，以这些对象所形成的先天综合命题，都不能从理论上加以证实，故而"关于此对象之想当然之概念"被称作为先验的幻相。

既然不能证实理念所表现的对象的客观实在性，那么，理念作为理性推理的必然产物，它所具有的客观意义以及功用是什么？康德解决的总精神是：理念表现的是理性的规律，它要求的是经验的统一。所以，如果说范畴是使经验所以可能的条件，那么，理念作为表现理性的规律，它就是使经验的统一所以可能的条件。在这个意义上，先验辩证论中的理念，就其作用而言，也是经验世界的一部分，只不过它表现的理念并没有柏拉图那种传统形而上学中本体论的意义，而只与经验的统一性有关，属于调节或统摄原理。

当康德这样看理念时，在他的哲学体系中便出现了一个非常重要的自相矛盾：即一方面康德把理念只看作表现理性的规律或统摄经验统一的条件，不表现客观对象，因为超验领域的对象都

---

[1] 康德：《纯粹理性批判》，商务印书馆2009年版，第294页。

是经验的幻相；但另一方面康德在其著作中又肯定了物自体的存在。物自体的存在是心灵实体，宇宙整体和上帝。如前所述，三者之间的关系，心灵实体和宇宙整体以上帝为最后的根据。实际上，康德的物自体是一种思想的设定，而设定物自体的思想则是理念。这样，理念设定了本体界，但又不能借用悟性范畴去把握，因而它的客观实在性又得不到证明，是经验的幻相，这是一个矛盾。德国古典哲学从费希特开始，中经谢林到黑格尔，都朝着克服这个矛盾的方向努力，要使概念统一本体界，直到黑格尔概念表现上帝作为神的规定性，达到了概念与本体界、现象与物自体、精神与实体的统一。

在第二卷"纯粹理性之辩证推理"中，康德论证了与理性的三个理念相对应的三种辩证推理。在第一个辩证推理中，推理是从简单的自我意识的先验统一，到一个相应于统一的主体的独立存在。这里，推理是根据一个模棱两可的中词——主体。"主体"这个名词可能指自我的纯粹统一，也可能指独立存在的一个实体，由这种推理所得出的辩证幻相称作谬误推理；第二个辩证推理是从一个在经验中所与的有条件的对象推论，直到一系列的条件中给予一个绝对总体的存在。在考察这个理念时，发现两个结论中随便哪一个都可以由证明它反面的不可能而一样得到成立，因而，理性在这种情况下，便陷入了矛盾，这种推论称作二律背反；第三个辩证推理是理性要求完整性，理性企图得到无条件的东西，这个无条件的东西是主体与对象的绝对综合统一，这类辩证推理为纯粹理性的理想。

1. 纯粹理性之谬误推理

在"纯粹理性之谬误推理"部分，康德主要批判了理性心理学的一些基本问题，因为理性心理学试图推理证明心灵实体作为客观对象的实在性，以及这个心灵实体的其他性质。

康德认为在人的自我意识中，先验统觉起作用表现为人的意识统一性，在人的整个意识统一性中，都有一个"我"或"我思"贯穿于其中，而其他的意识形态不过是这个"我"的表现或"我思"的规定性。因此，"我"或"我思"不过是意识过程中的认知主体，或思维主体。理性心理学的错误是把意识过程中的"我"或"我思"混同于心灵实体的存在，也就是把意识过程中的思维主体，更确切地说是把先验统觉的作用混同于思维本身作为客观存在的实体。在康德看来："我思"这个命题表达的不过是自我意识，每一个思维的存在者，不论在他的意识中有什么差别，都必然是意识，理性心理学企图根据"我思"或意识的形式上的统一性来构造心灵实体，这是一种混淆。

理性心理学以"我思"为基础，形成以下四个基本命题：第一，心为实体，即人的心灵是一个独立的实体或灵魂是一个实体。第二，就心灵的性质来说，它是单纯的，不可分的。第一个命题表明心不是物质的；第二个命题说明心是单纯的，同时它也是不朽的。第三，既然心灵是单纯的，那么，心灵必然在种种时空形式中，其数目始终为一个。从这个命题给人以人格的概念。第四，心与空间中可能的对象相联系，这涉及心物关系问题。理性心理学的推理就是要证明这四个命题的真理性，而康德在其先验辩证论中就是要揭露这种推理的虚伪性和不真实性。针对上述四个命题，康德通论如下："（一）在一切判断中，'我'为规定'构成判断者之一类关系'之'规定者主体'。故必须承认常能以'我'——即思维之我——为主体及视为非'属于思维之纯然宾词'之某某事物。此乃一自明的且实为自同命题；但此命题之意义，并非谓所视为对象之'我'对于我自己乃独立自存在之存在者，即实体。……（二）统觉之'我'以及在一切思维活动中之'我'乃一我不能分解为多数之主体，因而指逻辑上单纯之主体而言云云，乃已包含在'思维本身之概念'中者，故为分析命题。但此命题之意义并不指思维之'我'乃一单纯的实体。……（三）'在我所意识之一切杂多中我常同一不变'之命题，亦已包含在此等概念之自身中，故亦为分析命题。但此种主体之同一（关于此种同一，我能在我所有之一切表象中意识之者），并不与主体之任何直观相关（由主体之直观即能以主体为对象而授与吾人），故若人格之同一指主观所有状态之一切变化中'一人自身所有实体（所视为思维的存在者）之同一'之意识而言，则此种主体之同一不能即为人格之同一。……。（四）我以我自身之存在为思维的存在者之存在，以与'在我以外之其他事物'（肉体亦在其中）相区别，亦为分析命题；盖其他事物即我所思维为与我自身相异者。但我由此并不能知离去——表象所由以授与我者之在我以外之事物，此种'关于我自身之意识'是否可能，即我是否能仅为一思维的存在者而存在（即非以人间形体而存在）。"① 综上所述，"是以分析普泛所谓思维中关于我自身之意识，绝不产生'所视为对象之我自身'之知识"②。因为所谓"一切思维的存在就本身言，为一单纯的实体"③ 绝不能在任何经验中授与，作为先天综合命题实已超越感官世界而进入了本体界，而人的认识只能停留经验界，达不到对本体界的认识。

理性心理学推理的错误症结在于：在推理中，中词概念混乱，中词在大前提中是一种意义，在小前提中又是另一种意义，犯了似名词的错误，所以，康德将这种推理称为谬误推理。对此，康德说："合理心理学之全部进程为一误谬推理所支配，此

---

① 康德：《纯粹理性批判》，商务印书馆2009年版，第300—301页。
② 康德：《纯粹理性批判》，商务印书馆2009年版，第301—302页。
③ 康德：《纯粹理性批判》，商务印书馆2009年版，第302页。

种误谬推理在以下之三段推理中展示之：

凡除以之为主体以外所不能思维之者，亦即除为主体以外不能存在之事物，因而此为实体。

> 一思维的存在，——纯就其为思维的存在考虑之——除以之为主体以外不能思维之。
> 故思维的存在亦仅为主体存在，即为实体存在。

在这个谬误推理中，大前提中吾人所言者，乃在一切关系中所能普泛思维之者之存在，因而亦能以之为可在直观中授与者。但在小前提中吾人所言及者，仅在思维的存在之以其自身为主体，纯就其与思维及意识之统一之关系言之，并不亦就其与——思维的存在所由以成为思维对象之——直观之关系言之之限度内。故其结论及由误谬推理——中间概念意义含混之误谬推理（per sophisma figurae dictionis）——所达者。"① 因为"在两前提中所用'思维'一字之意义全然不同；在大前提中以其为与普泛所谓对象相关，即与视为能在直观中授与之对象相关，而在小前提中则仅以之为与自觉意识之关系所成者。在此后一意义中绝无对象为其所思及，其所表现仅为与'视为主体之自我'（所视为思维之方式者）之关系耳。在前一前提中吾人所言者，为除以其为主体以外所能思维之事物，但在后一前提中，则吾所言者非事物而为思维（抽去一切对象）其中之'我'常用为意识之主体。故其结论不能为'我除为主体以外不能存在'，仅能为'在我思维我之存在时，除以之为（其中所包有之）判断之主体以外，我不能使用我自己'。此为一自同命题，对我之存在形相绝无丝毫

---

① 康德：《纯粹理性批判》，商务印书馆2009年版，第302—303页。

阐发也"①。"故吾人若不越出纯然思维以外，吾人即无应用实体概念（即独立自存的主体之概念）于'所视为思维的存在之自我'之必然的条件，与实体概念联结之单纯性概念，因实体之客观的实在性丧失亦随而消灭；转变为普泛所谓思维中所有自觉意识之逻辑上之质的单一性，此单一性不同主词是否复合，皆应呈现。"② 基于理性心理学谬误推理的症结所在，康德对其四个基本命题逐一进行了演绎与批驳。

第一谬误推理：关于实体性者

首先，推理内容："其表象为吾人判断之绝对的主体因而不能用为其他事物之宾词者，为实体。

所视为思维的存在之'我'，乃我所有一切可能的判断之绝对的主体，此种关于我自己之表象不能用为任何其他事物之宾词。

故所视为思维的存在（心）之我为实体。"③

其次，康德认为在理性心理学的这个三段论的推理中，大前提中的主体是指客观存在，但小前提中的主体变了，是把经验中的自我，意识过程中的逻辑主体代替了大前提中的实体，并归结为绝对主体；由于把逻辑主体归结为绝对主体，结论便为：心为实体。

最后，谬误的实质：我思之我作为一个逻辑主体表现在人的认识过程中，只是作为悟性活动中先验统觉的表现，所以，这个"我"属于一种内感现象，是人的自己意识活动对感性的综合，属于一种内感和主观现象，它本身并不表现心灵实体本身。那么，心灵实体本身到底是什么？根据经验无法知道。关于这点，

---

① 康德：《纯粹理性批判》，商务印书馆2009年版，第303页。
② 康德：《纯粹理性批判》，商务印书馆2009年版，第304页。
③ 康德：《纯粹理性批判》，商务印书馆2009年版，第314—315页。

康德说："在先验的逻辑之分析部分，吾人曾说明纯粹范畴以及其中实体范畴除依据直观以外，其自身并无客观的意义，乃应用于'直观杂多'之综合统一机能。在缺乏此种杂多时，范畴仅为判断机能，并无内容。……今在吾人所有之一切思维中，我为主体，思维仅为规定而从属此'我'；此'我'不能用为其他事物之规定。"①"故其结论为：先验的心理学之第一推理，在其以'思维之常恒不变之逻辑主体'为思维所属之实在的主体时，乃以貌似创见之说欺妄吾人者也。吾人并未有——且不能有——关于任何此种主体之任何知识。意识实为唯一使一切表象成为思维者，故吾人之一切知觉必须在'所视为先验的主体'（我）之意识中；但在此'我'之逻辑的意义以外，吾人对于在此'我'根柢中为其基体（如'我'在一切思维之根柢中为其基体）之主体自身，并无任何知识。"② 总之，在康德看来，心灵只是逻辑主体，不具有客观存在的意义，所以，二者不能混淆。

关于这一点，可以说黑格尔对康德的改造是粗糙的，因为他并没仔细分析康德的驳斥，因而也没有回答康德的问题，只是直接把康德的认知或逻辑主体本体化了。在黑格尔看来，"我思"既然是人的认识或逻辑主体，那么，它就一定表现心灵作为一个精神实体。在这个问题上反映了德国古典哲学的发展趋向。

第二谬误推理：关于单纯性者

首先，推理内容："其活动绝不能视为种种事物所有活动协同而成者，为单纯的。

今心（即思维的我）乃此种存在体。故等等。（按即心为单纯的云云。）"③

---

① 康德：《纯粹理性批判》，商务印书馆2009年版，第315页。
② 康德：《纯粹理性批判》，商务印书馆2009年版，第316页。
③ 康德：《纯粹理性批判》，商务印书馆2009年版，第316页。

其次，根据第一谬误推理的分析可以看出这个推理的谬误。大前提中所说的主体是客观存在的主体活动，小前提中是把逻辑主体的活动直接归结为一种客观存在的主体活动，从而把大前提的活动意义改变了，这样，随着联结大前提的中词意义的变换，结论便是：心是单纯的。这个谬误在于把认知主体的活动和物自体的活动相混同了。

最后，谬误的实质：心灵作为物自体或实体是不可知的，也即我思之我的活动并不表现心灵实体的活动状态，换言之，我思之我在人的意识过程中，表现它的过程是单纯的，但是，我思之我的单纯性并不表现心灵实体的原始活动，因而不能用我思之我的单纯性来断言心灵实体的单纯性。

在康德看来，之所以"不能用我思之我的单纯性来断言心灵实体的单纯性"在于："一切复合的实体乃种种实体之集合体，复合体之活动或属于复合体之任何复合事物之活动，乃分配于多数实体中之种种活动，或种种属性之集合体。自种种活动的实体协同所发生之结果，在此结果仅为外部的时（例如一物体之运动乃其所有一切部分之联合运动）实为可能者。但在思维，则以其为属于思维的存在之内部属性，乃大不同。盖若假定思维者为复合体，则复合体之一切部分皆为思维之一部分，仅有联结所有一切此等部分，始能包含全体思维，但此为不能一贯主张之者。盖分配于种种存在者之种种表象（例如一诗句之各单字）绝不能构成一全体思维（一诗句），故谓一思维应属于本质上所谓复合体者，实为不可能之事。是以思维仅在单一的实体可能，此种实体非种种实体之集合体乃绝对的单纯者。"① 所以，"且我自己（所视为心者）之单纯性，实际亦非自'我思'之命题推论而得；盖

---

① 康德：《纯粹理性批判》，商务印书馆2009年版，第317页。

我之单纯性已包含在一切思维中。'我为单纯的'之命题必须视为统觉之直接表现，正与所引用笛卡尔推论之'我思故我在'（cogito ergo sum）相同，实为一重复语，盖我思（cogito）——我在思维（sum cogitans），即直接主张我之存在。'我为单纯的'之意义，仅等于谓此'我'之表象其自身并不包含丝毫杂多，以及其为绝对的（虽仅逻辑的）统一耳"①。由此可见，在这里，暗含着康德对笛卡尔的批评。笛卡尔认为"我思故我在"，从"我思故我在"直接把心灵归结为实体，并且认为是单纯的。康德认为心灵实体一方面不可知；另一方面心灵实体或者是单纯的，也或者是复合的。所以，从我思的单纯性既推不出我在，也无法证明这个客观主体是单纯的。退一步说，即使心灵实体存在了，那么，也难于证明它只能是精神的而不是物质的，同样，也难于判断精神实体与物质实体之间是相异的。因为无论是物质实体，还是精神实体，换言之，无论是和外感相对应的物自体，还是心灵实体的物自体，二者都是超时空、超感性的，因而没有具体的规定性，它们都是抽象的实体，而抽象的实体没有客观意义，因而难于区分它们是精神的，抑或是物质的，也更谈不上二者之间的区别了。

第三谬误推理：关于人格性者

首先，推理内容："凡意识其自身在不同时间中为数的同一者，在此限度内为人格。（译者按：数的同一即历无穷次数其自身仍为同一之事物）今心意识其自身等等，故心为人格。"②

其次，在大前提中的意识是指物自体，小前提的意识自身是指经验的统觉，指在人的意识过程中，意识到对象的同时所产生

---

① 康德：《纯粹理性批判》，商务印书馆2009年版，第318—319页。
② 康德：《纯粹理性批判》，商务印书馆2009年版，第323页。

的自我意识，这个自我意识表现为悟性综合感性的活动。那么，将小前提混同于大前提，意识到我始终是一个同一性，结论，心灵是人格，人格必须是一个统一性。

最后，谬误的实质：康德认为人的意识过程有统一性，其统一性表现为以"我"为核心的认知主体，这个认知主体是不变的，是一个同一性。就认知主体或意识为同一性而言，可以组成人格的概念，但这个人格的同一性并不必然表示那个心灵实体也必然是一个同一性。因为心灵实体是单纯的，抑或是复合的是不可知的。

对于上述观点，康德说："我如欲由经验以知外部的对象数同一，则应该注意现象中之永恒的要素（此为现象之主体，一切其他事物皆与之相关而为其规定），且注意其在一切时间中（即'所有规定'在其中变易之时间）之同一。今'我'为内感之对象而一切时间则仅为内感之方式。因之，我指一切'我之继续的规定'皆与'数的同一之我'相关，且在一切时间内（即在'关于我自己之内的直观'之方式中）皆如是。以此之故，心灵之人格性不应视为推论所得，应视为与'时间中之自觉意识'完全同一之同一命题；此即其所以先天的有效者也。盖此命题实等于谓在'我意识自己'之全部时间内，我意识此时间属于我自己之统一；故我或谓此全部时间在（所视为个别之统一体者）之内部中，或此谓我在此同一时间中为数的同一，其事则相同也。"① 所以，"盖若事例能以永恒及实体性为前提，则其推论所得者，固非意识之连续性，但至少亦为在常住之主体中有一连续的意识之可能性，即此已足证明人格性矣。……但此种永恒性绝不能在——吾人自统一的统觉所推论之——吾人自身之数的同一以

---

① 康德：《纯粹理性批判》，商务印书馆2009年版，第323页。

前，授与吾人，反之永恒性乃自数的同一推论而得者（此种论证如以正当顺序进行，则在数的同一证明以后，首应推及仅能经验的应用之实体概念）。唯因数的同一为前提之人格同一，绝不能自'我在一切时间（我在其中认知我自己）所有之意识中之我之同一推论而来，故吾人不能在论证之初，即将心之实体性建立于人格同一性之上也"①。虽然，人格的同一，绝不能从"我思"或"所有之意识中之我之同一"推论出来，但是，人格性概念则具有一定的实践意义，即"同时吾人仍能保持人格性之概念——正与吾人保持实体及单纯之概念相同——唯在其仅为先验的之限度内，即与主体之统一有关之限度内，否则非吾人所能知，盖在主体所有之规定中自有'其由统觉而来的之一贯的联结'。由此而言之人格性，其概念乃实践的使用所必需，且充分足供此种用途之用；但吾人绝不能因之自命为由纯粹理性以扩大吾人之自我意识，及误以为能自'同一的自我之纯然概念'以主体继续不断之展示吾人。盖此种概念永在循环中徘徊，关于志在综合的知识之任何问题，对于吾人并无裨益"②。

第四谬误推理：关于观念性者

首先，推理的内容："凡其存在，仅能推论为'所与知觉'之原因者，仅有可疑的存在。

今一切外的现象，即具有此种性质，其存在非直接为吾人所知觉，吾人仅能推论其为'所与知觉'之原因耳。

故一切外感对象之存在，乃可疑者。此种不确定性，我名之为外部现象之观念性，此种观念性之学说名为观念论，以与'以外感对象为具有可能的确实性'之相反主张所名为二元论者相

---

① 康德：《纯粹理性批判》，商务印书馆2009年版，第325页。
② 康德：《纯粹理性批判》，商务印书馆2009年版，第325—326页。

区别。"①

其次,这个谬误推论同前述一样,大前提中的存在,指的是意识之外的客观存在,小前提中的"一切外感对象",指的是意识之内的外感对象,所以,如果把二者相混淆,即中词混淆的结果便是外感现象是可怀疑的。

最后,谬误的实质:显而易见,上述推论是混乱的。这种推理的混乱在于:人们常常不加论证地、直接地将外感对象外化为客观存在。

从哲学史上看,先验的观念论与经验的观念论必然会这样,它们假定时空形式是人心之外的客观存在,因而把人所意识到的时空中的现象也一起客观化为外物。所以,"吾人今当首先审查其前提。论证所及,吾人自有正当理由主张'仅有在吾人内部中者,始能直接的知觉之,以及吾人自身之存在,为纯然知觉之唯一对象'。故在我以外现实对象之存在(此'我'之一字以智性的意义用之,非以经验的意义用之),绝不能直接在知觉中授与吾人。知觉乃内感之变状,外部对象之存在,仅在思维始能加之于知觉,视为其外部的原因,即视为推论所得者。以此同一理由,笛卡尔限制一切知觉(就此名词之最狭义意义而言)在'我(所视为思维的存在者)在'之命题中,固极有正当理由者也。盖因所谓在外者乃不在我之内部中,我即不能在我之统觉中遇及之,故亦不能在任何知觉中遇及之,质言之,知觉仅为统觉之规定耳。故我不能知觉外物,仅能自我之内部的知觉以推论外物之存在,盖以内部的知觉为结果,某某外物乃此知觉之近因耳。……总之外部的对象之存在,仅为推论所得者,具有一切推论所具不可恃之点,而内感之对象(具有我之一切表象我自身)

---

① 康德:《纯粹理性批判》,商务印书馆2009年版,第326页。

则为吾人直接所知觉者,其存在实不容疑"①。所以,"在展示误谬推理之一切欺人虚幻以前,我首先注意及吾人必须辨别观念论之两种形态,即先验的观念论与经验的观念论。所谓先验的观念论,我指'以现象皆仅为表象,非物自身,以及以空间时间仅为吾人直观之感性的方式,而非视为自身独立存在之所与规定,亦非所视为物自身者一类对象之条件'等等之学说而言。与此种观念论相对立者,为先验实在论,先验实在论以空间时间为离吾人感性而自身独立存在之某某事物。是以先验实在论者解释外部现象(其实在性乃先验实在论者所以为前提者)为物自身,此物自身离吾人及吾人之感性而存在,故在吾人之外——'吾人之外'一名辞乃依据纯粹悟性概念(按即实体原因等之概念)解释之者。……反之,先验观念论者亦为经验实在论者,即被称为二元论者,盖彼能不出彼之自觉意识以外,承认物质之存在,即假定在'彼之表象'之确定性——即我思故我在——以外,尚有某某事物"②。在康德看来,二元论难于说明心物关系,因为二元论坚持,一方面,人能知道表现于人意识中的经验对象;另一方面,又坚持在人的意识之外,存在着和人无关的客观存在。这样,便有一系列的矛盾或问题接踵而来,即如何证明事物是意识的原因,意识是事物的反映,对这些问题解决的结果,必然发展为贝克莱经验的唯心主义。经验的唯心主义直接否定外感对象的客观实在性,得出"存在就是被感知"。从这一点看,康德对贝克莱的批判有其混乱的一面。因为,康德与贝克莱有思想一致的地方,即都怀疑外感对象的客观实在性。在康德的学说中,虽肯定有物自体的存在,但物自体和经验无关,物自体不可知,人的知

---

① 康德:《纯粹理性批判》,商务印书馆2009年版,第326—327页。
② 康德:《纯粹理性批判》,商务印书馆2009年版,第327—328页。

识只能与经验世界打交道。康德认为现象界在人的统觉中表现为确实可靠的经验对象，而物自体的不可知可以避免独断论，这样才符合人的经验事实的学说。

康德通过第四谬误推理，不但揭露了理性心理学的谬误，同时也肯定了"我思"的不可怀疑性，以及意识对象的不可怀疑性。认为人的认识只能建基在这个不可怀疑的出发点上才是合理的，如果把心灵加以先验的使用，认为它本身有客观的实在性，那么，由此出发的综合命题皆为先验幻相。先验幻相是建筑在混淆中词及偷换概念的基础上，虽然康德在本章中对此并没有给予详细的说明，在随后的章节"就此等误谬推理以论纯粹心理学之全体"中，康德则明确地指出了理性心理学误谬推理的逻辑错误在于："吾人对于合理心灵论之辩证的推理中所包含之误谬推理，如欲与以逻辑的名称，则以彼等之前提皆正确，吾人应名之为中间概念意义含混之误谬（sophisma figurae dictionis）宾词之形态之误谬，盖其大前提在论究条件时所用范畴，纯为先验的用法，而小前提及结论，在其论究包摄于此条件下之'心'时，则又经验的使用此同一范畴"[1]。在本章节中，康德只是揭露了理性心理学推理的误谬，其辩证推理的结果表明：理念作为理性规律要求统一的原理是不存在的。

总之，康德对理性心理学的四个命题的批判与揭露是有力的，抓住了要害，但是，这也仅仅限囿于他的先验分析论的立场。在这个基本立场的前提下，他所作出的结论是：范畴虽然表现为规律，但却不表现对象的规律和物自体；因为范畴对经验只是外在的综合，因此，一旦理念迫使悟性超越经验领域，便必然会陷入先验的幻相。

---

[1] 康德：《纯粹理性批判》，商务印书馆2009年版，第347—348页。

2. 纯粹理性之二律背驰

当理性试图把一切现象的条件归结到一无条件的原因时，便形成了宇宙论的理念。诚如康德所说："在一切先验的理念与'现象综合中之绝对的总体'相关之限度内，我名之为宇宙概念，一则因此绝对的总体亦为'世界全体'概念（其自身仅为一理念）之基础；一则因此等概念惟与'现象之综合'（即仅与经验的综合相关）。反之，当绝对的总体为'综合一切普泛所谓可能的事物所有条件之绝对总体'时，则将发生一种纯粹理性之理想，虽与宇宙概念有关，但实与之完全不同者也。因之，纯粹理性之二律背驰将以虚伪的纯粹合理的宇宙论之先验的原理展示吾人，正与纯粹理性之误谬推理为辩证的心理学之基础相同。但合理宇宙论之展示其先验的原理，并不在示证此种学问之有效力及欲采用之。"① 宇宙论的理念也为先验的幻相，不过，这种幻相采取了不同于心灵实体的形式，表现为二律背驰或二律背反。二律背反产生于悟性和理性的冲突，悟性综合感性杂多而得到关于对象的经验知识，但是理性不满足于悟性这种相对的规定，迫使悟性范畴脱离了经验的限制而要为经验界寻找一无条件的超验的统一体，因而使悟性和理性陷入各种对立，康德把这种对立称作二律背反。

康德认为有四种这样的二律背反："当吾人选择此等在杂多综合中必然引达系列之一类范畴时，吾人发现仅有四种宇宙论的理念，与四类范畴相应：一、'一切现象合成一所与全体，其合成之绝对的完成。二、分割现象领域中一所与全体，其分割之绝对的完成。三、推溯一现象之起源，其推溯之绝对的完成。四、现象领域中变化事物之存在皆有其由来依属，推源其由来依属之

---

① 康德：《纯粹理性批判》，商务印书馆2009年版，第350—351页。

绝对的完成。"① 换句话说，与悟性范畴相对应，可以发现四种宇宙论理念。第一，世界在时间上和空间上是有限的；世界在时间和空间上是无限的。第二，世界中的一切是由单一的部分构成的；世界没有单一的东西，一切都是杂多和可分的。第三，世界是有自由的；世界没有自由，一切都是必然的。第四，存在着世界的最初原因；不存在世界的最初原因。由此可见，与四类范畴相应，前两个二律背反是关于世界的量的问题，即数学的二律背反；后两个涉及因果关系，即动力学的问题。数学上的二律背反和动力学上的二律背反，都在于把经验界的现象不知不觉地作为自在之物或物自体来考虑，也即是说混淆了现象界和本体界。

宇宙论理念的逻辑错误在于："就以上所述，显见宇宙论的推论之大前提，以'纯粹范畴之先验意义'视此受条件制限者，而小前提则以'仅适用于现象之悟性概念之经验的意义'视之。故此论证犯'名为 sophisma figurae dictionis（立言方式之误谬）'之辩证的误谬（按即中间概念意义含混之误谬）。但此种误谬非人为故意之误谬；乃吾人所有共通理性之十分自然之幻相所引使吾人陷入之误谬，即当任何事物为受条件制限者授与吾人时，并不思索或疑问即在其大前提中假定其条件及此等条件之系列。此仅'吾人对于任何结论，应有适切前提'之逻辑的要求而已。且在受条件制限与其条件之联结中，亦并无时间顺序可言；盖此二者已先行假定其为同时授与者。加之，在小前提中，既视现象为物自身，又视为'对于纯粹悟性所授与之对象'，非如吾人在大前提中之所为者——即吾人在大前提中抽去'对象所唯一由之始能授与吾人'之一切直观条件——实未见其有所不自然。顾若如是，吾人实忽视概念间所有之一种重要区别。受条件制限者与其

---

① 康德：《纯粹理性批判》，商务印书馆2009年版，第355—356页。

条件（及条件之全部系列）之综合，在大前提中并不附随有——经由时间或任何继起概念之——任何制限。反之，经验的综合，即包摄在小前提内之'现象中之条件系列'，则必为继起的系列之种种项目，其授与吾人，仅为在时间中相互继起；故在此种事例中，我实无权假定'综合及由综合所表现之系列'之绝对的总体。在大前提中，系列之一切项目，皆以其自身授与，并无任何时间条件，但在小前提中，则此等继续的追溯始能成立，而此种追溯则仅在其现实的实行之进程中授与吾人者。"[1] 简言之，纯粹理性之二律背驰类似于理性的误谬推理，从逻辑上看，其错误在于：在大前提与小前提中的"有条件"含义不同；在大前提中，"有条件"的理念为一个纯粹的观念，而在小前提中，则为经验的一个对象，在这里，同样是中词混乱。大前提中的条件和一切条件是一个总体的综合，因而它是一条独立于时间的纯然形式或者说逻辑的原理；在小前提中所提到的"现象中之条件系列"，是有关在时间中相互继起的现象之经验的综合。由于大前提与小前提中"有条件"所指不同，所以，不能合法地从一个纯然逻辑的综合过渡到一个经验的综合。因此，要解决纯粹理性之二律背反，只须指明其逻辑错误在于混淆了两种完全不同的综合形式。

康德认为二律背反所包含的相互矛盾的命题，不论是正命题，或者说反命题都是可以被证明的，因此，他在证明这些命题时采取的是形式逻辑的"归谬法"，即首先假定一个命题的反面，并证明其为不可能，然后得出结论：既然这个命题的反面是不可能的，那么，就能证明这个命题本身是正确的，反之亦然，用这种方法，两个相互矛盾的命题皆可以用同样的方式得到证明。

---

[1] 康德：《纯粹理性批判》，商务印书馆 2009 年版，第 410 页。

先验理念之第一种矛盾

正题：世界在时间上有开端，在空间上有界限。

假定其反面：世界在时间上没有开端。假如世界在时间上没有开端，那么，在任何时候，总有一个无穷系列的事物状态过去而到了终结，可是一个无穷系列按其性质是不能终结的。所以，只有一个有限系列才能过去，其结论便是：世界有时间上的开始。假定世界在空间上没有界限，如果世界必须是并存事物的一个无限整体，那么，这需要无限的时间才能遍历其境，但上面已证明无限的时间是不可能的，故以无限的时间为其前提的无限空间也是不可能的。结论：空间不是无限的，而是有限的。

反题：世界无时间之开端，亦无空间之限界。

假定其反面：世界在时间上有开端。假如世界在时间上有开端，那么，必然曾有过一个时间，还没有世界，那么，这就是一个绝对空洞的时间；可是在一个绝对空洞的时间里，没有什么能说明任何东西的开始存在，所以，世界在时间上没有开端。假定世界在空间上有限界，如果世界以外有空洞的空间展开，那么，世界必然和这个空洞的空间有关系；可世界不可能与空洞的空间有关系，所以，世界在空间上没有界限。

先验理念之第二种矛盾

正题：世界上的一切物体都是由单一的东西构成的。

假定其反题：世界上没有单一的东西，一切都是复合的。假如复合体不是由单一的东西所构成的，那么，复合体就不成其为复合体了。所以，世界上的一切物体都是由单一的东西构成的。

反题：没有单一的东西，一切都是复合的。

假定其反题：世界上的一切物体都是由单一的东西构成的。假如空间中的物体不能由单一的部分所组成，这是因为空间不是由单一的部分所组成，然而，空间可以分至无限，所以，世界上占据空间的物体也可以分至无限，每一个占据空间的物体都是复合的。

先验理念之第三种矛盾

正题：世界上有自由。

假定其反题：世界上的一切事情都是按自然法则发生的，没有自由。假定世界上只有因果变化，有果必有因，这样推论可以推至无穷，所以，必须假定有一个无因之因——自由因。

反题：世界上的一切事情都按照自然因果律发生。

假定其反题：世界上有自由。假如世界作为一个完整的统一体有一个超乎因果律的自由因，那就等于说这个自由因不为其他的原因所产生，但不可能有无因之因，自然界中的一切都是有原因的。

先验理念之第四种矛盾

正题：在世界的系列里有一绝对必然的存在。

假定其反题：世界中绝没有绝对必然的存在，一切都是偶然的。假如经验世界是在时间中的世界，它包含着一系列的变动，每一种变动都依赖于它前面的原因和条件，这样，从原因推原因，从条件推条件，必然有一个绝对必然的存在。

反题：世界中绝没有绝对必然的存在。

假定其反题：在世界的系列里有一绝对必然的存在。假设有绝对必然的存在，则在世界的开端，或作为构成世界的全体，但在世界的开端必须是时间有开端，但这是不可能的。如果作为世界的全体，那么，绝对必然便存在于世界之外，就等于存在于时间与空间之外，但这也是不可能的，因此，没有绝对必然的存在。

纯粹理性种种二律背反之解决

在本部分，有价值的思想是：理性自身必然会产生矛盾，而理性自身又能解决其矛盾。因为"唯有宇宙论的理念乃有以下特质，即此等理念能先行假定其对象及其概念所需要之经验的综合，乃已行授与吾人者。自此等理念所发生之问题仅与此种综合中之进展相关，即是否进展至包含绝对的总体之程度——此种总体，因其不能在任何经验中授与，故已非经验的矣。……吾人之唯一问题乃在其存在理念中者为何之一点（经验的综合对于此种理念竭其所能亦仅接近之而已）；故此问题必完全能自理解决之者。盖因理念纯为理性之产物，故理性不能谢绝其责任而委之于不可知之对象也"①。

二律背反所提出的种种问题是需要给予解答和必然能够给予解答的。因为第一，不能承认纯粹理性对它自己提出的问题是其自身不能给予解答的；第二，宇宙论的问题不同于理性心理学和理性神学的问题。理性心理学问题是我有没有权力从纯粹自我意识中推论出一个独立的灵魂实体；理性神学的问题是有没有权力确定一切事物的绝对原因的存在与否，在这两种情况下，我们没有关于超验对象（灵魂实体、绝对原因）的知识，因为知识只局限于经验之内。但是，宇宙论的问题不是关于知识以外的存在问题，而是关于经验对象相应于理性所要求的统一达到什么程度；可以说悟性在理性的迫使下对经验综合到什么程度，经验对象或现象界就对我们怎样显现，因而经验对象对于我们来说是已知的，问题只在于经验的综合相应于理念的统一要求达到什么样的程度。既然如此，"盖以吾人之对象仅在吾人脑中，不能在脑以外授与吾人，故吾人仅须注意'与吾人自身一致'而避免其意义含混，此种意义含混，乃使吾人之理念转形为一种'经验的授与

---

① 康德：《纯粹理性批判》，商务印书馆2009年版，第397—398页。

吾人因而能按经验法则以知之者之对象'之推想的表象"①。由于问题无须超出理念本身，理性必须解答自己的问题。

解答二律背反的前提条件是：一是厘清二律背反产生的根源；二是搞清宇宙论的理念的性质。对于前者，如前所述，是基于现象和物自体的混淆；对于后者，宇宙论的理念是要求关于感官对象在条件系列中的完整性，或在经验的现象中寻找统一性，然而，按事情的性质说，这样的完整性、统一性是找不到的，因为人可以无限地综合经验对象，理性永远不满足于达到一切条件的总体或经验总体的某一点，它要无穷尽地追求知识更高的统一体。在这个意义上，理性的理念作为一条原理只是一条限定性原理，也就是它既不像悟性在对感性对象的关系中构成对象，也达不到经验对象的最后总体组成物自体；作为一条限定性原理，仅在防止人们假定从条件系列中可以推出绝对完整性，因从事情的性质看，永远找不到条件系列中的绝对完整性，那么，从此看，问题条件的系列是有限的，还是无限的都没有意义；在这里，理性的理念只是作为一种规则，用来扩充或延续可能的经验。基于这个思想基础，康德展开了对二律背反的解决。

第一种二律背反之解决

世界作为一个整体，它不是作为一个有限的经验对象而存在，而是一个没有实现的无限可能的追溯，因此便会出现两种答案。消极的答案：世界在时间上没有开端，在空间中没有界限。积极的答案：经验界的条件追溯是无定限的进行的，感官世界没有绝对的量，即它的量不是有限的，也不是无限的。因为一方面，经验中的时空世界不能对我们呈现为总体；另一方面，作为有条件制约而给予我们的一切条件的系列不能作为完整的东西给

---

① 康德：《纯粹理性批判》，商务印书馆2009年版，第400页。

与我们。所以,就世界的量来说,不过是包含在不断地追溯总体性的过程中,这个过程不是进行到无限,而是在无定限的进行,所以说世界在量上是有限的,抑或是无限的都是毫无意义的。因为"在此处与其他之宇宙论问题相同,理性之统制的原理所根据者为:在经验的追溯中,吾人不能有任何绝对的限界之经验,即不能有所视为经验上绝对不受条件制限者之任何条件之经验。其理由如是:此种经验当包含以无或虚空围绕之现象限界,且在继续追溯中,吾人应能在知觉中遇及此种限界——故此不可能者。此种命题实质所言者,乃吾人在经验的追溯中所能达到之唯一条件,必其自身仍须视为经验上受条件制限者,此命题实含有以下之制限的规律,即不问吾人在上升系列中进展如何之远,吾人常须探讨系列之更高项目,此种项目或能由经验为吾人所知或不能为吾人所知者也。故对于第一类宇宙论的问题之解决,吾人仅须规定'在追溯宇宙(空间或时间中)之不受条件制限之量时,所绝不能制限其上升者'是否能名之为无限的追溯,抑或名之为不定的继续追溯"①。由于无限量的概念在经验上是不可能的,追溯既不是有限的,也不是无限的。"故我不能谓世界在空间中或关于过去时间为无限的。任何此种量之概念,以其为'一所与之无限量',在经验上乃不可能者,因而关于视为感官对象之世界,无限云云之量之概念,亦绝对不可能者。且我亦不能谓自一所与之知觉向'系列中(不问其为空间或过去时间)一切制限此知觉之条件'之追溯,为无限进行;盖若如是则是以世界具有无限量为前提矣。我又不能谓追溯乃有限的,盖此种绝对的限界同一在经验上为不可能者。故我关于经验之全体对象(即感官世界),不能有所言说;我必须以'规定如何获得与对象相合之经验及推

---

① 康德:《纯粹理性批判》,商务印书馆2009年版,第421页。

展此经验'之规律，制限我之主张。"① 以上述缘由之故，"现象系列中之追溯，以其为世界量之一种规定，故为不定的进行"②。

第二个二律背反之解决

在空间的限度内直观到每一个空间或空间中的物体，从空间的性质看，空间是可以无限分割的，那么，存在于空间中的物体同样也是可以无限分割的，但是，无限可以分割的物体，既不是由无数的部分构成的，也不是由有限的数目构成的。因此，与第一种宇宙论的理念一样，"此种系列之绝对的总体，仅在追溯设能到达其单纯的部分时，始能授与吾人。但在继续前进的分解时，所有其一切部分若其自身仍为可分割者，则分割——即自受条件制限者至其条件之追溯——乃无限进行者。……是以，追溯不能仅名之不定的追溯。此种不定的追溯唯关于第一种宇宙论的理念，始可容许之，盖因第一种宇宙论的理念之所要求者，乃自受条件制限者进展至其条件，而此等条件以其在受条件制限者之外，故非由受条件制限者授与，且亦随同授与也，乃在经验的追溯中始增加其上者。但吾人不能对一'能无限分割之全体'谓为由无限多部分所构成者。盖一切部分虽包含于一全体之直观中，但其全部分割则并不包含其中，而仅由继续的分解所构成，即仅在追溯本身所构成，由此追溯，此种系列成为现实者也。今因此种追溯乃无限者，故其所到达之一切项目（即一切部分）皆包含于'所视为一集合体之所与全体中'"③。

由上述两个二律背反可以看出，二者处理的问题是关于世界之量的问题，亦即关于时空形式中经验对象的条件制限的问题，因而它们处理的是数学上的二律背反，涉及经验对象的条件系列

---

① 康德：《纯粹理性批判》，商务印书馆2009年版，第422—423页。
② 康德：《纯粹理性批判》，商务印书馆2009年版，第423页。
③ 康德：《纯粹理性批判》，商务印书馆2009年版，第425页。

的长短。在这个二律背反中，由于一个有限的系列和一个无限系列都不能证明是经验的一个可能的对象，所以，正题与反题都是错误的、无意义的。因为一方面，如果说在时空里的经验对象的统一条件是一个有限的系列，那么，这个有限的系列对悟性来说太短，理性要求时空里的对象都要以一个先行的事件来得到解释；另一方面，如果理性主张一个无限的系列，那么，悟性又不可能达到这样的系列，这样，这个条件系列对悟性来说又太长。所以，经验对象的条件或统一性是有限的，抑或是无限的都是无意义的。

后两个二律背反和前两个二律背反不一样，它处理的是因果关系的问题，即动力学的问题。在这里，它不再预先假定有一个追溯的条件系列；不再假定一切条件的总体必然要和受条件限制的东西放在同一个范畴，即不再把两个自相矛盾的东西结合在一个概念里，而是假设有一个无条件的、非现象的原因存在，提出现象与物自体的区别，把正题划给本体界，反题划给现象界；其关系表现为使条件限制的存在变成了对无条件存在的依存性，因而无论是正题或是反题都是正确的、有意义的，同时根据这个假定，悟性和理性都能得到满足。

第三个二律背反之解决

在现象界里，一切事物都受因果必然性的支配，每一结果都有其产生的原因。如果现象界中的每一事物的产生都是有原因的，那么，它都必然地为某一其他事物所决定，因而自然界中的每一事物都是某一现象的必然结果。所以，人们永远不能在经验界或自然界中发现自由因，也不能从自然界得出自由的观念。但这一事实，并不排除自由因的存在，自由因的观念可以来自理性的创造，因为理性是一种完全不依赖于感性条件而起作用的逻辑机能，所以，自由的观念是一个超验的观念。关于这点，康德说："当吾人论究所发生之事象时，吾人所可考虑者，仅有两种因果作用；或为依据自然之因果作用，或自自由所发生之因果作用。前者为感性世界中一种状态与'其所依据规律继起之前一状态'之连结。……反之，所谓自由就其宇宙论的意义而言，我指为'自发的创始一种状态'之力量而言。故此种因果作用其自身非如自然法则所要求，在时间中有其他原因规定者。就此种意义言之，自由乃纯然先验的理念，第一，此等理念绝不含有假自经验之所以可能之条件。第二，与'任何经验中所不能规定或授与'之对象相关。……但因在此种情形中，绝不能得——规定因果关系之——条件之绝对的总体，故理性自行创造一自发性之理念，此种自发性之理念能由其自身创始行动，而无需依据因果规律，由先在原因以规定其行动者也。"① 简言之，自由非如自然的因果律所要求，而实乃发源于理性自身自发的创始力量，因之"自由乃纯然先验的理念"。

根据这种观点，康德认为从感性和悟性看人时，人是自然的一部分，在这个意义上，人具有经验的性格，属于因果链条中的一环，并受现象界因果规律的制约；其自然本性表现为避苦趋乐。但从理性看人时，具有直悟的性格。在这个意义上，人作为有理性的生物，又不受任何感性条件（时空形式，因果范畴等）的制约，理性又是人的一切自愿活动的永恒条件。每一种自愿活动都有理智的品格，因而是自由的主动者，不是自然因果链条上的一环，那么，当人的行动归因于人的理性品格，而摆脱了感性欲望的制约时，便会以"应当"的道德命令打破自然的因果链条而对人的自然本性发生支配，使其从属于道德法则的制约。"故按以上之假定，吾人在属于感性世界之主体中，第一应有一经验

---

① 康德：《纯粹理性批判》，商务印书馆2009年版，第430—431页。

的性格，由此种性格，'所视为现象之主体'之行动，依据不变之自然法则与其他现象彻底联结。且因此等行动能自其他现象而来，故此等行动与此等现象相联结，构成自然秩序中之单一系列。第二，吾人亦应容许主体有一种直悟的性格，由此种性格，主体实为'此等（就其性质而言）所视为现象之同一行动'之原因，但此种性格，其自身并不从属任何感性之条件，且其自身亦非现象。吾人名前者为'现象领域中之事物'之性格，后者为'所视为物自身之事物'之性格。"①

由此可见，第三个二律背反不仅为自然界的因果律，而且也为本体界的自由因留下了地盘。因为"理性此处并不遵从'事物在现象中所呈现之事物秩序'，而以完全自发性自行构成一种其与理念相合之理性自身所有之秩序，使经验的条件适应于此种秩序，且依据此种秩序宣告行动为必然的——即令此等行动从未发生，且或将来亦绝不发生。同时理性又豫行假定对于此等行动能具有因果作用，盖不如是则不能自其理念期待有经验的结果矣"②。如果超验的自由观念是可能的，那么，实践自由也是可能的，人类的意志就可以不受感性冲动的制约和影响，而按照自己的道德观念去践行。在这里，康德是用伦理道德肯定了本体界的自由因，把实践导入了哲学以解决本体问题，这是从康德开始的。但是，值得注意的是：康德在《纯粹理性批判》中并不是要证明自由因的现实性，甚至于不是要证明自由的可能性，因为理论理性关于本体界的自由因是什么，性质是什么，存在与否都是不能给予认识的。在这里，所能给予说明的二点是：第一，"此种二律背驰实根据于纯然幻相"。第二，虽然理论理性关于一个

---

① 康德：《纯粹理性批判》，商务印书馆2009年版，第434页。
② 康德：《纯粹理性批判》，商务印书馆2009年版，第440页。

自由因不能有任何知识，但自由因与因果关系的观念并不矛盾。"故自然与自由，就此二名词之充分意义而言，能在同一之活动中并存，而不相矛盾，盖或为自然，或为自由，就此等活动之就其直悟的原因而言，抑或就其感性的原因而言耳。"①

第四个二律背反之解决

同第三个二律背反一样，第四个二律背反也可以设定一个无条件的非现象的原因。他说："吾人此处所论究者，非不受条件制限之因果作用，乃实体自身所有不受条件制限之存在。于是吾人意向所在之系列，实为概念之系列，而非'一直观为其他直观条件'之直观系列。"②"在此处论究以不受条件制限之存在者为现象之根据，则必以必然的存在者为完全在感性世界之系列以外（ens extramu danum 视为超世界的实在者），且以为纯然直悟的。……感性世界中之一切事物，皆具有一种经验上受条件制限之存在，且其所有之性质，无一能为不受条件制限之必然者；以及对于条件系列中之一切项目，吾人必须期待有——且须尽力探求——某种可能的经验中之经验的条件；以及吾人绝无正当理由自经验的系列以外之条件引申一种存在，或视'此种存在'在系列范围为绝对的独立自存者。顾同时此种原理绝不妨阻吾人承认全体系列能依据——脱离一切经验的条件，其自身包有一切现象所以可能之根据之——某某直悟的存在者。"③康德认为在现象界中的一切都永远服从因果必然性，但并不否认整个系列可以依赖于"某某直悟的存在者"，或某一有理智的神这样一种无条件的存在。有理智的神是脱离经验的条件而自由的、独立的存在，是一切经验现象可能性的基础。

---

① 康德：《纯粹理性批判》，商务印书馆 2009 年版，第 435—436 页。
② 康德：《纯粹理性批判》，商务印书馆 2009 年版，第 446 页。
③ 康德：《纯粹理性批判》，商务印书馆 2009 年版，第 448 页。

虽然人们必须肯定现象依赖于一个有理智的神,但是我们并不能认识这种对象,我们所能做的只是构成有关这种对象的观念,以及运用经验的概念来思考这种对象。"当理性在其概念中专注于感性世界中之条件总体及考虑理性在此方面对于条件能获得如何满足时,吾人之理念立为先验的及宇宙论的。但以不受条件制限者(吾人实际所论究者即为此不受条件制限者)置之'完全在感性世界以外之事物'中,因而在一切可能的经验以外之时,则此等理念又立为超验的。斯时此等理念已非仅用以完成'理性之经验的使用'——此一种'完全理念'虽绝不能完全到达,但必须永远追求之者。反之,此等理念完全脱离经验而自行构成绝非经验所能提供其质料之对象,此种对象之客观的实在性并不根据于经验的系列之完成,乃根据于纯粹先天的概念者。此种超验的理念有其一种纯粹直悟的对象;此种对象自可容认之为先验的对象,但在吾人容认以下之两点方可,即第一,吾人对于此种对象绝无所知;其次,此种对象不能思维为'以辨别内心之宾词所规定之事物'。此种对象纯为思维上之存在物。"[1] 因此和自由因一样,上帝在理论理性的批判中也不能达到现实性,只是到了《实践理性批判》中才得到了确定,在那里,人生最高的道德目的是至善,而实现这种目的的最后根据是上帝。

3. 纯粹理性之理想

神作为"一种纯粹直悟的对象"或"先验的对象",虽不能为人所认知,但是,神则必须是人所永远的追求者。所以,神的存在不是一个现实的存在,而是一种理想,它表现着理性必然追求人类知识完整性、统一性的理想要求,在这个意义上,神的价值不过是限定性的。当然,拥有这个理想,并不需要肯定与之相

---

[1] 康德:《纯粹理性批判》,商务印书馆2009年版,第450—451页。

应的"一种纯粹直悟的对象"的现实存在,也不需要对其具有现实的知识。理性所要求的是以这个理想标准来追求经验的一个完整系统;追求统摄在一个单一的实在里面的总体。所以,康德在这本书中特别强调:"理念含有一种完全性,无一可能之经验的知识到达之者。在理念中,理性之目的仅在系统的统一,而欲使经验的可能之统一接近此种统一,顾从未能完全到达之也。但我所名谓理想者则较之理念去客观的实在更远。"① 所以,"吾人即不冥想如是高远,亦必自承人类理性不仅包有理念,且亦包有理想,此等理想虽非如柏拉图之理念具有创造力,但亦具有实践力量(以之为统制的原理)而构成'某种行动之可能的完善'之基础。道德概念以其依据经验的某某事物(快或不快),非完全之纯粹理性概念。……此犹理念授与吾人以规律,理想在此种事例中,则用为模拟人物之完善规定之原型;吾人之行动,除吾人心中所有此种'神人'之行谊以外,并无其他标准可言,吾人唯与此种'神人'之行谊相比较,以之判断吾人自身,因而改进吾人自身,——吾人虽绝不能到达其所命定之完全程度。吾人虽不能容认此等理想具有客观的实在(存在),但并不因而视为脑中之空想;此等理想实以理性所不可或缺之标准授之理性,以'在某种类中乃十分完全事物'之概念提供于理性,因而使理性能平衡其不完全事物之程度及其所有之缺陷。但欲在一实例中(即在现象领域中)实现其理想,例如欲在一故事中描述哲学之性格,乃事之所不能行者。"② 由此可见,康德在所谓神性之理念,与柏拉图不同。"以柏拉图之见解言之,则为神性之理念,为'神性所有纯粹直观之个体的对象',为'一切可能的存在中

---

① 康德:《纯粹理性批判》,商务印书馆2009年版,第452页。
② 康德:《纯粹理性批判》,商务印书馆2009年版,第453页。

之最完善者'，为'现象领域中一切模本之原型。"① 但于康德而言，在理论理性中，神之理念只是一种理想或理念，而不能视之为一种实体的存在，神只有一概念的实在性和思想上之确实性，所以，神之观念为先验的神学理想。然而，神作为一种道德理想并不是空想，在实践理性中，神作为"神人"，则引导人"模拟人物之完善规定之原型"，以不断改进人自身，以达善与幸福相统一的至善境界。

神的概念在传统哲学中是很重要的一部分。在传统哲学中关于神的证明主要有如下三种：第一，本体论的，即从上帝的理念出发来证明神的存在；第二，宇宙论的，即从第一原因出发来证明神的存在；第三，自然神学的，即从设计来证明神的存在。康德认为所有这些证明都是没有价值的。

第一，本体论证明。

神的观念是一完全或完满的概念，不存在者必然不完全或不完满，故完全的、完满的观念必然有其存在的客观性。神的观念是一完全或完满的概念，因而神必然含有其存在，由之从神的概念推出神的存在。

康德认为，虽然一个最高的完满概念是有价值的，但是作为一个理念并不蕴含存在，从最完全、最完满的概念中推论不出其存在来，因为拥有一百个银圆和只有一百银圆的概念是不一样的，"故企图欲以笛卡尔之本体论的论据证明最高存在者之存在，仅丧失如是多之劳苦及努力耳；吾人之不能由纯然理念以增进吾人关于神学的识见之积聚，亦由商贾之不能在其资簿上加上若干单位以增进其财富也"②。总之，本体论的证明，以

---

① 康德：《纯粹理性批判》，商务印书馆2009年版，第453页。
② 康德：《纯粹理性批判》，商务印书馆2009年版，第475页。

及以后赞同他的笛卡尔、莱布尼茨关于最高存在者存在的证明都是无效的。

第二，宇宙论证明。

宇宙论证明"企图自纯然为任意设定之理念抽绎'与此理念相应之对象之存在'，乃极不自然之过程，且纯为复兴昔日僧院派所有之技巧"①。"此种证明之推论如下：如有任何事物存在，则亦必有一绝对必然的存在者存在。……故此证明实际乃以经验开始，非完全先天的或本体论的。以此之故，且因一切可能的经验之对象称为世界，故名之为宇宙论的证明。因论究经验之对象时，此种证明抽去'此世界所由以能与任何其他可能的世界相异'之一切特质，故此名称又可用以使之与自然神学的证明相区别，此种自然神学的证明，乃经'事人感官所展示于吾人之世界'之特质之观察为基础者。"② 宇宙论证明与本体论证明不同，它不是从完满的概念出发来证明上帝的存在，而是从一切可能的经验世界出发，推论出一个神之必然存在，即必然有一无因之因为一切现象之因。

宇宙论证明虽与本体论的证明方向相反，但宇宙论证明与本体论证明在原则上没有区别。在康德看来，这种证明表面上基于经验，但实际上也求助于纯粹理性。因为关于这个必然存在者的性质，经验不能告诉我们什么，因而宇宙论证明从起点就不得不完全预先理性的假设；假设上帝存在，并将其作为一切可能结果的原因。在康德看来，"设'一切绝对必然的存在者亦即一切存在者中之最实在者'云云之命题果属正确（此为宇宙论的证明精髓 ervus probandi 之所在），则必与一切肯定的判断相同，至少能

---

① 康德：《纯粹理性批判》，商务印书馆2009年版，第475页。
② 康德：《纯粹理性批判》，商务印书馆2009年版，第476页。

由减量法（per accidens）换位。……故在此种事例中，我不仅由减量法，即由单纯之换位法，亦能使此命题换位，而谓一切实在的存在体（ens realissmum）乃必然的存在者。但因此种命题唯自其先天的概念规定之，故实在的存在体之纯然概念，必须负荷有此种存在者之绝对的必然性；此则正为本体论的证明所主张而宇宙论的证明之所否认者——宇宙论的证明之结论虽实潜以此种主张为基础"①。康德认为理性的假设是许可的，但重要的是要从理性的假设推出神的必然存在则是不合理的，从这个意义上看，本体论证明和宇宙论证明没有区别。因此，"以上二种证明皆为先验的，即皆在经验的原理之外所尝试者。盖宇宙论的证明虽以一种普泛所谓经验为前提，但在其应用于——由普泛所谓经验的意识所授与之——一种存在时，非根据于此种经验之任何特殊性质，乃根据于理性之纯粹原理。更进一步则立即放弃此种经验之导引，而以唯纯粹概念是赖矣"②。

第三，自然神学证明。

自然神学证明以为，"如普泛所谓事物之概念及任何普泛所谓存在之经验，皆不足以应论证之所要求，则所留存之事，唯有尝试探讨一定的经验，即现存世界所有事物之经验，及此等事物之秩序与性质，是否能提供一种证明之基础，此种证明乃能助吾人到达最高存在者之确定信念者。吾人拟名此种证明为自然神学的"③。"此种证明常令人以敬意提及之者。此为最陈旧、最明晰、最合常人理性之证明。"④

自然神学证明认为，人所触及、见及的世界，不过是"依据

---

① 康德：《纯粹理性批判》，商务印书馆2009年版，第478—479页。
② 康德：《纯粹理性批判》，商务印书馆2009年版，第483页。
③ 康德：《纯粹理性批判》，商务印书馆2009年版，第486页。
④ 康德：《纯粹理性批判》，商务印书馆2009年版，第488页。

一定的意向以最大智慧所成就之秩序"之明显符号；①此种有目的秩序，与世界之事物迥然不同。世界之事物按其终极的意向，加以选择、计划，所以，繁复纷歧的种种事物不能由自身以联结且合作，不过是在实现一定终极的意向。因此，有一崇高聪睿之原因不仅必为盲目的自然世界之原因，也是自由的智性世界的原因。"此种世界原因之统一，可自世界各部分间（一若技术所布置之建筑之各部分）所有交相关系之统一推论而得——在吾人之观察足以证实之限度内，以正确推得之，至在此限界之外，则依据类推原理以概括性推得之。"②由此可见，自然神学证明是从当前世界的性质和安排来推论出最高的存在——神。

康德认为：如果世界果如自然神学所说的那样，世界的完满是体现了神之意图，那么，这只能证明有一建筑家的存在，而不能证明有一创造者的存在。从根本上说自然神学的证明类似于宇宙论的证明，因而其错误同宇宙论、本体论的论证一样，都属于无效的证明。因为"盖若彼等检讨其自身所有之论证进程，则将发现彼等等在自然及经验之坚固根据上进展至相当程度以后，见其自身依然离彼等理性所想望之对象甚远，彼等乃突离此种经验根据而转入纯然可能性之领域内，在此领域内彼等期望鼓其观念之翼以接近此对象——此对象乃不能为彼等一切经验的探讨到达者。在彼等可惊之突飞以后，自以为发见一坚强之根基，乃推展其概念（确定的概念，彼等今始具有之，惟不知如何具有之耳）于创造之全部领域"③。"故我谓自然神学证明，绝不能由其自身证明一最高存在者之存在，而必须返至本体论的论证以弥补其缺陷。此种证明不过用为本体论的论证之一种导引而已；故本体论

---

① 康德：《纯粹理性批判》，商务印书馆2009年版，第489页。
② 康德：《纯粹理性批判》，商务印书馆2009年版，第490页。
③ 康德：《纯粹理性批判》，商务印书馆2009年版，第492—493页。

的论证实包含（思辨的证明能成立之限度内）人类理性所绝不能废止之唯一可能之证明根据。"① "故关于本源的或最高的存在者之存在，自然神学的证明实依据宇宙论的证明，而宇宙论的证明则依据本体论的证明。且因在此三者以外，思辨的理性实无其他之途径可觅，故关于超绝'悟性之一切经验的使用'之命题，若果有任何证明可能，则自纯粹理性概念而来之本体论的证明，实为其唯一可能之证明。"② 总而言之，对纯然思想的理性来说，最高存在者只是一个理想，它表达了人类理性要求人类知识全部完整性的理想，因此，从这个理想推不出它的存在。"由此观之，最高存在者就理性之纯然思辨的使用而言，虽永为一种纯然理想，但为一毫无瑕疵之理想，即为完成'人类全部知识'之概念。此种概念之客观的实在性，固不能由纯然思辨的理性证明之，但亦不能由思辨的理性否定之。"③

综上所述，当纯然思辨理性以灵魂实体、物自体和上帝这些超感性的对象为认识对象时，也有范畴去综合它，也是先天的综合命题，但是，由于这些对象没有经验的根据，不能为经验所验证，所以，它们只能是逻辑的幻相。因此，整个先验原理论的最后结论必然是：第一，本体界在理论上是不可知的；第二，人的认识只能停留在经验的现象领域，思维只有在不超越经验的范围内去综合感性才具有客观有效性，超越经验只能是先验的幻相。

（三）思辨哲学的方法论与归趣

关于康德的思辨哲学，叔本华在《作为意志和表象的世界》中给予了很高的评价："康德哲学却使人想到哥特式建筑术。原

---

① 康德：《纯粹理性批判》，商务印书馆2009年版，第489页。
② 康德：《纯粹理性批判》，商务印书馆2009年版，第493页。
③ 康德：《纯粹理性批判》，商务印书馆2009年版，第500页。

来康德的精神有一种极为个别的特性,他特别喜欢整齐匀称的格局;而匀整性又喜欢五花八门的杂多性以便使匀称成为井井有条的秩序而又在低一级的分布中再重复这秩序,如此类推,恰好像在哥特式教堂上的秩序一样。"① 纵观康德的先验哲学体系,"康德的文体一贯带有一种精神卓越的标志,带有道地的、稳定的固有特性和极不平常的思想力的标志。这种文本的特征也许可以恰当地称之为辉煌的枯燥性,康德借此乃善于以极大的稳妥性拈出而牢固地掌握那些概念,然后又极自由地将这些概念抛来掷去,使读者惊奇不置。在亚里士多德的文体中我也看到这种辉煌,可是要简单得多。——然而康德的论述每每还是不清楚、不确定、不充分的,有时是晦涩的。当然,这上点,一部分由于题材的艰难和思想的深刻是应加以原谅的;不过谁要是自己彻底明白而十分清楚地知道他所想的,所要的是什么,他也就绝不会写出模糊的东西,绝不会提出恍惚不定的概念,绝不会为了给了这些概念一个名称又从古代语言中搜寻一些极艰深复杂的措词以便此后经常加以使用,绝不会像康德那样从较古老的哲学,甚至从经院哲学采取一些词汇和公式,又把这些东西按他的目的相互联系起来"②。因此,"我们对于这一精致的建筑所导出的,真正极度的排比组合固然要表示我们的惊奇赞叹,但是我们也将继续在这建筑的基础上及其各部分上做彻底的检查"③。那么,对这一精致的建筑,除了对其先验基础及其各部分做彻底的检查外,也不能忽视它的建筑术。康德说:"我之所谓建筑术,乃指构成体系之技术而言。以系统的统一乃最初使通常知识跻于学问等级之事,即自知识之纯然集合构成一体系,故建筑术乃吾人知识中关于构成

---

① 叔本华:《作为意志和表象的世界》,商务印书馆2009年版,第582页。
② 叔本华:《作为意志和表象的世界》,商务印书馆2009年版,第580—581页。
③ 叔本华:《作为意志和表象的世界》,商务印书馆2009年版,第584页。

学问之学说，因而必然成为方法论之一部分。"①

关于先验哲学的建筑术，康德的《纯粹理性批判》与《未来形而上学导论》所运用的写作方法各不相同，在《未来形而上学导论》中，康德采取的是分析法；而在《纯粹理性批判》中采取的则是综合的方法。分析方法和综合方法的区别，在于构筑学说时总的进程本质不一样。分析方法是首先确定了数学的、物理学的和哲学的先天综合命题的存在，以及它们的客观有效性，然后再通俗地说明这些综合命题是怎样形成的；在这里，这种分析的方法不是阐释先天综合命题何以可能，而仅仅只是对它给予说明而已。与此相反，综合方法（包括康德的先验方法）是先从人意识到的经验出发，分析出形成经验的先天与后天的种种因素，然后从这些因素出发，重新再现经验形成的过程，由之说明经验所以可能的先天因素：时空直观形式和悟性范畴，以及经验就是这些先天因素和感性内容结合的总和。这个总和就其普遍性而言，是一些先天综合命题，而解答先天综合命题何以可能的方法，则为先验的方法。先验的方法研究了广泛意义上的理性之全部原理，以及纯粹理性的建筑术和历史。诚如康德所说："故我之所谓先验的方法，乃指规定'纯粹理性所有完全体系之方式的条件'而言。在此方面，吾人应论究理性之训练、法规、建筑术及历史，以提供（在其先验的方面）'僧院派以实践的逻辑之名在其与普泛所谓悟性之使用相关者所曾尝试而未能满意'之事项。"②

在先验方法论中，康德以根据主观对一个事实的判断效力而言，知可分为意见、信仰与知识三个层级，即"以一事物为真实

---

① 康德：《纯粹理性批判》，商务印书馆2009年版，第619—620页。
② 康德：《纯粹理性批判》，商务印书馆2009年版，第543页。

云云，即判断之主观的效力，在其与确信（此乃同时为客观的有效者）有关系时，有以下之三种等级：即意见、信仰及知识，意见乃其主持一判断在意识上不仅客观的感其不充足即主观的亦感其不充足。若吾人所主持之判断仅主观的充足，此即以为客观的不充足，此即吾人之所名为信仰者。最后，以一事物为真实云云，在主观客观两方皆充足时，则为知识。其主观的充足性，名为确信（对于我自身），其客观的充足性，名为正确（对于一切人）"①。在主观判断的三种等级中，要紧的是要严格区分知识和信仰。科学知识是在先验分析论中所讲的不脱离经验的先验体系；此外，还有另一种知识，即从现象出发，可推定有某种知识——物自体，但是对于物自体具体是什么又说不出来，甚至连论证也做不到，所以，康德把这种知识归为信仰，并将这种知识叫作洞见。在将知识与信仰严格区分的基础上，再加之在康德时代，伦理道德基本上是建筑在信仰与上帝的基础上。所以，康德把洞见、信仰留给了人的实践理性，强调要为道德保留地盘。

总而言之，康德的"纯粹理性之批判，可视为纯粹理性所有一切论争之真实法庭；盖此批判不卷入此等论争（即直接对于对象之论争）之中，而旨在依据其最初所制定之原理，规定及平衡普泛所谓理性之权利而已"②。换言之，在纯粹理性批判之真实法庭中，所要解决的核心问题就是反身内求，在一种纯粹状态上对理性进行批判，以说明先天综合判断何以可能的原理及其限界。这个原理以悟性范畴综合感性内容而形成客观有效的知识，试图解决经验论和唯理论各自的片面性，这实属康德哲学的重大贡献。可以说康德是西方哲学史上第一个对人的意识认真作出分

---

① 康德：《纯粹理性批判》，商务印书馆2009年版，第614页。
② 康德：《纯粹理性批判》，商务印书馆2009年版，第570页。

析、解剖的伟大哲学家，因为他并不是单纯地把出现在人意识中的经验看成是现成的意识事实来接受，而是在探析与阐释这种意识事实如何呈现的先验过程，明确地揭示了此前一切哲学家所从未提出的根本问题——先天综合命题是何以可能的问题。但也应看到，康德并未完美地解决悟性和感性，思维和存在之间的统一性问题，因为一方面，康德把人的思维机能只是当作一个现成的先天性机能去把握，并没有从它的根源上去探讨人的思维机能如何从感性机能那里发展出来的问题，在康德那里，这二者似乎是完全二元化的不同机能，它们只能相互联结产生认识，不能从根源上把其一归结为其他。另一方面，他抹杀了时空的客观性，仅仅将其归结为人的一种感性机能，同样也把范畴仅仅看作是主观的认识机能；由此导致了由时空和悟性范畴外在的综合感性内容而形成的现象界不过是在人的意识之内的主观性。如果理性超越人的意识之内的现象界，就会陷入虚幻，从而得出物自体不可知的结论。因而，最终未能解决思维和存在的统一性问题。

在思辨理性中，悟性的超验使用虽然会使人陷入幻相，因而是被禁止的。但是，理性批判的纯粹使用之终极目的则指向了三种对象，即意志自由、灵魂不灭及神之存在。这三个理念在思辨理性中虽然被视为超验的，因而绝非知识所需之幻相，不过，它们在人的道德实践方面则是不可或缺的。"理性之思辨在其先验的使用中所指向之终极目的，与三种对象相关：即意志自由、灵魂不灭及神之存在是也。……此三命题在思辨的理性，则常为超验的，不容有内在的使用（即与经验之对象相关。因而在某种形相中实际为有益于吾人之一种使用），且就命题之自身而言，第加重负于吾人之理性而已，实为完全无益之事。故此三基本命题，如绝非知识所必需，而吾人之理性仍坚强推崇于吾人之前，则其重要所在，适切言之，自必仅在实践的方面。我之所谓'实践的'乃指由自由所可能之一切事物。顾在'行使吾人自由意志之条件而为经验的'之时，则理性对之只能有一统制的使用，且仅能用以产生'其在经验的法则中之统一'。"① "以此点与吾人对于最高目的之态度有关，故自然在其'为吾人所备之贤名准备中'，即在吾人所推理之本性中，其最后意向唯在道德的利益，此则极为明显。"② 在这个意义上，可以说康德的《纯粹理性批判》为其《实践理性批判》奠定了理论基础，而《实践理性批判》则是《纯粹理性批判》之归趣。

---

① 康德：《纯粹理性批判》，商务印书馆2009年版，第598—599页。
② 康德：《纯粹理性批判》，商务印书馆2009年版，第600页。

下篇 《实践理性批判》

导论　思辨理性与实践理性

一　从思辨理性到实践理性

康德在《纯粹理性批判》一书中的最后结论是：思维作为悟性为自然界立法，自然界的规律来源于思维作为悟性的能动性，而理性是不能以自然界的总体为对象确立任何规律，即理性不能为自然立法。换言之，就人的认识不超越自然界和人的经验的限度内而言，悟性为自然立法；就理性以自然界或经验的总体为对象而言，最后必然超出经验界而指向超验界，产生有关经验总体和本体界的观念。在康德看来，思维一旦脱离了经验的领域，就会在确定经验总体的超验使用中陷入先验的幻相，即产生一种无效的知识。所以，人的认识只能停留在经验界的此岸，而不能达到对彼岸物自体的认知。人的认识虽然只能停留在现象界，但整个现象界又是以本体界的自在之物为基础而产生的。也就是说，现象界与本体界虽然相互分离，不过，现象界又要归于本体界。根据康德在《纯粹理性批判》一书中思维作为悟性为自然立法的观点，现象界是以人的精神力量表现出来的。康德在"先验感性论"中指出：感性机能有两个方面，感性内容和感性直观形式，二者的结合提供了感官表象必须有一个外在的基础，这个外在基础就是物自体。物自体的刺激产生感觉，经过时间与空间直观形式的把握形成感官印象，感官印象虽不反映物自体的性质，但是感官印象的产生与存在则必须有物自体的存在。当把感官印象提高为人所意识到的经验世界时，在这里，就有了另一种精神力量，即思维作为悟性综合把握感官印象而产生的人的经验界或现象界。现象界本质上归结为精神性作为思维在对感性的固有关系中二种力量的结合，即是感性的力量与思维的力量结合的产物，康德把二者称作人心。尽管康德认为自在之物的本质是什么，人心或思辨理性无法确定，但是，人的意识的产生与最后指向却与物自体密切相关。如果说感官印象的生成必有物自体的刺激，那么，意识要求知识的统一性的超验使用，最后指向的对象同样触及到了物自体。

在《纯粹理性批判》中，物自体所彰显出来的意义主要是消极的。理性虽产生表现本体界的观念或理念，但理性作为认知理性或思辨理性不能确立任何一种理念的客观实在性，不能确立任何一种理念表现的对象是否存在；因而由理性产生的知识作为先天综合命题不具有真理的意义，而只是先验的幻相，因为物自体超越了感性直观，只可以思考之，却不能对其有所认知。物自体的消极意义在于为悟性综合感性直观提供了一个界限，使人意识到纯粹悟性的使用只有经验的客观有效性。但是，理性并不满足于悟性在经验范围内所产生的个别的、有限的杂多知识，而要求知识的统一性，或"全部可能经验的绝对的整体"性。因此，当理性依照这样一种理想的标准进行逻辑推理的时候，必然迫使悟性不断地在认识中进行从低到高的条件追溯，使经验界的知识不断扩大，直至达到一种超验的不受其他条件制约的绝对条件。绝对条件作为理念表现为：关于人的内部感官所有现象的总体、关于人的外部感官所有的经验的整体，以及关于所有一切有条件者的总体；这些无条件者分别是不朽、自由与上帝。尽管纯粹理性的逻辑推理形成了这些理念，但是，它本身却并不能证明这些理念的客观性与实在性，因而不过是一些先验的幻相。

理性的理念虽然在理论理性中得不到证实，但是，事实上，"这些理念的重要意义是实践上的，即与道德是关联着的。纯然在理智方面使用理性，要产生谬见；理性的唯一正当行使是用于道德目的。理性在实践上的行使在《纯粹理性批判》近尾有简单的论述，在《实践理性批判》中作了比较详尽的发挥。论点是：道德律要求正义，也就是要求与德性成比例的幸福。只有天意能保证此事，可是在今世显然没有保证这一点。所以存在神和来世；而且自由必定是有的，因为若不然就会没有德性这种东西了。"[1] 所以，现象界是思维作为悟性在对感性对象关系中的结果，而现象界的生成与指向又归于物自体。由上已知，《纯粹理性批判》已经证明，思辨理性，亦即认知理性与理论理性不能断言有关物自体的任何知识。物自体虽然在理论上是不可知的，但是并不影响它对道德实践的意义。因为在康德的哲学体系中，如果至善是可能的，那么，灵魂不死、自由与上帝这样一些超验存在或物自体则是道德生活的条件，并在《实践理性批判》中得到了充分的阐释与证实。所以，思辨理性与实践理性以理性自身为基础，其一切兴趣终究都是实践的，也只有在理性的实践应用中才能完成。

二 思辨理性与实践理性的共同基础

就康德的哲学体系而言，思辨理性与实践理性的共同基础都是理性，人类理性的终极指向是道德目的。无论是纯粹理性，

---

[1] 罗素：《西方哲学史》下卷，商务印书馆2009年版，第276页。

抑或是实践理性，它们所关切的问题无非是：我能知道什么？我应该做什么？我可以希望什么？康德在认识论上设定了与现象界相对立的物自体作为本体界，并认为人的思辨理性不但不能认识物自体的规律，而且仅靠理论理性也不能对物自体的存在作出确实可靠的证明，只有实践理性，通过表现在人的行为中的道德律才能证明本体界的存在，证明人的道德王国与本体界的内在关联。所以，当康德把理性运用到人的实践上时，理性作为实践理性以人的意志为对象，它却能为人的意志立法，决定意志的动机。它决定意志和意志的规律表现出来时，就是所谓道德法则。这样，《实践理性批判》是研究人的理性作为实践理性怎样决定人的意志，人的意志自律和人的道德原理之间是怎样一种关系的问题。所以，"正如在知识论中那样，康德的任务不是寻找一个基础或某种申辩的理由，而是探讨我们的道德概念和戒律必须具有什么特征才能使道德有可能存在"[1]。

实际上，康德在《纯粹理性批判》的先验辩证论部分，在对第三个二律背反的解决与证明中，已为说明人的道德问题奠定了理论基础。在这里，当他把反题与正题分别划给现象界与本体界时，既肯定了现象界中一切事物都受因果必然性的支配，我们永远不能在感性世界中发现自由因，也肯定了理性作为一种完全不依赖于感性条件而起作用的机能，自由因的存在。依照康德的观点，现象界中的每一事物都必然地为某一其他事物所决定，因而每一活动就是某一现象必然的自然结果。但是，现象的情境还存在着在现象方面被制约者所依赖的现象系列以外的某种东西，即理智的或本体的情境。所以，就人作为一个存在者而言，既是一个具有自然本性的感性存在（现象界的人），同时又是一个具有

---

[1] 阿拉斯代尔·麦金太尔：《伦理学简史》，商务印书馆2003年版，第255页。

理性本性的本体存在（本体界的人）。人作为感性的存在，属于自然界的一部分，在这个意义上，他具有经验的品格，因而与其他事物一样，必然受外物的影响，服从现象界的因果规律。但人作为感性存在的同时，又具有一个人作为物自体的精神实质，即思维作为理性这样的精神实质，因而它又可以不受任何感性条件的制约，摆脱物质自然界的影响，打破自然界因果链条的制约，根据自身理性颁布的道德命令而行动，成为自己行动的主宰力量。在这里，每一种自愿的活动，都具有理智的品格，都是纯粹理性的结果，因而人是自由的主动者，由此表明自由的观念是理性摆脱了经验而存在的超验的观念。"这样看来，一个有理性的东西必须把自己看作是理智，而不是从低级力量方面，把自己看作是属于感性世界。于是，一个有理性的东西，就从两个角度来观察自己和认识自身力量运用的规律，认识他的全部行为。第一，他是感觉世界的成员，服从自然规律，是他律的；第二，他是理智世界的成员，只服从理性规律，而不受自然和经验的影响。作为一个有理性的、属于理智世界的东西，人只能从自由的观念来思考他自己意志的因果性。自由即是理性在任何时候都不为感觉世界的原因所决定。自律概念和自由概念不可分离地联系着，道德的普遍规律总是伴随着自律概念。在自律概念上，有理性的东西的一切行动都必须以道德律为基础，正如全部现象都以自然律为基础一样。"① 所以，在《在纯粹理性批判》中，康德虽然并不是要证明自由的现实性，甚至并不是要证明自由的可能性，而只是在于解决陷于二律背反中的理性；说明必然的因果关系与自由的观念并不相矛盾。但是，《纯粹理性批判》至少为他的道德理论厘清了如下两个问题。首先，在自然的因果秩序中不

---

① 康德：《道德形而上学原理》，上海人民出版社2002年版，第76页。

存在道德，自然完全是非人格的和非道德的，因此，我们不得不在自然王国之外寻找道德。其次，如果超验的自由观念是可能的，那么，实践自由也是可能的，人类的意志就可以不受感性冲动的制约和影响，而按照自己理性的道德命令去行动。所以，不难看出，感觉世界的因果律与理智世界的自由律之间的对立，正是为他的道德实践奠定了基础。因此，对康德来说，充满其心灵的是："头上的星空和内心的道德法则。"①

由上可知，人并不完全是一个有理性的存在，而是理性与感性的混合物。对人而言，感性与思维、经验与理智，"两者能够共存在一起，而实际上必须共存在一起。因为一个作为现象的东西、属于感觉世界的东西，服从某种在他作为自在之物时并不服从的规律，在此间并不矛盾。人们必须以双重方式来思想自己，按照第一重方式，须意识到自己是通过感觉被作用的对象；按照第二重方式，又要求他们意识到自己是理智，在理性的应用中不受感觉印象的影响，是属于知性世界的"②。从人的这种双重性出发，在人的内心便存在着两种冲动：即感性的与理性的。从现象界看人，人的实践意向都是从避苦趋乐的自然本性出发去追求人的幸福，而无须理性凭着一点微弱的见解，擅自拟出谋求幸福的计划，以及达到目的的手段。因为理性在意志的对象方面，在满足我们的各种需要方面，是不适合于给意欲充当可靠的指导员的，要达到自保、安泰、幸福这些方面的目的，听从一种根深蒂固的本能要比听从理性要可靠得多。不过，人虽然听从自然本性的种种情欲作为个人利己心的召唤，但并不排除个人利己心和人作为物自体的本性存在着前者以后者为基础的联系，虽然这种联

---

① 康德：《实践理性批判》，商务印书馆1961年版，第164页。
② 康德：《道德形而上学原理》，上海人民出版社2002年版，第82页。

系的客观规律我们并不知道。既然人作为物自体的本性是感觉世界的依据，那么，"很显然，在同一主体当中把它的因果性，它的意志和感觉世界的一切自然规律相分离，是一个矛盾，然而这一矛盾就不再存在，只要他们肯重新考虑一下，并且承认，在现象背后必须有些自在的东西，作为它们的潜在基础存在，是合理的。并且，我们不能期望这些基础的活动规律和它们的现象所服从的规律是一样的"①。

因而人作为理性的存在，人便对自己有了一种作为理智的意识，即对自己有了一种作为自由活动的原因的意识，同时也意识到一种和欲望能力不同的能力，也即按照理性规律活动而不以自然本能为转移的那样活动的实践能力。但是，倘若感性对人起着决定性的作用，那么，理性就不可能把自己想成为实践的。因而人"只有作为理智，他们自己才是真正的自己，作为人，只是自己的现象，他们知道这些规律对他们的效力是直接的、无条件的，所以，尽管爱好的冲动，以至于感觉世界的全部力量都在煽动他们，却丝毫也损害不了他们作为理智的意志规律"②。从理智的意志规律的前提出发，其结果必然是："自律性是规定意志的形式条件"。而出于理智自律的实践活动能力，则完全是以人作为物自体所固有的精神力量表现出来的，它的真正使命不是帮助人们获取幸福、享受生活的乐趣，而是"在于产生一个不给其他目的当手段的、本身就好的好意"，即提供一个有关决定人的意志动机的道德法则。因此，这里便出现了虽然从现象界看，人的自然本性是个个人利己心，但是，从它和本体界的联系看，它的内心深处则是超验的理性，源于本体界的理性便会用其道德律去

---

① 康德：《道德形而上学原理》，上海人民出版社2002年版，第84—85页。
② 康德：《道德形而上学原理》，上海人民出版社2002年版，第82页。

平伏、挫抑发自现象界的种种人欲之情或个人利己心，唤醒它向往本体界的可能性，使其敬仰道德律，与本体界的理性立法合二为一，从而成为一个有德性的人。在这个意义上，康德的道德定理似乎并不否认个人追求幸福；并不否认主体欲望也是人的实践活动的一个环节；也不否认人的欲望与法则之间的内在联系和统一性。道德法则必然是欲望本身所固有的道理，否则，它就无法规定主体欲望的合理性与不合理性了。

毫无疑问，人类理性统率道德律，道德律是人类必然的实践规律。在康德看来，"一切实践原理，凡把欲望官能底对象（实质）假定为意志的动机的，统是依靠经验，而不能供给实践法则的"[1]。因为欲望对象和主体欲求密切相关，它不仅可以使个体主体产生苦乐感，还会因人而异。因此，康德批评近代主情论从主观的苦乐感出发来建立道德原理，必然会导向个人利己主义。在他看来，"一切实质的实践原则，顾名思义，都属于同一种类，并且都归在一般的自爱原则或个人幸福原则之下"[2]。由于这种规则基于人的"低级欲望官能"，取向是主体的欲望对象的现实性，以及由之所生成的追求享乐与幸福的动机与实践，所以，从欲望对象出发所引起的动机既是经验的，同时也不具有普遍必然性，且与道德法则无关。因而"这就是为什么人们要求有一种意志使他们不去重视仅仅属于欲望和爱好的东西，并且认为，在行动的时候排除一切欲望和感性的诱惑，对他来说不但是可能，而且是必须的"[3]。在康德看来，理性只有摆脱了快乐或痛苦的感情，不为好恶服务时，那么，受感性所决定的欲望官能才会隶属于一个真正的高级欲望官能；理性只有摆脱了一切外来的影响，才能把

---

[1] 康德：《实践理性批判》，商务印书馆1961年版，第19页。
[2] 康德：《实践理性批判》，商务印书馆1961年版，第20页。
[3] 康德：《道德形而上学原理》，上海人民出版社2002年版，第82页。

自身看作是自己原则的创始人。这样，人作为自身目的王国的立法者，他便只服从自己所制定的法则而不为自然因果律所制约。所以，"除了规律或法律所规定的价值，它没有任何价值。唯有立法自身才具有尊严，具有无条件、不可比拟的价值，只有它才配得上有理性东西在称颂它时所用的尊重这个词。所有自律性就是人和任何理性本性的尊严的根据"①。

对康德来说，尊重作为一种情感，它并不是由外因作用，而是通过理性概念自己产生出来的一种与爱好和恐惧有区别的特殊的情感。这种情感或尊重是一种使我的意志服从规律的意识，或者说，规律对意志的直接规定以及对这种规定的意识就是尊重。因此，尊重是使利己之心无地自容的价值自觉，它既不能被看作是对对象的爱好，也不能看作是对对象的恐惧，而是两者兼而有之。尊重的对象只能是规律，作为规律，我们毫无个人打算地服从它；作为自身加之于自身的东西，它又仍然是我们意志的后果。这样，对人而言，一方面是理性的存在者作为自身道德原则的立法者，另一方面是对道德律的敬仰与尊重，这种理与情的统一才能使人的行为变成现实的道德行为。

道德律既然生成于人的"高级的欲望官能"——理性，那么，道德律对一切有理性的存在者当然也具有普遍的客观有效性。不过，在康德看来，道德律虽然对一切有理性的存在者具有客观的普遍有效性，但它并不直接地规定人的行为。因为人不是物件，物件的活动完全由自然规律来直接规定，而人作为有意识的存在，则是按照自己对规律的意识来决定自己的行为"准则"。人的行为"准则"虽然也产生于人的理性，也表现为人的当行之理，但它与道德的实践"法则"并不相同。康德在《实践理性批

---

① 康德：《道德形而上学原理》，上海人民出版社2002年版，第55页。

判》中对二者的区别作了如下定义："实践原理乃是包含着意志的一般规定的一些命题,这种一般规定之下有种种实践规则。如果主体看这种制约只对他的意志有效,那末这些原理就是主观的,或者只是准则(Maximen);如果他认为这种制约是客观的,即是对一切有理性的存在者的意志都有效的,那末它们就是客观的,或者就是实践的法则。"[①] 换句话说,二者的差别在于:"准则"作为命令是一种假言律令。假言律令的形式是:"假如……,你应当这般行动。""假言律令"是由人的主观所决定,其决定依附于主体自身的具体条件;涉及人的实践活动或某种实践活动的效果和方法。如有一种欲望,欲望作为一种明确的意志如何得以定夺,实现的方法是什么,要达到什么样的目的和效果。由于准则是以个人的欲求对象为目的,关系到实现意志的手段、目的和效果,所以,它既植根于经验,又因人而异,对人的行为并不具有一致性与普遍的客观有效性。与之不同,"法则"作为命令是一种"直言律令",它的形式是:"你应当如此这般去做。""直言律令"蕴含在人的理性中,不受任何经验因素的制约,也与任何偶然的主观目的、欲求对象无涉,因而是先验的、普遍的和必然的规律,要求人们无条件地服从。在这个意义上,道德律令的一致性与普遍化要求同时也是"绝对命令"。绝对命令的无条件、无理由的力量,表明它是适合于一切理性存在并为其所遵守的普遍原则。真正的道德律令绝不会因主体条件的不同而不服从,也不会因容易做到或难以做到与否而放弃,它不仅在于被公认为是法则,而且还必须能够在适当的环境中被普遍的遵守。因此,如果说直言律令是先天地直接决定意志的一个无待的实践法则,那么,作为道德最高原则的意志自律性就在于:人不论做什

[①] 康德:《实践理性批判》,商务印书馆1961年版,第17页。

么，就应该做到使自己的意志所遵循的准则永远同时能够成为一条普遍的法则，换句话说：在同一意愿中，除非所选择的准则同时也被理解为普遍规律，就不要作出选择。法则是一切准则的最高条件，表现的是规律的一般普遍性，人的行为准则应该符合这个"一般客观法则"。正如文德尔班在《哲学史教程》中所说的那样："直言律令必然是实践理性的意志自由的表现，即理性意志的纯粹自我规定的表现。因此它只涉及意志形式并要求此意志形式为普遍有效的规律。意志如果只服从于在经验中给予的冲动便是不自主的或不自由的，只有当它执行它自身给予的规律时它才是自主的或自由的。因此，直言律令需要我们按照生活准则去行动，而不是按照感情冲动去行动，需要我们按照对所有理智行事的人都有普遍立法的生活准则去行动。'这样行动吧，好像你的行动准则通过你的意志变成了普遍的自然规律'。"[1] 康德认为，只有在法则的规定下，才会出现合理的意志是允许的，不合理的意志是不允许的；出现合理的意志对不合理意志的否定。在法则规定的前提下，准则不过是实现合理意志的技巧和方法，由于准则是实现合理意志的技巧和方法问题，所以，准则不是道德哲学的研究对象，道德哲学研究的主要课题是：决定人的意志动机的是什么。

毋庸置疑，纯粹理性只对人自身有实践力量，并给人以一条称之为普遍的道德法则。"一个有理性的存在者必须把它的准则思想为不依靠实质而只是依靠形式决定其意志的原理，才能思想那些准则是实践的普遍法则。"[2] 在康德看来，理性作为实践能力，也就是作为一种能够给予意志以影响力的能力，它的真正使

---

[1] 文德尔班：《哲学史教程》下卷，商务印书馆2009年版，第299页。
[2] 康德：《实践理性批判》，商务印书馆1961年版，第26页。

命不在于产生完成其好恶意图的工具或技巧,而在于在其自身产生一个无待的实践法则。实践法则决定人的意志动机,决定人的意志动机的形式法则不是来自经验,而是产生于理性。这样人虽然在现象界,但由于意志受内在理性决定而不受外在对象决定,不受自然界作为经验世界那种无限展开的因果锁链的限制,意志一方面在理性化的过程中,其性质为自由意志;另一方面又在形式法则的规定下,出现了合理的意志是允许的,不合理的意志是不允许的,出现了意志和形式原则二者之间的对立统一,表现为善良意志。"善良意志和自由意志是纯粹理性实践运用的必然产物。……这种意志虽然不是唯一的善、完全的善,但肯定是最高的善,它是一切其余东西的条件,甚至是对幸福要求的条件。……一个彻底的善良意志,它的原则必定表现为定言命令,包含着意志的一般形式,任何客体都不能规定它,它也就是作为自律性。由于它,一切善良意志才能使自己的准则自身成为普遍规律,也就是每个有理性的东西加于自身的、唯一的规律,不以任何动机和爱好为基础。"[1]

善良意志的唯一动机在于为善良意志本身的"义务"或"责任"而去尽职尽责,所以,善良意志本身就包含着责任的概念。责任是一切道德价值的源泉,出于利己动机而尽职责的行为可能不是善的;出于偏好的利他动机而尽职责的行为可能也不是善的,然而,任何一些主观上的障碍和局限都不能掩盖责任的耀眼光芒。对人而言,责任具有一种必要性,或道德的强制性,它所内蕴的德性力量正在于排除来自偏好与主观欲望,使人的行为出于责任或义务,而非出于爱好。一件出于责任或义务的行为之所以有道德价值,不在于它要达到什么目的,获得什么欲望对象,

---

[1] 康德:《道德形而上学原理》,上海人民出版社2002年版,第33—34页。

而在于行动所依据的"用意原则"。"人通过责任被规律所约束，但他们没有想到他所服从的只是他自身所制定的，并且是普遍规律，没有想到他之所以受约束，只是由于必须按照其自然目的就是普遍立法的、他自身所固有的意志而行动。"① 所以，对规律的服从，在某种意义上是崇高的、尊严的。他之所以崇高，并不仅仅在于他服从道德规律，还在于他是道德规律的立法者。人类的尊严就在于人具有这样的普遍立法能力。因而他服从规律，既不是源于恐惧，也不是发自爱好，而是完全出自对道德规律的尊重，只有这样的动机才能给予行为以道德的价值。基于这样的理由，"从一开始，注意力就集中在当事人的意志上，集中在他的动机和意图上，而不是集中在他实际所做的事情上"②。从此出发，判断一个人的行为善恶、道德不道德，重要的是他的行为动机而不是他的行为结果。因为道德的动机决不掺杂任何情感上的好恶、趋利避害的因素，以及对行为效果的任何考虑，这种动机即谓"好意"或"善良意志"。由于"善良意志"不掺杂任何私心杂念，所以，除了善良意志以外，世界上没有什么东西可以毫无条件地被称为善的。善良意志即使其实现受阻于外因也可以被认为是好的，而像理智、机灵、判断等精神"才能"；勇敢、果断、毅力等"气质"特点；权力、财富、荣誉等"福分"，虽然在很多方面是好的、值得羡慕的，但却没有内在的绝对价值。它们如果没有善良意志作为原则，人的才能、品质等自然禀赋就可以变成极坏的东西，而那些来自才能的福分则会使人变得骄傲自负、专横跋扈。所以，除了善良意志以外，没有任何东西是无条件的善。理智、勇敢、财产，仅仅是在得到妥善利用时才是善

---

① 康德：《道德形而上学原理》，上海人民出版社2002年版，第51页。
② 阿拉斯代尔·麦金太尔：《伦理学简史》，商务印书馆2003年版，第255页。

的。但善良意志纵然毫无成就，它本身仍然是善良的，仍然是一个本身包含着全部价值的东西，就像一颗闪闪发光的璀璨宝石，它的有用或是无结果并不能使它的价值增减分毫。

由上可见，唯有立法自身才具有尊严，才具有无条件性和不可比拟的价值，所以，一切有理性的存在如若都把自己的意志普遍立法概念当作立足点，那么，从这样的立足点出发来评价自身及其行为，就会生成一个与之相关的"目的王国"。"目的王国就是一个由普遍规律约束起来的、不同的有理性东西的体系。"① 在目的王国中，每一个有理性的存在者服从于他自己发出的道德律令，那么，他所服从的不是别人，而是他自己。所以，每一个有理性的存在作为目的王国的成员，都赋有立法的能力，既制定下道德规律，又服从于这个规律；既是这一王国的普遍立法者或首脑，同时自身也服从这些规律或法律。这种意志自律表明每一个有理性的东西，是作为目的本身而存在的，并不仅仅是作为手段，给某个意志任意使用去达到什么外在目的，或实现某个欲求对象。诚如康德所说："每个有理性的东西都须服从这样的规律，不论是谁在任何时候都不应把自己和他人仅仅当作工具，而应该永远看作自身就是目的。这样就产生了一个由普遍客观规律约束起来的有理性东西的体系，产生了一个王国。"② 在目的王国中，道德行为与全部立法活动密切相关，每个有理性存在者的行为原则是：任何时候都要按照与普遍规律相一致的准则去行动，也即只能是他的意志同时通过准则而普遍立法。那么，依从这项原则而行动的必然性，就是实践的必然性，也叫责任。"责任决不能以情感、冲动和爱好为基础，而只能以有理性的东西的相互关系

---

① 康德：《道德形而上学原理》，上海人民出版社2002年版，第52页。
② 康德：《道德形而上学原理》，上海人民出版社2002年版，第52页。

为基础，在这样的关系中，每个有理性的东西的意志，在任何时候都必须被看作是立法的意志，因为如若不然它就不是自在目的了。"① 因此，每个有理性的存在者都应该把自身的存在看成：人的存在就是人的行为的客观原则，就是目的本身。每一个有理性的存在者都必须在一切行动中，不管这行动是对他自己的，还是对其他有理性的存在者，永远把自己或他人当作目的看待。这样，目的王国中的一切有理性的存在者都具有一种人格，一种"绝对价值"，并获得一种尊严。

综上所述，道德律令蕴含在人的理性中，不受任何经验的制约，因而道德律令作为先验的、普遍的和必然的规律，适用于一切有理性的存在者。真正的道德律不仅在于被公认为是法则，而且还必须能够在适当的环境中被普遍地遵守。所以，道德律是一切有理性的存在者能够作为自在目的而存在的唯一条件，只有通过道德律；一个有理性的存在者才能成为目的王国中的成员，也只有通过道德律以及与道德律相适应的人性，他才能成为具有尊严的存在。"因此，唯理的意志要求自己遵守普遍的规律，这种规律适用于一切人，为一切人所接受。如果人人遵守理性的规律，就会产生一有理性的人类社会，康德称之为目的王国，这是靠唯理的目的所组成的社会。换句话说，绝对命令隐涵地统率一个完善的社会，其中必然含有唯理的精神领域的理想。"②

三 实践理性在与思辨理性联结中的优先性

思辨理性虽然永远无法达到关于自由、上帝存在与灵魂不朽

---

① 康德：《道德形而上学原理》，上海人民出版社2002年版，第53页。
② 梯利：《西方哲学史》，商务印书馆2000年版，第464页。

的知识，但是，它们的真正价值则在于人的道德实践，以及由人的道德实践所追寻的一种更高的理想：至善。在对至善的理想追求中，对康德而言，重要的不是幸福，而是怎样才配享受幸福，以及享受幸福的条件是什么。

尽管康德把感官世界与道德世界、感性经验与先天理性对立了起来，尽管他把只有出自理性自律的德行才看作是值得追求的东西，强调从主体欲望与欲望对象中得不出道德的法则，但是，康德的定理并不否认个人追求幸福；并不否认主体欲望是人的实践活动的一个环节，也不否认人的欲望与法则之间的内在联系和统一性。道德法则必然是欲望本身所固有的道德，否则，它就无法规定主体欲望的合理性与不合理性。因此，幸福是一个圆满的道德不可或缺的因素。在他看来，一个人不但需要幸福，而且要配或有资格享受幸福。一个有德性的人不但应该得到幸福，而且有资格得到与他的德性相对称的幸福。圆满的善是德性和幸福的结合与统一。但是，康德对幸福的理解并不同于幸福主义。在他看来，一个只知追求幸福、欲望对象而没有德性的人，永远不能得到现实的幸福。因为人所欲求的对象是无止境的，一旦达不到就会产生痛苦感。真正幸福的人是有德性的人，一个有德性的人会在他的德性中得到一种应当的幸福和满足，有一种顶天立地的快慰。所以，康德的所谓幸福是建基在德性之上的一种精神的幸福感、自足感，而不是欲求对象上的物质满足，以及攫取权力和沉溺异性的享受。或者说，幸福感不是来自经验而是来自纯粹理性的道德律令。道德律令是善恶的尺度，它规定人追求幸福时应该怎样做才是合理的、应当的，幸福原则应以道德律令为最高原则，二者的结合才是圆满的善。

德性与幸福的统一才称得上是至善。正是在至善概念中，康德找到了感官世界与道德世界、幸福与德性之间的普遍关联。

如前所述，感官欲望的目标是幸福；道德意志的目标是德性。追求幸福不可能使一个人的行为成为德行；反之，德性也不允许以人的幸福为目标，所以，在两者之间既不存在手段和目的的关系，也不存在经验上的因果必然性关联。经验教育人们，有德性的人并不一定能够获得幸福，相反，不道德的人还可能暂时享受到幸福。所以，尽管康德认为只有出自理性道德律令的德性才配拥有幸福，但是在现实生活中，德性与幸福的统一却往往又是无法实现的。"因此，如果道德意识需求至善的现实性，信仰就必然超越经验的人类生活，超越自然秩序，而越入超感的范围。信仰假定一种超越于暂时存在的人格的现实性（不朽的生命）和一种扎根于至高理性、扎根于神的道德世界秩序。"[1] 如果说德性的现实性是实践理性的事实，因此我们必须相信自由为其可能性的先决条件的话，那么，德性与幸福统一的理想则只有在超感性的世界中才能实现，因而必须设定灵魂不朽和上帝。在这里，尽管康德对于自由、灵魂不朽和上帝的"道德证明"并不是知识的证明，而是信仰的证明。但是，这种悬设的现实性必须受到与道德生活的现实性一样的信任。由此，《纯粹理性批判》中陷入谬误推理的灵魂不朽；陷入二律背反的自由因，以及作为先验理想的上帝存在理念这样一些最高对象的客观实在性问题，便从实践理性的要求中和它的必然逻辑发展中演绎了出来。这些对象——意志自由、灵魂不朽与上帝——作为实践理性的必要环节，在道德实践中不仅得到确定，并且对它们的客观性也予以了肯定。所以，"对康德说来，从这种关系中得出这样的结论：实践理性优先于理论理性；因为前者不仅能够保证后者必然否定的东西，而且还表现出在有关无条件者的理念中理论理性

---

[1] 文德尔班：《哲学史教程》下卷，商务印书馆2009年版，第303页。

超出了自身范围，此理论理性是由实践理性的需要而决定的"①，最终使人的一切要务归于实践理性的领域。

实践理性的要务是揭示理性本身决定意志的实践力，即提供有关决定人的意志动机的道德法则，并和人的行为内容——幸福相结合，达到至善，而支持实践理性的基础，以及达到至善的先决条件则是意志自由、灵魂不朽与信仰上帝。在康德看来，尽管这些公设单靠理论理性无法证明其客观性，但是，这些公设则区别于没有任何根据的假设，因为其实在性依据于先天而有效的道德法则。所以，依据这三个公设，自由意志作为实践理性的基础是道德哲学整个建筑的拱心石。以自由意志为前提，可以觉识到行动的主观原则或规律，这个原则或规律在任何时候都必须同时能够当作客观的、普遍的立法原则。因为对于人来说，之所以对道德感到关切，在于作为规律的法则的普遍性，是出自作为理智的我们的意志，是出自我们所固有的自我，或"自在之物的本性"，因而人们知道这些规律对自身的效力是直接的、无条件的，所以，尽管人的情感欲望，以至整个感性世界的全部力量都在鼓动着自我，但却丝毫也损害不了他们作为理智的意志规律。那么，"一个人由道德规律所统率，不受他的冲动、自私的欲望和嗜欲所支配，他是自由的。……道德命令是人的真实自我，是人之所以为人的本质的原则的表现。道德规律表现人的最内在的自我，道德规律是他的命令，是每一个有理性的人的命令。人要求自己遵守道德规律：这就是他的自律"②。因此，人的道德本性或实践理性，证明了人的意志自由。自由意志的实在性被实践理性的一个必然法则所证明，从而成为道德法则的一个条件，以及灵

---

① 文德尔班：《哲学史教程》下卷，商务印书馆2009年版，第302页。
② 梯利：《西方哲学史》，商务印书馆2000年版，第464—465页。

魂不朽与上帝存在理念的存在依据。对此，康德在《实践理性批判》中如是说："自由概念的实在性既然被实践理性的一个必然法则所证明，所以它就成了纯粹的，甚至思辩的理性体系的整个建筑的拱心石，而且其他一切概念（神的概念和不朽概念），原来当作理念在思辩理性中没有依据的，到了现在也都附着在这个概念上，而借它稳定起来，并得到客观实在性；那就是说，它们的可能性已由'自由的确系存在'这件事得到证明，因为这个理念已被道德法则所揭露出来了。"[①]

如果说自由意志的实在性为道德法则所证明，那么，灵魂不朽与上帝存在则是达到至善理想的必然产物。由上已知，至善的理想要求的是道德和幸福的统一，从两个环节的联系看，要求人必须从道德法则出发，去统辖人的情欲，追求合理的幸福。但是，人在现象世界中作为一个感性的存在，它往往很难摆脱自身的自然本性，即苦乐感的干扰，因而很难使自己的意志在每一顷刻都完全符合道德的意向。这样，至善的实现对于作为一个感性存在的人来说，必然要体现在无限的修身养性的努力过程之中，只有这样，才能使人的意志逐渐成为完善的意志。然而，要求人在自己短短的一生中达到完善的意志又是办不到的，因为金无足赤，人无完人，所以，必须设定灵魂不朽，使人永远处在道德的不断完善之中。由此可见，灵魂不朽是从道德要求中产生的，特别是作为实现至善的要求产生的。然而，正是在这个公设中彰显了康德道德哲学的特点：即脱离伦理只讲道德，脱离社会只讲个人完善的问题。

上帝存在与灵魂不朽一样，也是从道德要求中产生出来的。信仰上帝不是毫无根据的，而是建基于实现至善的理想之上。在

[①] 康德：《实践理性批判》，商务印书馆1961年版，第1—2页。

这里，需要把上帝看作是一个能够实现至善、给德性戴上幸福桂冠的神灵。在康德看来，为人所显现的自然界就其作为对人显现的现象界而言，它服从人的悟性思维规律，但是就现象界的基础是物自体而言，却不是以人为根据和最后原因产生出来的，那么，整个自然界就不能由人说明，也不能由人的自由因说明。但是，在人的至善概念里，既然包含着德与福的统一，也包含着自由意志所产生的道德法则和自然因果必然性之间的协调与统一。如果上帝是自然秩序的立法者，那么，这一自然秩序也是道德秩序，理性便会迫使人们服从这样的自然秩序并合理求福。所以，只有相信存在着调整自然因果必然性的道德秩序；相信存在着理性道德法则决定意志、理性统辖情欲的合理求福，世界才是协调的、有秩序的，而建立这一秩序的力量只能是上帝。在这里，康德既揭示了信仰与宗教生成的根源，也揭示了神作为道德理想化身所具有的道德属性，从而说明了宗教与人的伦理生活之间的密切关系。诚如文德尔班所说："在康德那里，自然和德行的二元论最鲜明地表现在他的宗教哲学中。宗教的原则与他的认识论一致，他只能在实践理性中寻求这些原则；与超感性事物有关的普遍性和必然性只能由道德意识提供。只有基于道德的东西才可能在宗教中是先天的。因此，康德的理性宗教不是自然宗教，而是'道德神学'。宗教基于将道德规律视作神的命令。"① 因此，上帝的存在不是靠思辨理性的论证确立起来的，而是靠道德法则的必然性确立起来的。与此同时，以上帝为基础，康德也完成了把实践理性和思辨理性统一起来的道德形而上学体系。

到此为止，理论或思辨理性不能证实的自由因、灵魂不朽与上帝存在的理念，其可能性在道德实践中得到了证实。这个证实

---

① 文德尔班：《哲学史教程》下卷，商务印书馆2009年版，第303—304页。

的出发点是道德法则的一个条件，即自由因。虽然上帝与不朽的理念不是道德法则的条件，只是被这个法则所决定的意志的必然对象的条件，或者说，只是我们的纯粹理性在单纯实际应用方面的条件。但是，借着自由因，上帝与不朽概念也获得客观实在性和权限，从而使得在理论理性方面还只具有主观信念的原则，在一个同样纯粹而又有实践力的理性方面具有了客观有效性。"但是理性的理论知识并不因此扩大了，这种可能性只系一个问题而现在则已成为确言了，因而理性的实践用途就是和理论理性的原则结合起来了。这个需要并不是为了任意的思辨目的而有的一个假设性的需要，并不是说，我们如果想在思辨中把理性用途推到极限地步，就必须假设一种东西；这种需要乃是有法则力量的一种需用，那就是说，它强使我们假设一种东西，如不那样假设，则我们所不可避免地立为自己行为目的的那种东西（按即至善）便不可能发生。"① 然而，这个发生的前提则在于理性和感性的割裂。如果把二者结合起来，把理性看作是感性的潜在精神力量，因而理性的活动也是感性活动的自身的规定，从此出发，肯定理性活动产生的道德规则也表现了情欲本身所固有的规律，反映情欲实现自身的道德规律。那么，传统道德哲学中理性与情欲的问题便会得到解决。

尽管康德回答了传统道德哲学中一个棘手的问题，即如果人的情欲只是一种冥顽不灵的个人利己心，那么，它如何接受理性道德律的约束，从而产生对道德律的敬重心呢？康德从人的感性与理性的双重性出发，根据道德的需要，人的感性冲动应该服从于理性发出的道德律，并以理性的道德律去平伏、挫抑现象界的个人利己心，使人心产生对道德律的敬重心。由此人的道德感情

---

① 康德：《实践理性批判》，商务印书馆1961年版，第2—3页。

在以理性为基础的理与情的统一中，显示了理性与情欲之间的关系。所以，对康德而言，"道德律应最大限度地拥有这种尊严；因此，激励人服从道德律的动机必然只能是对道德律本身的尊重。为了满足外在利益的动机是不光彩的。道德的价值应归于那种在整个经验领域中只被道德律本身所决定的人，他是道德律的化身，与道德律合二为一。因此对康德说来，对人的尊严的尊重是道德科学的实质性原则。人尽义务，不应是为利益，而只应为尊重他自己；在同他的同伴交往中，他的最高原则是，不把别人当作达到自己目的的工具，而要永远尊重别人的人格的尊严"[1]。从这里康德推导出了他的高尚的严谨的道德学体系。在这个道德体系中，理性与情欲、义务与爱好之间的对立统一表现为：只有从理性自律或义务出发的行为才是道德的，在经验中的人性冲动，其本身与道德无关；人性冲动只有服从于道德需要才是合理的或善的，相反，一经与道德律要求相违背便变成不道德或邪恶的了。因此，人类的道德生活存在于挫抑、平伏个人的情欲与爱好，而去实现义务的要求，以迄合理求福的斗争中。

康德虽然找到了一条消除一般主知论矛盾的道路，但是，这种对理性与情欲之间的矛盾的消除是以世界的二元化为代价的。所以，康德对传统道德哲学的主知论的重建是走向了范围更大的矛盾，突出了整个世界观的一个矛盾，即现象界与本体界的矛盾。就古希腊的哲学而言，它们虽然无法回答理性与情欲之间的关系，但是世界的本质却是可知的。众所周知，柏拉图把世界二元化，一个是作为世界本质的理念界，一个是上帝按理念的模式创造的感性世界，感性世界完全是由物质质料构造的世界，是理念界的影子。但是，与康德不同，柏拉图并不是不可知论，在他

---

[1] 文德尔班：《哲学史教程》下卷，商务印书馆2009年版，第300页。

看来，本质世界并不与感性世界相隔绝，完全能为感性世界中，人的灵魂所把握。柏拉图肯定灵魂的高级部分——理性，理性既能把握事物的本质，也能把握人作为人的理性规律。柏拉图的问题是：当他把理性的低级部分把握为情欲，把握为个人利己心时，理性如何规范、制约这个在本性上是个人利己心的情欲问题。就亚里士多德的哲学而言，世界的一切现象是由形式和质料组成，肯定一切事物都是由这两个因素组成的，但亚里士多德并没有把世界二元化。在这个统一的前提下，他将灵魂分为两个部分，一部分是感情的，即情欲表现为个人利己心，另一部分是理性，理性才能发现道德律，理性限制感性。然而，他同柏拉图一样，问题也是情欲作为个人利己心如何接受理性的命令。康德虽然在对一般道德至上主义的主知论的重建过程中，消除了这样一个矛盾，但在他的哲学体系中却突出了一个更大的矛盾，天国的消息一般对现象界是不透露的，所以，在康德哲学这个起点上，道德哲学自康德之后都与克服康德的二元化世界，使其一元化分不开。以后的哲学发展一方面既克服康德使世界二元化的矛盾，又在克服这个矛盾的基础上彻底清除主知论一般道德至上主义与主情论的对立，清除传统一般主知论的内在矛盾。清除这个矛盾是通过批判康德的二元化的矛盾，变成一元化的世界建立起来的，这便是通过费希特、谢林直到黑格尔的哲学发展理路。

第一章 纯粹实践理性分析

《实践理性批判》分为三部分，第一部分：纯粹实践理性的分析；第二部分：纯粹实践理性的辩证论；第三部分：纯粹实践理性的方法论。前两部分构成这部书的基本原理，后一部分构成此书的方法论。由此可见，康德的哲学著作有一特点，即首先从原理出发，然后从原理总结出方法论。

一　纯粹实践理性原理

关于纯粹实践理性的原理问题，首先是从纯粹实践理性的原理和几个定义来阐发。第一，对人的实践原理下定义，从定义得出几个重要的定理；第二，以定理为基础，对实践理性的规律作了各个方面的阐明和论述。这部分构成了《实践理性批判》一书最基本的内容。

（一）实践原理的定义

从西方哲学史看，对实践原理存在着这样一种看法，即人的实践毫无疑问的必有意志在起作用，没有意志的实践是不存在的。实践活动中的这个因素一般称作主观性；实践活动中还有另一要素，即为人的意志所制约的人体的物质活动，实践活动没有人体的物质活动也是不存在的。如果这一要素叫作客观性或活动的客观性，那么，实践活动都是这两个方面的统一，二者是不可分的；人类从猿变成人的那天起，人的实践便是这两方面的统一体。所以，关于实践的原理，便可产生以下几种观点：

第一，以强调实践的客观性为理由，认为人的实践活动是物质第一性，不依人的意志为转移的客观存在。实践规律是客观规律，因而实践作为物质第一性的东西决定人的意志，而人的意志又反作用于实践。这种观点的合理性在于强调人的实践及其规律是不依赖于人的意志为转移的客观活动，但其片面性在于由于人的实践活动及其规律是不依赖于人的意志为转移的客观性，这似乎预先假定了实践活动的存在，好像有了实践活动才去决定人的意志，把实践活动等同于物质第一性，但实践活动从类人猿变成人的那天起，就离不开意志的能动性，脱离了意志活动，就无所谓活动的客观性。

第二，第二种观点是对第一种观点的否定。这种观点主张人的意志是人的任何活动的一个内在的出发点，人的实践活动不过是人的意志的表现，因而研究实践原理应从意志出发。康德也持这种观点，强调实践活动中的主观性。这种观点的合理性在于：指出了人的实践活动发端于人的内在意志的实在性，不但如此，就动物的活动也要以动物的感性机能的表现形成一个内在核心，进一步看，就是条件反射和无条件的反射也不是纯粹的物质运动，也得有一个机体的刺激感应作为内在基础。这种观点虽有这样的合理性，但其片面性在于它认为实践活动仅仅是意志的表现，或归结为人的意志的外化现象，把人的实践活动及其规律是不依人的意志为转移的客观性这样一个本质环节全部扔掉了，最后走向了历史唯心主义。从本质上说，康德道德实践也是以这种唯心主义为基础，意志第一性，实践是意志的外在表现。

第三，在上述两种观点对立的基础上，还有第三种观点。这种观点对实践原理的看法可谓前两种观点的对立统一。这种观点认为人的一切实践活动都要以人的意志能动性为前提，对人讲，意志必须构成人的实践活动的一个内在的出发点，但意志本身是存在的反应，是人的存在及其如何存在的反应，因而这个意志本身就是一个主客统一性。换言之，意志作为一种精神现象，它是主观的东西，但就意志的内容而言，它是在不同的程度上表现人的实践所以为实践的规律性，在这个意义上，人的意志又具有客观性。

这种观点认为，从类人猿变成人的那天起，人的意志就在起作用，在不同等级的主客统一性上表现人的社会实践规律和它的发展规律；它作为这样的主客统一性从而人的活动就表现为人的原始社会的实践，意志本身在这种原始社会实践活动上发展它自身。从这点看，人的实践活动是意志的表现有一定的真理性，但实践作为意志表现的这个环节又必须内在的发生一种否定之否定，即内在的反归为实践活动及其规律是不依人的意志为转移的客观实在性。虽然意志本身是主观的，但是就意志内容而言，是在表现人的实践所以成为实践的规律，所以它的客观内容是在表现人的实践规律，而人的实践规律是不依人的意志为转移的客观存在，所以，意志又是一个主客统一性。总之，人的实践活动首先是意志的表现，是为人的意志所主宰的，其次，从意志的客观内容看，这个表现归根结底是在表现人的实践活动及其规律的不依人的意志为转移的客观性。人的实践活动的现实性，是以意志为中介而被实现出来的。如果不以人的意志为中介，那么，实践的潜在性就表现不出来，便也构不成实践了。因此，这种观点既承认实践活动的发端必有人的意志起作用，同时，这个发端作为主客统一性又在表现人的实践所以成为实践的客观实在性，故人的实践活动归根结底变成不依人的意志为转移的客观实在性。这种观点则分别表现在马克思的《政治经济学批判》和《资本论》有关劳动过程的阐述中，因而它属于马克思主义的观点。在马克思主义看来，实践与实践的客观规律并不排斥它的现实性要以人的意志为中介，二者是统一的，这种现实可为人的伦理道德留下地盘。伦理道德不研究人的意志、人性是不行的。所以，对于康德的《实践理性批判》不可武断地断言：由于这部书强调意志决定人的实践活动，所以，便否定了它之中的合理性。总而言之，实践活动是主观性和客观性的对立统一。所以，实践原理的正确与否必须是前两种观点的统一，既不否认意志的能动性，又不否认实践活动的客观性和规律性。

意志是人的实践活动的一个内在出发点，所以，研究人的道德实践离不开对意志的关注。如果从此出发直接给意志下定义的话，所谓意志是有关人自己的欲望的表象及其实现欲望的各种表象的总和，因而意志首先包括情欲；其次是实现这种欲望的途径、规则和方法，这也说明了意志要以认识为基础。以这个观点为前提，康德在《实践理性批判》的"第一卷　纯粹实践理性的分析"中，首先界定了实践原理："实践原理乃是包含着意志的一般规定的一些命题，这种一般规定之下有种种实践规则。如果主体看这种制约只对他的意志有效，那末这些原理就是主观的，或者只是准则（Maximen）；如果他认这种制约是客观的，即是对每一个理性存在者的意志都有效的，那末它们就是客观的，或者就是实践的法则。"[①] 康德认为，实践原理是包含了一般规定的一些命题，而一般规定之下又有各种实践规则，规则和一般规定都是表现意志的。从实践原理的上述定义可以发现，实践原理作为

---

① 康德：《实践理性批判》，商务印书馆1961年版，第17页。

有关意志的规定有两种：一是准则；二是具有普遍性、必然性的客观实践法则。如果一个人作为主体，制约他活动的规则只看作是对他的个人意志有效的，不是对所有人普遍有效的，那么，这种规则就叫作准则。如果与此相反，他所采取的实践规则，对一切有理性的存在者都是普遍有效的，那么，这个规则就叫作客观法则。在这里，康德始终把客观性理解为普遍性与必然性，同时，也叫作客观实践法则。

那么，客观的实践法则是否排除准则？实践法则与准则之间是一种什么样的关系？在康德看来，实践法则（简称法则）和准则都产生于理性，是理性反映人的实践活动各个环节的一种主观能动性。因此，准则与法则所具有的一个共同点在于：二者都表现的是人的当行之理，即应当如何，即应然性。因此，准则与法则都是一个选择的作用，选择是人在实践活动中应遵循的法则。所以，二者又都不是实然性，即表现的事实。如果把好事与坏事区分一下，做好事应该，做坏事不应该，这里涉及的应然性，同时也是一个伦理道德问题。法则和准则，对人讲都是一种命令，即应当如何如何，而不应当如何如何。在准则与法则这个共同点的前提下，二者的区别在于：准则作为命令是一种假言判断。假言判断是：如果这样，所以应如何。准则不是由理性自身决定的，它的决定是有条件的，即准则必然涉及人的实践活动或某种实践活动的效果和方法。换句话说，准则依附于主体本身的具体条件以及各种客观条件，根据各种条件作出有理性的规则。具体地讲，如果某人产生了一种欲望，其欲望变成了一种意志，那么，欲望作为一种明确的意志如何得以实现，实现的方法是什么；通过实现的方法，要达到一种他所希望的效果和目的。由于准则关系到实现意志的手段和目的，所以，它总是和各种经验的条件相结合，因而这个准则暂且不分好的还是坏的。"因此，准则虽然也是原理，但并非命令。"① 法则与准则不同，法则作为命令是定言或实然判断，不是有条件的而是无条件的、绝对的，教导人这是应当的，不能与此相反。所以，康德说"所谓法则必须充分决定单纯的意志（der Will als Wille），并不等我问：我是否有产生所欲效果的必需能力，或者为了产生这个效果，应当怎么办；因此，这些法则必须是定言的，否则便不是法则，因为它们还缺乏着一种必然性，而它们如果要成为实践的话，这种条件还是必须摆脱感性条件，即偶然影响意志的那种条件的。……但是理性如果要想从事立法，那就要求它单单设定它自己为先决条件，因为一个规则只有在不受偶然的主观条件所制约而行得通时，才是客观上普遍行得通的。……因此，实践法则就只涉及意志，并不顾及它的原因性完成了什么，因而我们可抛开后者（因为属于感性世界的），以求使法则保持完全纯粹"②。法则是决定意志本身的，决定意志本身是好是坏、合理与不合理；法则是决定意志本身是应当的或不应当的，不涉及实现意志本身的合理与不合理，也不问一个人的主体能否做到；法则作为命令绝不因主观条件不同而不服从，也不管主观条件能否做到，是容易做到还是难以做到，这便是法则的纯粹性与必然性。

尽管法则与准则之间有本质的区别，但是，二者之间又有某种联系。二者的关系是：法则是规定意志合理与不合理，在法则的规定下，出现了合理的意志是允许的，不合理的意志是不允许的；出现了合理意志对不合理意志的否定，在否定的前提下，肯定了合理意志。对任何人的意志而言，他又必须有实现这个合理意志的方法，使合理意志变成现实，这便涉及准则的问题。因

---

① 康德：《实践理性批判》，商务印书馆1961年版，第18页。
② 康德：《实践理性批判》，商务印书馆1961年版，第18—19页。

此，法则必然和准则相连，但与法则相连的准则必须从属于法则的要求。只有在这个前提的要求下，才有准则的合理性，即作为实现法则的手段和技巧。在合理意志的前提下，法则是根本的，是表现意志应该怎样的规律，而准则是实现合理意志的技巧和方法问题，因此，它与法则相比具有次要的意义，由于准则是实现合理意志的技巧和方法问题，故不是道德哲学的研究对象，道德哲学只研究决定意志动机的是什么。从这个观点看，凡是生产活动的技术问题、艺术活动的技术问题、宗教家创造宗教的能力问题，以及研究哲学、科学、和政治家从事活动的技巧问题，都可以归为准则的范围之内，而只有这些活动所具有的伦理道德上的规定，这些意志应该怎样的规定，才是法则的范围，才是伦理道德哲学所研究的课题。

显而易见，法则必然是由理性自身决定的，并对一切有理性的存在者都是客观有效的，而准则是根据经验制定的。从此出发，康德为了说明法则的本质及起源，即为了说明人的道德原理是本源于理性，提出了几个定理。而这几个定理则构成了康德《实践理性批判》一书的核心内容。

（二）实践原理的四个定理

康德有关法则和准则的区别与联系在哲学史上是伟大的，有其合理性与不可否定的真理性。正是基于上述的观点，康德提出了一个重要的道德学说，即怎样建立人的道德意识；关于这点，通过如下三个定理便会显而易见。

定理一："一切实践原理，凡把欲望官能底对象（实质）假定为意志的动机的，统是依靠经验，而不能供给实践法则的。"[①]

[①] 康德：《实践理性批判》，商务印书馆1961年版，第19页。

中心思想是：法则与欲望的对象无法直接联系，从欲望对象出发产生不了实践法则。欲望对象首先是人心中的一个表象，这个表象在表现人所需要的对象，因而欲望的对象和主体之间便会出现这样一种关系，即主体从欲望对象的实现上引起一种快乐，所以，人的欲望对象和人的主体不能相反，能欲求到的对象可以产生一种快感，欲求不到的对象会造成主体的痛苦。这样从对象出发所形成的法则必然是经验的，因为没有使主体幸福快乐的对象或经验，便不可能有快乐。其次，从欲望对象出发而作出的规则，必然没有普遍性与必然性，因为其一，欲望因人而异，某种欲望对象是某些人的对象，而对另外一些人而言就不一定是其欲望的对象；其二，同一个人，其欲望的对象在不同时期、不同地点也会发生前后不一致。所以，从欲望对象出发，既涉及我要干什么；又因为这个动机形成的规则，不仅是经验的，同时也不具有普遍性与必然性，所以，"我所谓欲望官能的实质乃是指我们欲求实现的那个对象而言。如果我们把欲望作为原则，而在这种条件下，使对这个对象的欲望对实践的原则占了上风，那末我就说（第一点），这条原理就永远是依靠经验的。因为在这里，选择的动机乃是'对象'的表象和这种表象与主体的关系——欲望官能就是被这种表象和关系所制约，企图实现那个对象的。但是表象与主体的这种关系就是所谓实现目的之快乐"[①]。如果一个原则只是依据人的主体的快乐或痛苦的感受性这样一种主观条件，那么，对于具有这种感受性的主体来说，它不过是准则，而不是法则。法则既不是经验的，也不是根据变化不定的欲望产生的。

但是，这个定理并不是说欲望不是实践活动的一个环节，欲望本身是意志，故也是实践的一个环节。康德强调欲望作为实践的环

[①] 康德：《实践理性批判》，商务印书馆 1961 年版，第 19 页。

节，但是若从欲望出发，不能形成道德的法则。这个观点说明，道德法则不是来源于人的自然本性——欲望，而是来源于理性，所以，康德认为从人的自然本性演绎不出法则来。如同在《纯粹理性批判》中的悟性，具有在与感官对象的关系中如何把握对象的规律一样，那么，理性作为实践的理性，在其对人的欲望与欲望对象的关系中，则具有能动地规定这些对象合理与不合理的规律，这个规律涉及道德法则。对康德而言，从欲望对象得不出普遍的法则，这点是对的，但从欲望对象演绎不出法则，法则是人的理性的自动规定，并和人的内感意识相割裂，这是康德的缺陷。这里的问题在于：从欲望对象出发，得不出普遍的、必然的法则，但不等于说人的欲望和自然本性与法则是无内在联系和统一性；也不等于说法则完全是理性的、孤立的产物；法则必须是欲望本身所固有的道理，否则它如何规定欲望的合理性与不合理性。

定理二："一切实质的实践原则，顾名思义，都属于同一种类，并且都归在一般自爱（Selbstliebe）原则或个人幸福原则之下。"[①]

事物的存在作为欲望对象的实在性，对主体的关系是快乐和不快乐的关系，主体从对对象的感受性上可以直接感受到快乐与不快乐。由于主体是个体，所以，从实质出发的实践原则，总是和个人的感受性分不开，它总是肯定对个人所具有的快乐和愉悦的感受，而不能相反。这是一种规则，不论它的表现形式有多少，其性质都属同一类，都涉及自爱和幸福。

一个有理性的主体能一生不断地享受快乐和完满的状态，这个总和是幸福，也是幸福的定义。康德的定理不是否认个人追求幸福，也不是说个人的自爱原则没有一点合理性。他只是说，只要从实质的实践原则出发，这种规则必然是一种个人幸福和自爱

---

① 康德：《实践理性批判》，商务印书馆1961年版，第20页。

的原则，而与道德法则无关。因此，在康德看来，一切从实质出发的实践规则，都把意志的动机置于个人的自爱与幸福之上，因而它是一种低级的欲望官能，也就是说，以自然本性为基础所产生的一切实践原则都属于低级的欲望官能。康德认为，如果没有所谓法则那种实践规则来对这种低级的欲望官能加以合理的规范，那么，人永远不会有高级的欲望官能，高级欲望官能指的是道德感情。人如果没有道德感情，就不会有趋向于一种道德规则的要求，就会永远停留在低级的欲望官能之上，永远停留在个人的利己心和个人幸福之上。

在康德看来，欲望对象虽然可以分为好多种类，但欲望对象基本都是感官的。此外，从欲望对象的生成来看，它可以产生于悟性，也可以产生于理性。如宗教是以超经验的理性为对象，这种对象之所以成为对象，是因为关于这些欲望对象的表象或知识，又可以作用于人的内感意识，即反作用于人的自然本性，由它来产生欲望。因而不管对象本身是理性，还是感性，就其作为欲望的对象，其性质是一样的。诚如康德所说："一个表象纵然存在于并导源于悟性中，可是它如果必须先假设主体快乐之感为其条件，才能决定它的选择，那末这个表象之所以是选择的动机，就完全依靠于能够被它刺激起愉快之感而来的内感官的性质了。各种对象表象不论如何互相差异，不论是悟性表象，甚至是与感官表象相对立的理性表象，而它们所借以成为意志的真正动机的那种快乐感觉（即推动人的活动来产生对象的那种预期快感）总是属于同一种类的。这不仅因为它永远只能在经验上被人认识，而且也因为它所感动的也是表现于欲望官能中的同一生命力，因而从这一方面说来，它与其余一切动机就只能有程度之差了。"[①] 所以，

[①] 康德：《实践理性批判》，商务印书馆 1961 年版，第 21 页。

不能因为欲望的对象是高的，便认为它就可以摆脱个人自爱的性质。欲望的对象本质上是一样的，都属于低级的欲望官能之内。易言之，"一切实质的实践规则都把意志动机置于低级欲望官能之中，如果没有纯粹形式的意志法则可以充分决定它的话，那末任何高级欲望官能就都没有存在的余地了"①。

基于上述观点，这里涉及如下两个问题：第一是关于审美的问题。在审美直观中，看戏、赏画与听音乐等，形成有关对象的美感，这种美感和人在直观中所感受到的愉悦分不开。在这里，这种愉快属于审美之感，它本身不等于欲望，而属于认识的一种形式。当人赏画，感受到美，产生进一步占有这个对象，即趋向于审美的一种冲动时，在这个意义上，美感属于欲望，所以，不要把欲望和在审美中形成的美感相混淆。欲望的对象是美的，但也改变不了属于个人的自爱和个人幸福的原则。第二是欲望和道德感情之间区别的问题。在这个问题上，最能说明问题的例子便是母爱。母子之间，母亲在孩子的苦乐感中产生并伴随着她自己的苦乐感，这种苦乐感不是来自欲望对象，表现的不是自爱和幸福原则，而是来自对其子的真爱，来自一种道德感性，因而它和欲望有本质的区别。如果父母在与其子女的关系中，感受到一种乐趣，但并不把这种乐趣作为自然而然的道德感情来对待，而将其变成自己欲望的对象；变成我爱孩子，能使我产生乐趣，使乐趣变成动机和出发点，因而从乐趣出发才爱其子女，这个出发点就不是一种义务或职责的观点。如果一个人从法则和义务，应当与不应当出发，那么在做好事中自然而然感到乐趣，这便是道德感情。但是，一个人将做好事的乐趣变成欲望的对象，能从做好事中感受到自己的快乐，这就是自爱和个人幸福的原则。

---

① 康德：《实践理性批判》，商务印书馆1961年版，第21页。

从上述两个定理可见，从实质出发所形成的规则不具有普遍性与必然性，因而不是法则。换言之，从人的欲望对象出发是经验的，会因人因时因地而发生变化与不同，所以，准则没有普遍性与必然性。另外，从实质出发所形成的规则必然都属于个人自爱的原则和个人幸福的原则之内，即个人利己心的范围之内。二者的统一足以说明，规定意志本身好坏的客观法则必须是来源于纯粹理性，而与欲望的对象和实践活动的实质内容无直接关系，由之便转入了第三、第四条定律。

定理三："一个有理性的存在者必须把他的准则思想为不依靠实质而只是依靠形式决定其意志的原理，才能思想那些准则是实践的普遍法则。"①

在这里，所谓"依靠形式决定其意志的原理"，表明意志原理即是实践原理。实践原理是具体的，如果把实践原理的一切内容或它所追求的一切对象，以及实现这些对象的方法和技巧都抽去，那么，剩下的东西就是与其内部相对的形式原则，形式原则也就是法则。在康德看来，必须使意志的出发点受形式原理决定而不受欲望对象或实质的决定，只有这样，才能使准则从属于法则，与法则相统一、相联系。所以，法则是决定意志的最根本动机，也是决定意志是好是坏的动机。意志必须受法则的支配，亦即受理性支配；只有受理性支配的实践法则，才具有普遍性和必然性。因此，"我所理解的实践法则必须是放之四海而皆准的法则才行，这乃是一个同一命题（identischer Satz），因而是不辩自明的"②。

如果将伦理道德实践作为一个统一体，那么，这个统一体可

---

① 康德：《实践理性批判》，商务印书馆1961年版，第26页。
② 康德：《实践理性批判》，商务印书馆1961年版，第26—27页。

分为实践原理的实质和形式。实践原理的实质即社会实践的内容，康德将实践原理的实质定义为意志的对象，即在感官世界中，人的各种对象或者各种需求对象，而各种需求的对象总是和人的情欲相关联。所以，如果从实践原理的实质出发，便不能将一切规律性都提高为普遍的实践法则，因为实践原理的实质涉及技艺的原理，而不涉及意志的原则。就技艺的规律起作用所完成的对象而言，这个对象与主体的关系，不过是满足主体的需求，然而需求却会因人而异，这是其一。其二，就技艺的规律而言，这种规律总是依靠经验。从经验中就得不出普遍性与必然性的法则。因此，实质性的原理都不能作为法则，只能作为技艺；技艺的原理和规律总是依据经验的，所以，凡从个人经验出发的规律性都不能提高为普遍的实践法则，而只能作为技艺。总之，"我所谓实践原理的实质就是意志的对象。这个对象或者是意志的动机，或者不是。如果它是意志的动机，那末意志所遵循的规则就是受到经验条件的支配（这个经验条件就是起左右作用的表象与苦乐之感的关系）因而就不是一条实践的法则。但是我们如果抽去其中就单单留下普遍法则的纯粹形式了"[①]。因此，只有把实质抽去，剩下的纯粹形式才具有普遍的实践法则的性质，这个形式的原则和实践的实质准则没有关系。由此出发，康德阐明了两个问题。

问题一：只有形式原则是普遍的实践法则，由此决定了人的意志动机及其出发点，以及这个被决定的意志具有什么性质。由上所述，形式法则既不来源于经验，也不来源于人依赖于经验所产生的种种需要，因为这都属于技艺原理，不是形式原理。既然形式原理与技艺原理无关，那么形式原理的产生与发动只

[①] 康德：《实践理性批判》，商务印书馆1961年版，第26—27页。

能产生于理性，属于一种理性的原理。如同思维作为悟性产生把握感性的原理一样，形式原理产生于纯粹理性，即纯粹理性产生决定意志的合理与不合理、应当与不应当的原理。这样，虽然人在现象界，但是意志完全被理性所决定，理性决定意志的同时，也将现象界的意志理性化了。意志由内在的理性所决定，就不受外在的对象所决定，不受自然界作为经验世界之中的因果规律所限制，这样被理性化了的意志，其性质必然是自由意志。诚如康德所说："但是如果除了那个普遍的立法形式以外，再没有别的意志动机能够作为意志所服从的法则，那末我们就必须认那样一个意志是完全独立于互相联系着的自然现象法则（即因果法则）之外了。但是这样一种独立性就是最严格意义下的（即先验意义下的）自由。所以，一个只能以准则的单纯立法形式作为自己法则的意志，就是一个自由意志。"[①]

值得关注的是，康德对自由意志的理解和传统哲学的理解有一致的地方，这种理解直到黑格尔出现后才把它的片面性纠正过来。康德同传统哲学一样，认为人的意志如果受经验世界的因果律决定，它便是不自由的；从这个前提出发，认为意志如若在其出发点和原则上受纯粹理性所决定，即由纯粹理性产生的形式原理所决定，那么它便是自由意志。形式原理决定意志是与自由意志的问题，以及与自由意志的实践性分不开的。

问题二与问题一不可分割，问题二是从自由意志出发，假定有自由意志存在，试图阐明或发现唯一能决定意志自由的法则及性质是什么？有关这个问题首先应看到，意志自由并不意味着意志不受限制和规定；也不意味着意志没有规律。意志是有规律的，那么，决定意志的法则的性质是怎样的呢？如上所

[①] 康德：《实践理性批判》，商务印书馆 1961 年版，第 28 页。

述，形式法则决定意志就是自由意志，那么，反过来看，从意志自由出发，决定意志法则的性质不是经验的、实质的，而是超经验的理性规律和形式原则。这表明自由意志和形式原理二者之间对立统一，不可分开；二者互相扬弃，各在对方中就是自己。

由此康德提出一个重要问题，这个问题是理解康德道德哲学必须牢牢抓住的问题。自由意志，即自由与形式原理二者是统一不可分的，那么道德哲学到底从哪里出发，是从自由意志，抑或从形式原理出发？康德认为从自由意志出发是绝对不可能的，因为决定意志的规律是纯粹理性，而这个纯粹理性是超经验的自由王国，它和人作为自在之物分不开。但我们并没有一种可以对人作为自在之物的理性本身的直观，没有这种直观，就没有一种和人的理性作为自在之物相对应的一个认识对象出现在我们面前。所以，从意志自由出发，关于这个自由因本身我们是认识不到的。所以，道德哲学必须从决定意志的道德原则出发，这个形式原理和道德法则都是可以认识的；因为在经验世界中，这个法则作为人的合理不合理，就表现在人的形形色色的行为实践中，从人的道德实践中可认识到道德法则，而这个形式原理又不是从经验中来，只有来源于理性。"因为那纯粹而本身的有实践力量的理性在这里是能够直接立法的。这里我们就把意志看做独立于经验条件之外，并因而是被法则底单纯形式所决定的，而且我们也把这个决定原理认为一切准则的最高条件。……因为我们不从经验或任何外面意志借来什么东西，就把一个只系可能、因而仅是或然的普遍立法这样一种先天思想，作为法则，而无制约地以命令形式加于人了。……这个基本法则的意识，我们可以称之为理性方面的一个事实，因为我们并不能从理性先前的材料，例如自由意识（因为这种意识不是预先给予我们的）中，把它推测出来；我们可以把它称为理性方面的事实，乃是因为它作为一个先天综合命题把自己强加于我们之上，而这个命题是既非建立在纯粹直观之上，也非建立在经验直观之上的。诚然，假如我们预先假设有意志自由，那末这个命题也会成为分析的，不过如果把自由作为一个肯定概念看，那它就需要理智的直观（intellektuelle Anschauung）才能成立，而在这里我们完全不应该假设有这种直观。但是我们虽然把这个法则看做是已知的，可是为避免误解起见，我们还必须说：它不是任何经验上的事实，而是由纯粹理性自身出发的唯一事实：纯粹理性正借这个事实才宣布自己有原始立法力量（sio volo iubeo 我愿做什么，就命令什么）。"① 这样，我不但把握了形式原理来源于理性，而且借助于普遍道德法则不来自经验，而来自理性，确定了自由因的实在性。虽然对于自由因怎样一无所知，但至少借助形式原理和道德法则可以确定自由因是存在的，因而它决定意志就是自由意志。所以，必须从形式原理出发才能确定自由意志的实在性和本源。

人的意志被形式原理决定了，人的意志也就被理性化了。这样，意志直接就被还原为和人在本体界作为理性的本质合二为一，从而恢复到自己的本质中去了。因此，这样一种意志实际上是：人在本体界作为理性存在者所固有的一种意志，这种意志是自由的。不受外界的因果联系和对象所制约，归根结底这样的自由意志的实在性等于自由因的实在性。所以结论是：自由因和自由意志的实在性只有借助于形式原理、道德法则才能被确立为客观实在的。因为形式原理、道德法则既出现在人的现实行为中，同时它又完全由理性所决定。理性决定意志，便把意志提高为自由意志。这个意志等于人在本体界作为

---

① 康德：《实践理性批判》，商务印书馆1961年版，第31页。

一个有理性的存在者共有的意志，所以，这种固有的意志也出现在人的现象界，决定人的现象界的意志。在这里，把意志理性化，或者说确定理性自由是康德道德哲学所要回答的核心问题。

从定理三中可以得出只有形式原理才能作为普遍法则的结论，或者说，根据问题一、问题二的探讨，康德提出了一个纯粹实践理性的基本法则。关于纯粹实践理性的基本法则，康德只是阐明凡是道德法则、形式原理，不论它的内容是什么，它都具有一个普遍性，因而它为一个普遍原则所制约，因此，纯粹理性的基本法则是指凡属于道德法则和形式原理的普遍性，或它们的普遍特点。但是在这里，康德并没有达到、也不想解决贯通在人类历史中最普遍的法则是什么，可以说，他不想解决也不是在解决这个问题，因为关于这个问题，指出一个普遍道德法则本身是什么是非常复杂的问题。康德在此所说的基本法则和刚才所讲的问题尚缺乏现实性，在这个问题上，康德的论证好像是形式逻辑上的。总之，康德想指明一切道德法则，包括适应于一切时代的普遍法则在内，它所具有的普遍特点是什么，以及凡是道德法则都必须为这个特点所制约。所以，康德认为纯粹实践理性的基本法则如下："不论做什么，总应该作到使你的意志所遵循的准则永远同时能够成为一条普遍的立法原理。"[1] 这便是说：即使你的准则不仅成为你的准则，而且同时也要成为普遍的立法原理，一切道德法则必须有这个特点。关于这个特点意味着，即使你的准则成为普遍的立法，这个普遍的立法也不等于一个抽象的适用于一切人的独一无二的普遍法则。所谓的普遍立法不是这个意思，因为它之前有个限定，即不论做什么，涉及普遍立法的普遍性的意

---

[1] 康德：《实践理性批判》，商务印书馆1961年版，第30页。

义是什么。这个普遍性是说，在一定条件下，对于某个人说，它的行为准则是合理的、应当的，这个准则也必须对在同样条件下，对其他人也是合理的、应当的。如果一个准则在一定条件下只对一个人是合理的、应当的，就不是普遍的。所以，要使准则成为一条普遍的立法原理，必须是在一定条件下对某个人是合理的，必须对另一些人在同样的条件下也是合理的。

总而言之，要使准则成为一条普遍的立法原理，这个普遍性不意味着都一样，这个普遍性是建立在一定条件下对一个人是合理的，必须对另外一些人在同样的条件下也是合理的。在这里，康德阐明了凡是道德法则所应该具有的普遍性特点。

系 论

"纯粹理性只对自身有实践力量，并会给与人以一条我们称之为道德法则的普遍法则。"① 这里的系论是说，第一，实践理性对它自己有实践力，即它以自己为基础产生决定意志的形式原则，所以，它在决定意志时为人们提供了一条普遍的道德法则，这是纯粹理性的普遍法则。凡是道德法则都受纯粹理性所制约，表明一切道德法则的普遍规律的特点。这个普遍的道德法则作为纯粹理性的基本法则和各式各样的道德法则之间具有统一性，这个统一性是理性的规律，即思维作为理性的规律。因此，人的思维作为理性具有一种针对人的各种实践活动而产生规定人的实践活动怎样是合理的，怎样是不合理的规律性，也即决定意志应当不应当的规律的合理性。思维作为具有这样的合理性，这个规律不是现成的从经验中归纳出来的，因而不是经验论所能给予解释的，所以，它的根源必须是先验的，即它产生于理性对人的各种意志活动的固有关系，或产生于对实践活动的固有关系；在这

---

① 康德：《实践理性批判》，商务印书馆1961年版，第32页。

里，关系是规律，这个规律是先验的。这种规律作为理性自身的实践性，它能决定意志，且有效果。这正如康德在《纯粹理性批判》中所认为的那样，人的一般认识规律，不是现成的从经验的感性内容中概括出来的，而是产生于思维作为悟性对感性对象的固有关系是先验的一样。在一定意义上，思维的一切规律，把握对象的规律、决定意志的规律统统是先验的，是思维所固有的，这样肯定思维有自己的规律是合理的，包括思维能决定意志的规律在内也是合理的。

但是，它的不合理之处，也同《纯粹理性批判》一样，把决定意志的规律和人的各种实践活动及对象割裂了，不看作是各种实践活动、对象的内在反映，只看作是主观的，这点违反了思维与存在的统一，是唯心主义。实际上，思维作为理性在对人的各种实践活动关系中，具有产生意志的规律；这个规律本身就是一个主客统一性，它是在反映、表现人的实践活动的本身的内在规律。毋庸置疑，人的实践活动需要理性的理解作用，才能被表现出来，所以，理性必须有一个反映人的实践活动的理解作用；这个理解作用是一个主客统一性，在此，既不否认思维的理解作用，也不否认它是实践的反映。

第二，由于理性决定意志的规律是先验规律而不是经验规律。因此，这种规律对人是一种命令，人服从规律是作为命令来服从的，由之也就有了职责和义务。因为"道德法则在人类方面就成为一个命令，这个命令是用定言方式指挥人的，因为这条法则是不受制约的；这样一个意志对这种法则的关系即是义务（Verbindlichkeit）的一种依属关系（Abhangigkeit），这种依属关系意味着凭借单纯理性和其客观法则而令人发生某种行为的一种强制力量；这种行为就称为职责（Pflicht）。因为受感性所影响的任意选择（不过它并不受感性决定，因而还永远是自由的），就带着一个由主观原因发生并因而常常抵触纯粹客观动机的愿望，因而就需要实践理性加以抵抗，给以道德强制（这种抵抗可以叫做内心的理智约束）"①。在康德看来，人的意志虽被理性的道德法则所决定，但人的意志还有违背道德法则的一面，具有在现象界的欲望，这一面很容易作为个人利己心违反道德法则。所以，人的意志虽能为人的理性所决定，但人的意志还不是一个神圣意志。神圣意志是神的意志，神是自然而然的，必会使自己的一举一动都符合道德法则，这样的意志是神圣意志。神圣意志对人而言是高不可攀的。"但是这种神圣意志仍然是一切有限的、有理性存在者不得不以之作为典型而无止境地向之接近的唯一实践观念，而且这种神圣性也把那因此才以神圣见称的纯粹道德法则经常无误地置于它们眼前。有限实践理性的最高成就，就是能够确信它们的行为准则朝着这个法则日进无疆，奋勉不息。这就是德性。"②

把上述定理集中为具体原则为定理四："意志自律（Autonomie）是一切道德法则所依据的唯一原理，是与这些法则相符合的义务所依据的唯一原理。反之，任意选择一切他律（Heteronomie）不但不是任何义务的基础，反而与义务原理，与意志的道德性，互相反对。"③ 由上可见，定理一与定理二是否定的，定理三是肯定的，定理四把上述定理统一了起来，统一为一个意志的自律原理，而不是他律。所以康德的道德哲学也叫作自律论。

人把自己的行为建立在自律的基础上是自由的。因为"道德法则就不表示别的，只表示纯粹实践理性的自律，这种自律本身就是一切准则的形式方面的条件，一切准则唯有在这个条件下才

---

① 康德：《实践理性批判》，商务印书馆1961年版，第32—33页。
② 康德：《实践理性批判》，商务印书馆1961年版，第33页。
③ 康德：《实践理性批判》，商务印书馆1961年版，第33页。

能符合于最高实践法则"①。自律决定人的行为应当不应当,是作为理性本质的本性,是为人所固有的,这与道德法则本源于理性分不开。意志自律是人的一切道德法则所依据的根据,也是一切义务观念的最后根据。人作为一个理性存在,如果不从道德法则或理性规律出发,而从幸福出发,人便会由自律变成他律,为人的实践对象所牵制,亦即为中国哲学所讲的"心为物役"。"因此,意欲的实质,即与法则结合着一个欲望对象,如果进入实践法则之中,成为它所以可能的条件,那样就有待于使好恶受他律的支配,只依靠于教人遵循某种冲动或所好的那种自然法则。在这种场合下,意志就不给自己立法,而只指教如何才能合理地遵从感性法则了。"② 所以,人的行为的出发点是一种自律,即从理性命令出发,人的行为是建立在自律的基础上才叫作自由,也才能免除"心为物役"的生存状态。这样的自律状态,亦为荀子的"行之在我者",与孟子的"求在内,而非在外"。应当说,服从于人所固有的道与理,把人的行为建立在自律的基础上,在这个意义上,康德自律的思想是伟大的。

但自律并不排斥人的各种实践活动的内容。康德认为自律应当作为人从事各种活动的出发点,使人的各种活动服从理性决定意志好坏的规律,把他律综合在自律的原则之中。"因此,那教我们促进他人幸福的法则之所以成立,并不是因为我们假设它是人人的选择对象,而只是因为理性在以客观有效性给与自爱准则时所需要作为条件的那种普遍性形式,才是决定意志的原理。因此一切对象(即他人的幸福)并不是纯粹意志的动机,只有单纯法则形式才是这个动机;我只有借这个形式限制

---

① 康德:《实践理性批判》,商务印书馆1961年版,第34页。
② 康德:《实践理性批判》,商务印书馆1961年版,第34页。

住那依据在我的'所好'之上的准则,才能给与它以法则的普遍性,并使它适合于纯粹实践理性;只有经了这番限制(不是由于附加了一个外面的动机)之后,才产生了那教我把自爱准则也包括他人幸福在内的那个义务概念。"[1] 总而言之,人的各种实践活动应立足于自律基础上,立足于人性所固有的道德、理性的基础之上,从此出发去统摄人的一切活动,只有这样,才最符合人之所以为人的概念。自律的原则是一切社会形态的普遍概念,所以,它是自由的,由此康德得出结论:唯有自律的原则才是人的道德意识,也才会有人的道德行为。

由上可见,康德试图把自律和人的实践活动内容——他律的原则结合起来,然而,他并未像黑格尔那样将二者内在地统一起来。当然,这并不影响自律原则作为指导一切社会中的人的行为原则的合理意义。所以,康德在阐明自律之后,在注一、注二中都是阐明只有形式原则和道德原则才能成为人的一切活动的出发点,因为它是决定意志本身的规律,说明道德不可以建立在幸福原则的基础上,但是,这并不是说康德排斥幸福。康德是说,幸福原则要服从道德法则;实践的实质性原理要服从于形式的原理,形式的原理是实践实质原理的原则。在这里,康德虽然不排斥幸福的内容,但幸福的内容不能作为意志动机的出发点,在这个意义上,康德道德哲学与其认知哲学一样,也是崇尚理性,反对经验的。

康德之所以认为幸福原则不能作为人的普遍道德原理,主要理由有如下两点:第一,这个原理必然涉及各种各样的实践对象,因而这种规律是经验的,不具有普遍必然性。"因为关于这个对象的知识既然依靠在单纯的经验材料上,而且对于这个对象的一切

---

[1] 康德:《实践理性批判》,商务印书馆1961年版,第35页。

判断也完全依靠于本身原就千变万化的各人意见上，所以这种原则虽然能提供概括规则，但是永远不能提供普遍原则；那就是说，它能提供平常彼此互相契合的规则，但是并不能提供永远必然有效的规则，因而在它上面就不能建立任何实践的法则。"① 第二，也是问题的中心，正因幸福原则涉及实践对象，所以，它必然指向对象和主体的关系，指向人的避苦趋乐的主观感受，从这种主观状态出发建立起来的道德原理只能是个人利己主义。

在上述观点的基础上，康德批评了近代主情论。在他看来，主情论将道德原理建立在道德感情的基础之上。他对这种观点的批判主要有两点：第一，道德感情是一种愉快和不愉快，感到自己作了道德行为就愉快，否则就不愉快。在康德看来，人之所以有道德感情，前提是他必然意识到什么是公正，有了公正心才能发出这种道德感情；在这里，康德也表现了与主情论相对立的主知论思想，认为对公正的认识只有理性才能达到，感情意识不到。只有意识到什么是公正、道德，才能产生道德的意识。第二，从道德感情出发建立道德原理，这是人把自己钉在愉快不愉快的主观状态中。如果人把这种愉快不愉快夸大为专门的出发点，就是为享受这种愉快才把这个愉快作为原则，才作为道德的事情，肯定道德的行为，其结果是：这种道德行为只是为了享受愉快，这就会变成一种利己主义，所以，以感情出发的原则很容易走上这个歧途。诚如康德所批评的那样："更其委婉曲折而却同样虚妄的是那些假设有某种特殊道德感觉的人们的主张，（他们说，）决定道德法则的乃是这种感觉，而不是理性，依照这种感觉，德性意识就与满意和快乐直接联系起来，而过失意识就与烦恼和痛苦直接联系起来，因而他们就把全部道德归结到追求个人幸福的欲望

---

① 康德：《实践理性批判》，商务印书馆1961年版，第37页。

上去。因此，道德和义务的概念必然是在我们还没考虑到这种快乐之时就已预先存在，我们决不能从这种满足中引伸出道德和义务的概念来。"①

总之，康德认为把道德原理建立在幸福之上并以此作为出发点，必然导向利己主义。由于康德把自然本性的种种人欲之情只作为一个个人利己心去把握，所以，如果幸福的出发点脱离了形式原则，必然导向个人利己心。"把个人幸福原理作为意志的动机，那是直接违反道德原理的，如我前面所指示的，任何东西如果把一个可以作为法则的决定原理不置在准则的立法形式中，而置在别的方面，那就总有这种矛盾情形发生。"② 这种矛盾不单单是一种逻辑上的矛盾，也是一种实践上的矛盾，其结果便会毁坏全部道德。

如果把纯粹实践理性的最高形式原理与一切实质的道德原理相比较，那么，"意志的一切动机分为单纯主观的（并因而是依靠于经验的）或和客观的（和理性的）两种；两种又都有外在的和内在的分别"③。如下表所示：道德原理中实践的、实质的动机如下：

主观的		客观的	
外在的 教育 （蒙台涅 [Montaigne]） 社会组织 （依孟德维尔 [Mandeville]）	内在的 自然感情 （伊壁鸠鲁） 道德感情 （依赫起生 [Hutcheson]）	内在的 完善 （依沃尔弗 [Wolff] 和 斯多葛学派）	外在的 神的意志 （依克鲁修斯 [Crusius] 和别的 神学的道德论者）

---

① 康德：《实践理性批判》，商务印书馆1961年版，第39页。
② 康德：《实践理性批判》，商务印书馆1961年版，第35页。
③ 康德：《实践理性批判》，商务印书馆1961年版，第40页。

依康德之见:"左边所列各项统统是依靠经验的,显然完全不足以作为普遍的道德原理。但是右边各项却是依据于理性的(因为作为事物性质看的完善性,和作为实体看的最高完善性,即神,两者都只有借理性概念才可以被人思想)。"[1] 在康德看来,一切实质性原理和从实质性原理出发作为动机这样的学说,都不能作为建立普遍道德的基础,因为它涉及实践内容的问题。在康德看来,第一,实质性原理都是依据经验的;第二,这些原理是围绕人的需要、情欲、幸福,从此出发必然导向个人利己主义。康德认为人的动机如果加以分类,不外分为主观的和客观的,主观的是如何从幸福出发,客观的是从实现幸福的原理出发;所以,如果将一切从实质出发的道德实践列个表,从中得不出普遍的道德原理。既然人的动机可分主观的与客观的,那么,主观的又分为外在的与内在的。首先,从外在的看,从实质性的原理出发,教育是一个使人向善的过程。另外,改善社会组织,使人好起来。从教育和改善社会组织出发,建立人的道德原理,使人向善。其次,从内在的看,一个是从人的欲望自然感情,另一个从道德感情出发建立道德原理。康德认为在主观一栏中,显然不能建立普遍的道德原理,因为所有这些出发点:第一,它必然从经验出发;第二,这些活动就其最后目的看,必然指向人的内在感情,即人的避苦趋乐的幸福目标。当然,康德虽然否定实质性原理的普遍性,但并不否定幸福原则的合理性,以及道德感情的必要性,而是强调这些作为实质不能建立普遍的道德法则。因为这些原则本身是人的活动和需要的内容,这些方面必须有决定它如何是合理和不合理,即决定意志本身的意志规律起作用,它们才有道德基础。

---

[1] 康德:《实践理性批判》,商务印书馆1961年版,第41页。

那么，重要的是客观的一面，即关于完善和上帝的概念。何谓客观的？因为完善和上帝的概念产生于理性，故有客观性。在康德看来，从这两个概念出发建立道德原则也不行。在人的意识总体中，必然会产生有关人的完善和上帝的概念；从内在的有关人的各个方面素质的完善看，这种完善必然服务于人的目的，一旦导向这个目的必然进入幸福的原则；但幸福的原则不足以作为普遍的道德规律，所以，从完善出发建立不了普遍的道德原则。在这里，康德不是否定在道德原理中有关人的完善，而是说不能以此作为出发点。同样从外在的上帝也不行，上帝是由理性把握的客观对象，这个最高因和人的一切目的性有关。所以，从上帝出发建立道德原则必然会涉及上帝和人的目的问题。从上帝出发，人的目的的可能性完全被操控在上帝之手，只是因为它有助于生活的利益；只是因为由于契合神意就会得到幸福。所以，这涉及人的目的，就与人的道德实践的普遍性无涉，所以，从上帝的理性概念出发，还摆脱不了个人利己主义，而且是一种最坏的利己主义，因为它使自己受外在权威的摆布，而不是把道德原理建立在人的自己本性与自由因或自律之上。所以，以上帝为基础的道德原理都有不自由的因素，表现了服从它。在这里，表现了康德对宗教的批判，认为道德原理不能建立在宗教之上。所以，从这个列表看，都不足以建立道德的普遍原理，因为"第一，所有这里列举出的原理都是实质的；第二，它们已包含了所有可能的实质原理；最后，由此可得出一个结论说，实质的原理既然完全不足以作为最高的道德法则（如前边所证明的），所以纯粹理性的形式的、实践的原理（依照这个原理，那经由我们的准则而可能的普遍立法的单纯形式必然就是意志的最高的、直接的动机），才是能发出定言命令来的唯一的、可能的东西（这个法则，就是那把行为定为义务的实践法则），才是评价行为并用来决定人类意志的一般的道德原理"①。概言之，只有形式的原理、自律的原理才是人的道德实践的真正出发点和基础。

（三）统论实践原理

康德强调决定意志本身的法则，即决定意志本身是否合理不合理的规律，是一种来源于理性的规定，因而是先验的。正如《纯粹理性批判》中，思维作为悟性把握感性对象具有合理性一样，在《实践理性批判》中，意志本身的法则来源于理性，理性是在对人的各种所是的关系中产生决定人的意志本身的客观法则，所以，不能把理性理解为封闭在自身之中的现成模式也具有其合理性。当然这个合理性在康德这里又具有局限性，其局限性在于把理性的规定和人的实践内容，即和实践关系中的实质二者割裂开了，好像理性规律并不表现、反映实践内容自身所固有的规律，因而从道德实践的层面，也彰显了思维与存在的割裂。

正是因为康德道德哲学中的这个基本缺点，他认为从形式原理演绎不出实践活动的实质，相反，从实践内容出发，也演绎不出有关实践形式的法则，因为二者不具有统一性。这里问题的关键在于：实质被康德定义为实践对象，而主体与对象的关系又是与其幸福、快乐的关系，因而实质直接联系到情欲，或者可以说，情欲包含在实质概念之中。因此，从实质出发演绎不出道德来，即从情欲演绎不出道德法则，反之，从道德法则也演绎不出情欲。在这里，道德法则是理性的，情欲是经验的，由之也表现了康德的先天综合命题的内在问题。法则与情欲之间互相不包含，问题的关键在于康德对情欲的理解。在康德看来，就情欲的

---

① 康德：《实践理性批判》，商务印书馆1961年版，第42页。

内容而言，其本身不能提供普遍的、必然的法则，应该说康德的这种看法是对的。因为对人而言，每个人的情欲各有不同，因人而异，由此从情欲当然得不出普遍的、必然的规律；况且从实现其情欲的社会实践看，不同的人各有不同的情欲范围，因而实现情欲和需要的活动规律也各不相同。如果把康德的思想扩展到整个社会实践，不同的人有不同的需求可归到需要的范围，在这个需要的范围内，便可分化为各种不同的社会实践，如艺术、宗教、哲学与科学等。虽然这些社会实践都在满足人的需要，但不同的社会实践有不同的技能，因而从此也得不出有关意志本身的普遍法则。所以，从实质或情欲出发，就其内容而言，从中不可能达到一个对一切具有理性存在者都是普遍的法则。

但问题的关键在于：人的情欲本身是否也有自己的形式，或自然法则的普遍性？依康德之见，人的情欲是一些苦乐之感，这些苦乐之感是由外在的各种对象引起的。然而，尽管它的内容是多种多样的，但总可归结为和外界的关系；这种关系作为一种前后相继的感官印象而出现，思维把握感官印象时必然产生因果规定，因而人的情欲出现总是遵循着自然的因果律，那么，在以因果律为基础而出现的苦乐感之中，情欲的方向性有无普遍性？如果说人从感性中的方向性总是避苦趋乐；如果对人的情欲方向进行归纳都是如此的话，那么，这样的归纳就会唤起悟性规律起作用，即实体属性规律起作用，思维作为悟性用实体属性去把握这个事实，在归纳中将情欲总是表现为趋苦避乐把握为人的一个本性。这样，便出现了情欲的这样一种规律，即人的情欲是避苦趋乐，是人的情欲本身作为一个自然规律形式方面的东西。可以说，在《实践理性批判》中，康德缺乏把情欲提高到一个普遍的概念，即人为自然立法的规律。

基于上述观点，便会进一步看到康德道德哲学的缺点，即康德的道德伦理学，只是一种道德原理，而不是伦理原理；因为他把人的自然本性的种种人欲之情只是把握为个人的人欲之情，由此只从个人追求幸福去考察，因而并未接触到人的社会性。实际上，道德法则是与社会性相联系的，道德法则就是人形成其社会性的规律，但康德没有这样做，他没有把自然本性的各种人欲之情把握为一个社会实践性；也没有看到人要实现自己的种种人欲之情，其欲求对象只有在社会相互联合中去实现。这样，自然本性所表现出的各种人欲之情便成了一个脱离了社会性的自然性的抽象。如果单纯从这样的自然性的抽象出发，不考虑社会实践性一面，当然从情欲中就分析不出人的道德规定和道德法则，在这个前提下，便存在着人的自然本性和道德法则的二元化。反过来，如果道德法则只是一个形式规律、抽象的理性规律，它本身空无内容，纯粹是理性的形式，那么，它便不能内在地包含自然本性的种种情欲之情。所以，从道德法则出发，也演绎不出人的情欲的环节。总之，不能从道德法则演绎出情欲，反过来也是如此，达不到二者的内在统一，所以，二者只能是先天综合命题；这是康德使其形式原理的规律和实质方面的实践规律相互割裂的大前提。康德意识不到二者所以能相互联系的前提是社会性，是实现人的情欲的社会实践性，没有这个前提，便没办法把二者内在地结合起来。

正因为康德将人的自然本性——避苦趋乐只把握为自然性，没有和社会联系起来，因而只将人的自然本性理解为个人的情欲，是个人利己心。应该说康德把自然本性仅仅看作是个人的利己心，即情欲只能作为个人的情欲来表现，而且经常表现为利己心，这个观点有其道理。这里的问题是情欲、自然本性从实质上是否仅仅是个人利己心？其实并不是这样的。情欲本身也有二重性，它既可表现为个人利己心，同时也是个类本性。各种不同的动物作为类，它具有类所需要的表现，对某一类讲是一个普遍性，对人讲也是一个普遍性。在类本性里面，动物、人都有一个共同的特点：第一，他能本能地直观到同类之中各种不同的个体在情欲与实践活动方面的统一性。当然，动物在此直观中无意识，而人有思维，具有自我意识。类本性在这种直观中，天然的、本能的就有一种类感情。这种感情就存在于自然本性中，就是自然本性作为类本性所固有的表现，在这个意义上，就不能把自然情欲仅仅把握为个人利己心。它内在的具有这样一种表现的可能，即它能根据个体，以及自己的苦乐感，而直观到其他人同自己一样有同样的苦乐感，自己不需要的东西，别人也是如此，在这个推己及人的过程中，既肯定自己，同时也肯定他人，因此，人的情欲之情和社会性、道德法则相连。道德法则是理性揭示把握类感性所包含的固有规律，这样便把道德法则和自然本性内在地结合了起来。如果把人的自然本性只把握为个人利己心，就如同霍布斯所讲的人与人是狼的关系。根据康德的前提，康德只把人的自然本性把握为个人利己心，这个本性与道德法则之间便会水火不相容，二者互相矛盾，一个利己，一个不利己，这种道德形式与实质之间相互割裂，是康德道德原理的最大缺陷。这个缺陷表明康德的道德哲学和传统哲学一样，都把人的自然本性只是把握为恶，或个人的利己心，当然，也归因于康德哲学中的思维与存在的割裂。

二　纯粹实践理性基本原理的演证

（一）道德行为的二重性

根据前述，康德肯定自律的原则，自律的原理是自由，因而确定人作为一个理性的存在是一个自由因，但是，不能从自由因出发，使其变成对象，考察它的纯粹不纯粹，从而回到思辨理性。自由因在《纯粹理性批判》中，只能作为一个或然性，但道德行为必然有道德法则，道德法则不能从自然规律中得出，而来自理性；道德法则决定人的行为动机，因而它本身便具有实践力。"纯粹理性是有实践力的，那就是说，它能不依靠任何经验的东西，单靠自己就能决定意志；——而且它还是凭借于我们纯粹理性证明已确实有实践力量的这个事实证明此事的，这个事实就是决定意志发生行为的那个道德原理的自律；——它同时还指出：这个事实与'自由意志'的意识是不可分离地联系着的，甚至还是与它二而一的；……"[①] 由此可见，在《实践理性批判》中，康德是用道德法则确立了自由因的实在性，所以，在道德实践领域，毫无疑问，自由因是存在的，但不能从自由因出发，而应从道德律出发来证明自由意志与自律是二而一的事实。"由于这个，一个有理性的存在者的意志，就其属于感性世界而言，虽然自认不得不服从因果法则，正如别的发生因一样；可是同时在另一方面的实践领域中，即作为自在之物看，它就意识到自己是在一个理性的事物秩序中被决定的存在；（而且它之意识到这一层）还不是凭借于一种特有的自我直观，而是凭借于那些能够在感性世界中决定它的原因性的动的法则；因为在别处已经充分证明，如果我们毕竟有自由的话，那它就把我们置在一个理性的事物秩序中。"[②] 因此，在"一个理性的事物的秩序中"，来自纯粹理性的原则作为普遍法则决定意志，就会将现象界的人的意志提升到本体界，变成一个超自然、超经验，并服从本体界的理性规律和秩序的自由意志；同时也将一个超验的理性秩序带到现实界中来了。正因为如此，纯粹由理性产生的普遍实践

---

① 康德：《实践理性批判》，商务印书馆1961年版，第42页。
② 康德：《实践理性批判》，商务印书馆1961年版，第42页。

法则不是一个孤立的空洞性，它决定意志本身的合理不合理，即决定人在自然界从事什么、想追求什么的意志合理不合理。通过普遍实践法则的决定性把超经验的理性与现实人的自然规律结合了起来，把理性界的规律带到了现实界。正如康德所说："这个法则就给与作为感性自然的感性世界（就有理性的存在者而言）以悟性世界形式，即超感性存在形式，而同时并不致破坏前一世界的机械作用。但是最广义下的自然就是受法则所控制的事物的存在。一般理性的存在者在感性世界的存在乃是指他们在受经验制约着的法则之下的存在而言，这种存在在理性看来就是他律。反之，同样存在者在超感性界的存在乃是指他们合乎不依任何经验条件的那个法则的存在而言，因而属于纯粹理性的自律。而且那些单靠认识就可使事物存在的法则既然有实践力量，所以超感性的存在（就我们能设想它而言）就不外是受纯粹实践理性的自律所控制的一种存在。但是这个自律法则就是道德法则，因而道德法则就是一个超感性存在和一个纯粹悟性世界的基本法则；这个世界的副本必然存在于感性界之中，但是并不因此损害了这个世界的法则。我们可以称前一个世界为原型世界（natura archetypa），这个世界，我们只能在理性中加以认识，至于后一个世界，我们可以称之为模型世界（natura ectypa），因为它包含着可以依靠为意志动机的第一个世界的观念之可能结果。因为事实上道德法则就把我们置在一个理想领域中（在那里，纯粹理性如果赋有充足的自然力量，就会产生最高的善），并且决定我们的意志给与感性世界以一种形式，使它仿佛成了理性的存在者组成的一个全体。"[①] 这样，就好像人的感性世界是直接接触到本质界的理性秩序，二者相互联系，二者这样的联系就是人的道德行为。当然，人在现象界的因素和理性世界的结合具有二重性，

[①] 康德：《实践理性批判》，商务印书馆1961年版，第43—44页。

康德并没有达到二者的内在统一。不过，由此可见，康德的形而上学是建立在道德实践的基础上的。

纯粹实践理性的演证，有些基本思想值得关注。在《纯粹理性批判》中，本体界的东西，思辨理性在现象界完全无法认知与确证，但在《实践理性批判》中，本体界的规律泄露在现实世界中，表现在人的伦理世界与道德世界之中，由此阐明《实践理性批判》的方法和《纯粹理性批判》的方法之间的区别及其后果则成为必不可少的步骤。

（二）实践理性与思辨理性的区别与后果

依康德之见，《实践理性批判》与《纯粹理性批判》在方法论上有本质的不同。思辨理性必然从对象，或感性出发，因为认识没有直观就等于没有对象，从此进一步达到思维作为悟性把握感性直观而形成经验所以可能的原理；再由经验界通过认识的上升运动，从低级到高级，从具体到原理，直至把握经验的总体，进入理性的领域，因而这个方法是一种综合的方法。这种综合方法从最初的感性出发，一步步地综合，最后达到理性；并证明理性一旦超越经验，便无所作为。这样，理念只能作为一个条件原理，指导人不断地从特殊上升到普遍的理想性。但是，实践理性与此相反，实践理性的对象是人的欲望机能，即意志，因而其对象不是在人的意志之外，那么，关于人的意志就是可以从道德行为中分析出来的因素。由上已知，一个是实质性的准则和形式方面的原理，形式方面的原理不来自自然，而是来自理性，并且决定意志。所以，实践理性不是从直观出发，而是从原理出发，然后下降到经验事实，因此顺序与思辨理性或理论理性相反。由于二者的对象不同，理论理性每前进一步，就犹豫徘徊，而实践理性则非常干脆。

第一章 纯粹实践理性分析　281

思辨理性与实践理性的上述区别，由此所引起的后果，便是在现实界演证其原理的确证性与实然性。纯粹理性从直观对象出发，它的规律是把握经验所以可能，思维作为悟性的范畴，在不超越经验的范围内都可由经验来确立，而进入理性的对象是不能肯定什么的，但它在经验中的运用是有确证性的。与此相反，虽然实践理性的优越性可从原理出发，指出普遍的实践法则适用于一切有理性存在者的法则是怎样的，但它不能由现实的经验和行为来确证这样一个法则必然被人像经验所以可能那样，完美的体现在人的行为中。因为这个法则不是一个实然性的法则，而是一个应然性的，而是关于应当不应当的法则。所以，康德认为虽然我能确证一条对人的本身而言具有决定意志的道德律，但对人的实践结果讲，保证不了在人的行为中必然被体现出来，有了道德的至上命令，人仍然可以违抗道德法则。因为其一，"但是在现实的自然中（就其为一个经验对象而言），自然而然决定自由意志的那些准则，并不能自行建立一个合于依此法则所组成的一个世界；不但如此，那些准则反而就是个人的好恶，这些好恶诚然构成一个合乎感性（自然的）法则的世界整体，但是并不能构成一个单由我们意志依照纯粹实践法则所造成的世界"①。其二，道德法则的结果是应当，在其对立面还有不应当，虽然在行为界确立了它的完美无瑕，确证了它的客观存在，但现在只能说有道德法则在起作用，然而，并不能保证它普遍实现。由此可见，纯粹理性的出发点是对象，或直观，而实践理性的出发点是欲望、意志，是规定人的行为应当不应当的规律，根据情欲起作用，便会违反应当，实践理性保证它必然决定意志，是决定意志的普遍规律，但不保证它被实现为客观存在，所以，从经验出发，去证明

---

① 康德：《实践理性批判》，商务印书馆 1961 年版，第 43—44 页。

它的客观实在性是做不到的，而且对实践理性也不要求。论证道德法则的必然性，这里涉及自由因的问题。

（三）自由因的存在之确证

康德指出有一个非常微妙而奇怪的事，道德法则的验证是不可能的，但是它却有助于解决辩证理性不能解决的难题。在思辨理性中，康德提出两个二律背反的命题。命题一：自然界只有因果律，除此之外并没有什么东西。从这个命题的分析中，达到一个对立的命题，即命题二：自然界只有前后相继的因果律是不行的，必须有一个表现自发的自由的存在。在《纯粹理性批判》中，康德就已经提出了道德法则不是来自自然，它也不是自然中的前后相继的规律，而是来自理性；是理性打断了自然的因果链锁，由之本体界的自由因是不能否定的。虽然不能否定自由因的存在，但对自由因也作不出一个本然性的结论。关于把现象界联系于本体界，因而可能同时有个自由因的存在，在思辨理性那里，这个结论只是一个或然性的推论。可是在《实践理性批判》中所说的普遍的道德法则的有效性虽不能为经验证明，且不具有像实验科学那样的实然性，但却能确定自由因是存在的；不仅能确立它的存在，而且可以从自由因推出最高的存在。

在康德看来，自由因由于道德法则必然会起作用，必将是人在本体界作为一个理性本质的实在性证明自由因是存在的。因为道德法则出自纯粹理性，因而它必然是人在本体界作为理性本质的本性表现，由之确定了自由因。因为"这个法则一定就是一个不由经验给与而由自由才可能的，并因而是超感性的世界观念，而且从实践的观点看来，我们至少要给与这个世界以一种客观实在性，因为我们把它看成是我们——作为纯粹有理性存在者——

意志的一个对象"①。确定了自由因就是确立了人在道德哲学中是以自律为出发点、为原则的。只是自律是结合着他律，正因为如此，它能把人在现象界的一些活动提高到理性的秩序之中，提高到自由。这样，纯粹理性解决不了的问题，便由实践理性解决了。但这里有一个问题，虽然确证了自由因的存在，但自由因是一种什么性质与逻辑结构，对人而言，这又回到认识上，关于这个问题，认知理性还是不能给予回答，不过，它至少是把知识扩大了，确定了人在本质界的存在。

三　论纯粹理性的一种拓展权利及其界域

康德在"论纯粹理性在其思辨运用中所原不能有，在实践运用中却毕竟能有的那种扩充权利"一节中，首先指向休谟问题引起的怀疑主义，破坏了理性法庭。用康德的话说："休谟——我们能够说，他才是真正开始对纯粹理性的抱负发动全面攻势，致使我们不得不彻底考察一番纯粹理性的——曾经得出了下面这个结论。"② 尽管休谟的怀疑主义引起了康德对纯粹理性的批判，并回应了休谟的因果观，但是康德对休谟有关因果律的批判，《实践理性批判》远比《纯粹理性批判》深刻。在《纯粹理性批判》中所指的意识对象是现象，即为人所意识到的对象是经验，因果律是经验所以可能的一个条件，在这个意义上，是用经验去确证因果律的客观必然性。如果像休谟那样，把对人显现的对象把握为自在之物，即把感官印象把握为自在之物，从这个自然之物出发，去求因果律的客观必然性就得不到证明。"因为说到自在之

---

① 康德：《实践理性批判》，商务印书馆1961年版，第44—45页。
② 康德：《实践理性批判》，商务印书馆1961年版，第51页。

物和其属性,则顾名思义,我们并不能洞察,为什么某种东西——甲——被设定,而另一个东西——乙——就因而也必然要被设定,因而他就完全不能承认有关于自在之物的那样一种先天的认识了。"① 这就是说,从自在之物的现实情况经常看到甲事实伴随着乙事实,发现不了因果性,但是,如果把自在之物看作只是对人显现的现象,从而从现象出发形成同时并存的经验时,在经验中必然包含着思维规律在起作用,以至因果律也包括其中,用经验原理证明因果律的客观必然性,所以,不是感官印象作为自在之物,从自在之物中求结果,这是康德克服休谟的一种方式。但是,这种方式不是一种彻底的方式,因为它没有达到思维与感性对象之间的内在统一。

"当然,这位头脑锋利的人更不能承认这个概念是来自经验的,因为这个来源与构成原因性概念本质的那种必然联系是正相矛盾的。因而这个概念就被驱逐出去,而由观察知觉进程的习惯取而代之了。"② 那么,当休谟主张因果关系只是以心理本能为基础的心理联想时,因果律便没有了客观必然性,由此也导向对科学的怀疑,破坏了科学、甚至于几何学的基础。康德在《纯粹理性批判》中,认为因果律是经验所以可能的条件,捍卫了科学的基础;但一涉及经验总体的理性领域,把这个因果律运用到理性对象上时,由于理性对象无直观,所以这个运用保证不了科学知识,证明不了理性对象的存在与否,因而作了限制,即因果范畴不能作超验的使用。不过,康德认为理性也以悟性范畴起作用,这便有一个扩大范围的问题。在《实践理性批判》中,康德利用道德的原理起源,即以理性产生的道德法则确立了自由因的存

---

① 康德:《实践理性批判》,商务印书馆1961年版,第53—54页。
② 康德:《实践理性批判》,商务印书馆1961年版,第54页。

在，由此便把因果的原理扩大到超验界中去了。理性的这个运用是实践理性的权力，把因果原理运用到超验界不是得出没有实际意义的结论，而是得出有实际意义的道德原理，所以，实践理性可以扩充人的知识，但这个扩充仅仅是证明自由因的存在。在这个扩充的意义上，康德不仅论证了实践理性优于思辨理性，开启了把实践导入哲学的先河，同时也表明了康德的本体论是道德形而上学，亦即由道德建立其本体论。

第二章　论纯粹实践理性对象的概念

一　行为的动机：意志法则与意志的对象

康德说："我所谓实践理性的一个［对象］概念乃是指作为通过自由而可能得的一种结果来看的那一个'客体'观念而言。因此，要成为纯粹实践认识的一个对象，就只意味着对可以实现那个对象（或其反面）的那种行为的关系而言。而且要决定一种东西是否是纯粹实践理性的对象，就等于来探求我们能或不能愿望一种行为，使一个客体借以实现出来，如果我们有了这种能力（关于这一点必须由经验来决定）。"① 换言之，实践理性的对象指形式原则与幸福原则及其实践的统一，并具备实现这个对象的能力，所以，实践的对象包括两个因素：第一，行为的动机，即出自理性的意志原理与法则；第二，意志的内容，即实质的对象。实质的对象与主体的关系，就是通过人的主体行为实现对象，以达到对幸福的追求。当然，这个幸福的追求必须符合意志的法则，法则与幸福的统一才是实践理性对象的总体；纯粹实践理性就是要实现这个目标，这便产生了实践理性的对象的总体对

---

① 康德：《实践理性批判》，商务印书馆1961年版，第58页。

人而言是应当或不应当的，应当是好的，反之则是坏的。"因此，一个实践理性的唯一对象，乃是善和恶两种对象。前者指依据一种理性原则而必然欲求的对象，后者乃是指依据理性原则而必然憎恶的对象。"① 善恶的对象涉及实践理性的意志问题，但伦理学不能从善恶出发，因为善恶概念涉及实践理性对象的总体，对象总体的因素是形式原理和实质内容的统一，因此，不能从理性对象的总体出发，而应从行为的动机出发，因为在这种情形下，行为的动机不是对象，而是意志的法则。

二 善恶概念的对立

依据上述观点，康德在此指出了一个方法论的问题，即伦理学、道德学的基本对象是善、恶，但却不能从善恶概念出发，因为善恶概念是由不同因素组成的统一体。这样，如果没有弄清它的统一体，或没弄清它的组成因素，便必然会从实践对象出发；从对象和主体的关系出发，那么这个关系就会表现为避苦趋乐。如若这样，第一，永远达不到普遍的、必然的规律，因为这是经验的东西；第二，把善、恶的概念局限在快乐为善，痛苦为恶，便会导致伊壁鸠鲁的快乐论。快乐论以为，"造成这种经验时唯一可参照的主体的性质，就是快乐和痛苦的感觉，就是属于内在感识的一种感受性，因而原来的'善'这个概念就必然只可用于那与快乐感觉直接结合着的东西，而'纯粹的恶'这个概念也必然只可用于直接刺激痛苦来的东西上了"②。与快乐论不同，在康德看来，基于经验的避苦趋乐与意志的应当不应当的善恶无涉；

---

① 康德：《实践理性批判》，商务印书馆1961年版，第59页。
② 康德：《实践理性批判》，商务印书馆1961年版，第59页。

判断善恶要依靠理性，而不能依据个别主体和其感受性上的单纯感觉，因为主体快乐不快乐的感觉本身根本不会有善恶的东西，快乐不快乐的感觉与善恶观念是有区别的。

另外，从道德感情出发也是如此。如果人是从推己及人那样的道德感情出发，虽然这种感情伴随着应当，但是，由于康德只把道德感情归为一个个人利己心，那么，从人的道德感情出发从根本上并不是推己及人，而只不过是自己行为中的快乐，所以，从道德感情出发最终仍反归为一个个人利己心；正因为康德的这种偏激观点，他得出结论便是：从道德感情出发也会导向快乐主义。

所以，康德认为道德问题的基本对象是善恶，但不能从它出发，而应首先从欲望和它的形式的来源关系出发，厘清实践理性的对象，因为明确了实践理性的对象是什么，便明确了善恶是什么。在康德看来，善恶概念有两个方面：第一，从情欲看（主体与实质对象的关系），人总是追求幸福，幸福为好、为善；痛苦为不好、为恶，即引起一切痛苦的东西是恶，反之，则是善的。在康德看来，从欲望出发的苦乐感得不出一个普遍的、必然的善恶尺度；这样的善恶实际上不是善恶的概念，应该叫作祸与福，快乐是福，不幸是祸。所以，"福或祸永远只指示着对我们的愉快或不快、快乐或痛苦等心情的一种关系，而且我们如果因为祸福的关系而贪求或憎恶一个客体，那末这种情形的发生就只是由于这个对象与我们的感受性，与它所产生的快乐感觉或痛苦感觉，有一种关系"[1]。那么，这种以自然本性的好恶为出发点的感觉就不能组成善恶的概念，当然也不是一个普遍的、必然的善恶尺度。

---

[1] 康德：《实践理性批判》，商务印书馆1961年版，第61页。

因此，第二，判断一个行为的善恶，应从人的行为动机出发，看其是否符合道德法则和形式原理，因为只有形式原理和道德法则才是普遍的、必然性的善恶尺度；符合形式原理或道德法则的行为是善的，相反则是恶的。诚如康德所言，"但善或恶则永远意味着对意志的一种关系——就意志受理性法则所决定而把某种东西作为它的对象而言；因为意志永远不受任何对象或对象的观念的直接决定，它乃是把理性规则作为行为（能实现一个对象的行为）动机的一种能力。因此，善恶照其本义讲就只有关于行为，而无关于人的感觉状况；而且如果有任何东西可以成为绝对（即是在一切方面，并且不受别的条件限制）善的或恶的，或者可以被人认为是绝对善或恶的，那末那就只有行为的方式，意志的准则，因而还有行为者本人（就是所谓善人或恶人），而任何一种事物决不能称不善的或恶的"[①]。总之，善恶只关乎人的行为的方式，或意志的准则，而无关于人的感觉状况。在这里，康德不仅界定了善恶的本义，把它放在道德法则上，而且区别了善恶与福祸，并在这个思想的基础上，进一步探析了福祸与善恶之间的联系问题。

三 善恶概念的统一

康德以理性为基础的道德原理是使人的行为成为最高善的条件，在此条件下，人的行为才是善的。但是，康德并不排斥人追求幸福，问题的关键在于要把幸福内容从属于道德原则之下。在康德看来，在实践理性的评价中，人作为感性的存在者，就其天性而言，求福是重要的人生乐趣，但是并不是"唯一重要之点"。

---

① 康德：《实践理性批判》，商务印书馆1961年版，第61页。

他说：“人类，就其属于感性世界而言，乃是一个有所需求的存在者，并且在这个范围内，他的理性对于感性就总有一种不能推卸的使命，那就是要顾虑感性方面的利益，并且为谋求今生的幸福（如果可能的话）而为自己立下一些实践的准则。但是人类还并不是彻头彻尾的一个动物，以至于对理性向其自身所说的话全然不关心，而只把理性用作满足自己（当作感性存在者）需要的一种工具。……人类在一度赋有这种才具后，他就需要理性，以便时时考虑他的祸福，但是除了这个用途以外，他所具的理性还有一个较高用途，那就是，它不但也要考察本身为善或为恶的东西（只有不受任何感性利益所影响的纯粹理性才能判断这一层）而且还要把这种善恶评价从祸福考虑完全分离开，而把前者作为后者的最高条件。”[1] 在这里，康德主张以伦理形式方面的善恶尺度为标准，统辖人的幸福准则的思想观点是正确的，并适合于任何社会形态。遗憾的是康德并没有达到道德法则和幸福原则的内在统一，而只停留在二者的外在结合上。尽管如此，值得肯定的是他的道德法则并不脱离人的幸福要求。

基于上述观点，康德以为"这里正好说明实践理性批判中方法之谜的一个适当地方：就是，善恶概念不当在道德法则之前先行决定（虽然从表面上看善恶概念甚至应当作为这个法则的基础），而只当在它以后并借着它来被决定（这里也正是这样进行的）。……假如我们先用分析方法研究这条法则，那末我们就该已经发现，并不是善（作为一个对象）的概念决定道德法则，并使之成为可能，反而是道德法则首先决定善的概念，并使之成为可能（就其绝对配称为善而言）"[2]。在康德看来，最高伦理学的

---

[1] 康德：《实践理性批判》，商务印书馆1961年版，第62—63页。
[2] 康德：《实践理性批判》，商务印书馆1961年版，第64—65页。

研究方法则事关重大，因为它说明了哲学家们为什么会在最高道德原理方面犯下种种错误的原因。在他看来，这些哲学家错在不是先找寻先天的、直接的决定意志并且依此来决定其对象的法则，而是试图寻找一个意志对象，以它作为一条法则的实质或根据，间接地借苦乐感觉对象作为意志的动机。"但是不论他们把这个可以构成善的最高概念的快乐对象置于幸福，或置于全德（Vollkommenheit），或置于道德感觉（原作道德法则），或置于神的意志，而他们的原理总是一种他律；他们总归要撞到道德法则的经验性的条件上，因为他们只能依照一个对象与其感觉的直接关系称他们那个对象（作为意志的直接动机）为善为恶的，而这种关系却永远是依靠在经验上的。只有一个形式上的法则才能够先天地成为实践理性的一个动机，而所谓形式上的法则就是那只指点理性把它的普遍立法形式作为它的准则的最高条件的一个法则。"① 因此，康德在本节大量地论证了方法论的问题，并从以善恶为最高尺度的原理出发作了一个范畴表。根据《纯粹理性批判》范畴表的四分法，它反映了人的认识从直接性到间接性，从感性到理性，以及二者统一所形成的可能的内容；《实践理性批判》的范畴表也分为数量、性质、关系和情状，它反映了从感性逐渐过渡到超感性的普遍原理，但是这个表并不脱离人的实践内容。

第一，数量：涉及个体的有目的性的行为，所以是具体的感性。第一个范畴是主观的、依据准则形成目的性。这个范畴表明一个人的行动必有所意图，或目的性，所以，其行动是有实践内容的，但这个实践内容不可能成为普遍原理，只是某人从事活动的准则。当某人依据这个准则进入社会活动时，他的活动就不仅

---

① 康德：《实践理性批判》，商务印书馆1961年版，第65页。

仅是个人的活动，必然是在人对人的关系中的社会活动，因而他的活动必然牵涉社会上某些他人的活动，由之他的活动也必随之变成客观的。这样，他所依据的准则就不能仅仅局限于个人的意图，个人的想法与活动必须从属于某些他人和众人相对意义的客观原理，即规矩。因此，个人的实践内容必须从属于一个先天的、客观的并具有主观自由原理的道德法则。由此可见，一个个体的活动，最后落实到人们遵循的普遍法则，这个活动是二者的统一；最后一项是前两项的统一，因而形成了一个具体的、单一的道德法则。

第二，性质：凡是道德行为有什么性质。性质都是由普遍原理决定，就其是决定行为的实践规则看，可以有两种：一为肯定的判断、直言的判断，即凡是道德法则都是命令，故是教训，人只要从事活动必须这样；二是命令所肯定的反面，即否定，否定也是命令，表现为禁止的实践规则。然而，道德法则也有其灵活性，它根据不同的情况，在特殊的情况下还有例外，可以破格，称作破格的实践规则，表现了道德至上命令具有灵活性。

第三，关系：道德法则决定人的意志，便和人有关系。它和人的关系表现为：道德法则和人的实在性分不开，脱离道德法则来讲人的实在性是不行的。所以，（1）与实体属性范畴一样，在《纯粹理性批判》中是决定属性，在这里，道德法则决定人格，表现为道德法则与人格的关系。人格是道德法则的体现，不体现道德法则便没有人格；（2）从一个人的行为现实状况看，他的现实状况如何，就看他的道德修养和行为状况如何，德行如何。一个人的德行如何取决于在什么样程度上体现了道德法则；（3）是前两者的统一。二者的统一表现为一个人在和他人的相互关系中，某人所表现出来的人格。如果一个人的德性不好，在与他人的关系中必是损人利己的，不管它是有形的还是无形的。

第四，情状：关于人的道德行为的内容，并且其内容已内含在前三种范畴之中。《实践理性批判》中的情状范畴类似于《纯粹理性批判》中的形相范畴，不增加知识的内容，在这里，同样也不增加道德行为的内容，只是把前三种内容用可能性表现出来。所以，在情状范畴中有：（1）实然性，许可或不许可的事情。哪种事情许可或不许可是道德行为的尺度，相当于可能性，即哪样可能性的行为是许可的，哪样可能性的行为是不许可的。（2）现实性，职责和违反职责的事情。这个范畴涉及人的行为根据道德法则的要求应尽职责，或者违反职责。真正的行为应是二者的统一，即真正的道德行为不但选择许可的行为，而且排斥受指责的行为，使自己尽职尽责，达到圆满；与之相反，就是不圆满，表明其行为有不同程度违反职责的情况。凡人都应朝着圆满的职责努力，所以，道德原则最后落实到义务的观念，即职责观念。一个人的行为在现实性上是圆满的，或者是不圆满的，涉及道德法则作为理性的至上命令，在对人的行为关系上，在四个范畴表的范围内实现它的规定作用，至于具体的道德法则的内容如何，看四个规定所规定的行为是一种什么样的实践，因而这个范畴表叫作"关于善恶概念的自由范畴表"[1]。

正是在这里，康德提出了一个重要概念，即纯粹实践判断力的范型，并与功利主义的幸福原则严格地划清了界限。康德哲学有个特点，或者更确切地说是缺点，即把先天的规律性与感性内容，或道德法则与实践内容相割裂，并将二者只看作为一种综合关系或结合的关系。因为在康德看来，凡是理性产生的逻辑规定都是抽象、普遍的概念，因而先天的概念和后天的内容在性质上不一样，因此需要有把二者联系起来的中介。在《纯粹理性批

---

[1] 康德：《实践理性批判》，商务印书馆1961年版，第67页。

判》中，联结二者的是由想象力所产生的图形，这个图形一方面与范畴相联系，另一方面又与感性相联系，因而可以使范畴应用于感性对象上。现在的问题是决定意志的道德命令作为更抽象的逻辑规定，如何运用到人的现实行动中；这便需要有把二者联系起来的中介，那么，能够联结道德命令和人的行为的中介是什么？关于此，康德在《实践理性批判》中说道："首先给意志决定一个对象的，乃是善恶概念。但是这些概念是受理性的实践规则支配的，而且这个理性如其是纯粹理性的话，还是先天地决定意志的（就其对象方面而论）。但是我们在感性界所可能发生的一种行为是不是符合这个规则的一个例子，这是应当由实践的判断力来决定的：借着这种判断力，那在规则中概括地（抽象地）规定出的指示才可以具体地应用到行为上。不过一个纯粹理性的实践规则，第一，因为是有实践力量的，所以它是和一个对象的存在有关的，第二，它作为纯粹理性的实践规则，本身又带着某种行为发生的必然性，因而它就是一种实践的法则，而且它并不是依靠于经验上的决定原理的一条自然法则，而是一条可以决定意志的自由法则（这种决定不依靠任何经验成分，只通过一条概括法则和其形式的表象），至于凡可能发生的行为实例，则都只能靠经验来决定，即是只能属于经验和自然的。"[1] 由此可见，在道德哲学中，纯粹理性的实践法则作为一条决定意志的自由法则，运用到人的行为中的中介，叫作道德的范型即概型。概型就是如何把道德法则运用到人的现实行为中的标准，也是提出纯粹实践判断力的范型这个问题的意义。

如上所述，纯粹实践理性有实践力，即它能决定人的意志，但凡是人的意志必有其内容，所以，纯粹实践理性在决定意志时，

---

[1] 康德：《实践理性批判》，商务印书馆1961年版，第68—69页。

便必然会与人的意志内容发生联系,即与人的感性行为结合起来,把一个超感性的理性秩序施用于现实中去。那么,超感性的理性如何能施加于人的现实行为之中?这个问题不论在理论理性,还是实践理性中都是有困难的。但康德在理论理性问题上,找到了方便的解决途径,即从直观对象出发,以直观对象的时空性为中介,通过想象力的图型把范畴运用到感性对象。但是,实践理性不是从对象出发,因为它不是认识对象是什么;而是从意志的动机出发,寻求决定意志动机的超感性的道德法则;超感性的道德法则决定意志,是怎样和意志内容相结合的?诚如康德所说:"在理论的应用方面,有重要关系的既然是纯粹悟性概念能够应用于其上的那些直观,而这一类直观(虽然只属于感官对象)恰好是能够先天地被给予的,因而就多样性能够联系在其中而言,还是依照纯粹悟性概念作为概型(Schemate)被给予的。在另一方面,则道德上的善,就其对象而论,乃是一种超感性的东西,因此,我们就不能在任何感性直观中发现出与它照应的任何东西来。因此,受纯粹实践理性法则所支配的判断力就似乎遭受到一种特别的困难,这些困难的发生就由于下面这个事实:就是,一条自由法则却必须要施用在那些发生于感性世界中并因而在这个范围内属于自然行为(作为事情看)上。"[1] 在理论理性的问题上,悟性为自然立法,因而关乎人的意志内容的问题,人的意志内容就其属于感性世界而言,从属于一条自然法则;它涉及意志内容所包含着的人对物的关系,以及人对人的关系。自然法则作为一个概型,它本身就可以作为道德法则和行为结合的标准和基础,道德法则正是根据意志的内容是怎样服从自然法则的关系,把自己施用于人现实的行为之中的。因此,如果说理论理性的出发点是直

---

[1] 康德:《实践理性批判》,商务印书馆1961年版,第69页。

观对象，那么，实践理性和现实的关系则是人的行为。道德法则是人的理性对人的行为所固有的关系，它不脱离人的行为，但道德法则的根据在于理性，它对人的行为关系等于理性对人的行为内容所具有的实践规律的关系，即从属于自然法则的关系。在这个关系中，理性把自己的规定体现在人的行为中，所以，想把道德法则运用到具体事物上，除了借助于悟性以外，就没别的认识官能可以把自己运用到对象上，帮助去运用到人的行为中。正如康德所言："一条自然法则，即感性直观的对象（就其为此种对象而言）所服从的那法则，一定有一个概型，即想象力的一个概括方式与之相应（这个想象力可以把法则所决定的纯粹悟性概念先天地呈现于感官之前）。但是自由法则（也即一种完全不受感性制约的原因性的法则），因而还有不受制约的善的概念，并不能有任何直观，因而也不能有任何概型，以便把自己应用到具体事物上去，因此，道德法则除了借悟性以外（不是想象力），就没有别的认识官能可借以把自己应用在自然的对象上。为了促进判断力起见，悟性并不能给予理性观念以一个感性概型，只能以一条法则来支持它——不过这条法则则是能够具体呈现在感官对象中的那样一条法则，因而就是一条自然法则（虽然其为法则，只是就形式方面说的）。我们能够称这个法则为道德法则的范型（Typus）。"[①] 总之，在悟性与对象的关系中产生了概型，理性借助于概型来决定人的道德行为。

从上述观点出发，实践判断力的范型，一方面与理性主义的神秘主义道德观区别开来。理性神秘主义把道德范型推到天国——上帝，是从天国寻找和人的行为相结合的道德典型。与之相反，康德是从人的现实行为去寻找，这个范型是人从事活动的

[①] 康德：《实践理性批判》，商务印书馆1961年版，第70页。

规律性，只要把理性命令和这个规律相结合，便会实现人的善的概念；另一方面也与经验论的功利主义划清了界限，以理性的规律性为范型，决定意志动机的是理性的至上命令，理性的至上命令借助一条概括法则和其形式的表象施用于人的行为。"因此，这个范型，作为判断力的范型看，就防范住实践理性方面的经验主义；这个主义把善恶两个实践概念只置在经验结果（即自以为幸福）中，这些结果和受利己心支配的意志所有无数有益的结果（如果这个意志同时把自己立为普遍自然法则），对于道德的'善'诚然能够作为一个完全适合的范型，但是它还不就是这个范型。这个范型也防范住实践理性方面的神秘主义，这个主义把单纯的象征变为一个概型，也就是说，以对于无形天国的一种现实的，但又非感性的直观，作为道德概念运用的基础，因而它就漫游到超越界去了。有判断力方面的理性主义适合于道德概念的应用，这个主义从感性世界所取来的东西，也就只是纯粹理性自己所能够思想的东西（即是合法则性），同时它所带到超感性界的东西也是可以经由行为（依照普遍自然法则的形式规则）返回来现实呈现于感性世界中的。"① 所以，康德特别强调要加意防范实践理性所采取的经验主义，因为神秘主义与道德法则的纯粹性和崇高性是可以相互融合的，虽然神秘主义揣度超感性的直观，但危险并不是很大。但经验主义不同，它把意向的道德性连根拔去，不拿职责作为道德的基础，并且与一般好恶暗中勾结，而这些好恶又是极其拍合于一切人类感情的，因此，经验主义比一切幻想更危险得多。因此，只有纯粹实践理性才适合于道德法则的应用。

总而言之，如果能把道德法则和自然法则相结合，就理论认

---

① 康德：《实践理性批判》，商务印书馆1961年版，第72—73页。

识而言，范畴作为先天规律无非是思维对直观的固有关系；就实践理性而言，无非是理性对人的行为的各种关系，即决定人的意志合理不合理，理性和行为的结合是在关系中进行的，而不是封闭在自身之内的。

第三章 纯粹实践理性的动机

动机问题决定实践理性是否成功，实践理性决定意志，但被决定的意志就不仅仅是一种概念，它必然变成一种感情——道德感情，用感情去拥护道德的至上命令，最终是道德法则决定人的意志，这样才具有实践力。如果纯粹实践理性只是从思想上决定意志，那么它还没有彻底的决定意志，它决定意志就必须最后归结到人的感情，使人的感情变成一种道德感情。换言之，当人的理性平伏、挫抑了个人的好恶心并同时产生了道德感情，道德感情与理性的统一，这样的理性才具有实践力。

在传统哲学那里，理与情之间存在着一个不可调和的矛盾。因为传统哲学一贯把人的自然本性单纯地把握为一个个人利己心，这样，情欲、自然本性便失去了和理性法则结合起来的内在根据，情欲的东西变成了排斥理性的东西，二者不相统一。但是，传统的理性道德原理并未意识到这个矛盾，只是强调理性的原则，理性是人心中指导感性的东西，感性或感情必须受理性的指导；认为只有这样，理性原则才可以克服情欲的泛滥，使人心不为外物所役。实际上，只要把人的情欲和人的自然本性单纯地把握为一个个人利己心，那么在这个前提下，来设想理性原则统辖情欲，指导情欲，理性原则不但不能指导、统辖情欲，相反，其结果是情欲不但不听理性的命令，情欲还会直接变成为人的行为原则，使人产生目无法纪的犯罪行为。当然这种情况之所以不易发生，是因为有社会法律的制约。然而，在这种情况下，仍然不是理性原则在指导、驾驭情欲，相反，是理性原则为情欲原则所统辖，把理性当作工具在运用，即从个人利己心出发，为了能够取得较稳定的、长远的个人利益，他服从法律和道德规范的约束，否则，不利的因素就来了。人这样做，其行为就发生了质变，把人的道德原理变成了一个功利主义原理，把道德法则作为工具为人的利己心所用，那么由此道德法则出发的行为也没有道德价值。这样，人的道德理想在现实之中是不实在的，人在现实中的唯一可能性是功利主义，这样就等于宣布了人的道德的破产，所以，道德法则和道德感情之间的统一是一个关键的问题。在很长一段时期内，这个矛盾以及由之所引起的结果并未被哲学家所认识；只是到了近代哲学，通过功利主义的发展，才被哲学家意识到，由之才产生了与功利主义、个人主义相对立的主情论的伦理道德思想。

主情论看到了理性原则不能与个人利己心作为情欲相联结，因此它在个人的情欲和自然本性之外设定了一个天然感情——道德感情。这个道德感情是一种天然爱他人的感情，是一种仁爱之心。这样便产生了主情论对主知论的否定，在主情论看来，道德价值是一种感情的价值，而不是理性的价值，结果把理性看作服务于感情。主情论的最大功绩在于指出了道德中必有道德感情的问题，但它把伦理价值都归结为道德感情。在简单的社会关系中，如家庭、夫妻、父子之间等可通过道德感情表现出来，不过，在复杂的社会中，便不能仅靠道德感情表现出来，而必须靠理性原则。康德企图一方面克服主情论的片面性，另一方面克服功利主义的片面性，而使理性原则统辖情欲的能动性得以成立，彰显了对传统理性主义的重建。至于情欲与理性何以可能统一，这与他的二元论的世界观相联系。

一 关于情欲的规定性

情欲的主要表现为自爱,西方伦理学直到康德道德哲学都把自爱和个人利己心相混同,认为情欲必然表现为自爱,因为自爱是个体的自保,由此推出自爱就是个人利己心。实际上人的自爱不等于个人利己心,不同的人同作为人,是人的一个普遍性,是对人的肯定;在这个意义上,自爱是一个类感情,含有推己及人的类感情在内,所以,不能简单地把人的情欲单纯归结为个人利己心。

所谓利己心就是:"全部好恶总合起来就构成了利己心(Selbstsucht, solipsismus),这些好恶也可归为一个大概的系统,这时它们的满足就称作个人幸福。这种利己心又分为两种:一种就是自爱 Selbstliebe(它是对于自己的一种过度钟爱(Wohlwolle, philautia),一种自满(arrogantia)。前者特称为自私(Eigenliebe),后者特称自负(Eigendunkel)。纯粹实践理性看自私原是人的天性,并且甚至在道德法则之前就已发生于我们心中,所以它只把它加以挫抑,加以范围,以便使它与这个法则互相符合;这个时候这种自私就被称为合理的自爱。但是纯粹实践理性却把自负完全平伏下去,因为在与道德法则符合之先一切自诩(Selstschatzung)的理由都是毫无足取,毫无根据的,因为只有确信自己意向合于这个法则的那种信心,才是人格的全部价值的首要条件。而在达到这种符合地步之前,自命有价值的一切僭妄念头都是没有根据,不合法的。"① 总之,情欲作为一个利己心包含着两个环节,一种是过度爱自己的自爱,

---

① 康德:《实践理性批判》,商务印书馆 1961 年版,第 74—75 页。

另一种是由于自爱，个人必然从各个方面把自己看得过重，即自负。把自己看得过重，实际上是目中无人，自己变成了中心，一切围绕着自己转，由之可以演变出种种复杂的情绪。康德从自爱与自负这样两个环节对情欲加以规定，并将二者的统一看作是个人利己心，个人的好恶心。人作为现象界的人，他的情欲是个人利己心，或个人好恶心，因此，这个好恶心在现实上必然对理性的道德至上命令产生各式各样的阻碍，所以，道德法则和理性命令的要务是如何把这种利己心提高到道德感情，由此决定人的意志。

二　合理的自爱

康德虽然把自爱和个人利己心相等同，但康德并不否认有一种合理的自爱。在他看来，情欲的自爱是个人的利己心，所以主张摆脱个人的利己心，提倡合理的自爱；要达到合理的自爱，就要以道德法则对个人的利己心加以挫抑与平伏，以便使它与这个法则互相符合。道德法则虽然把个人利己心挫抑、平伏下去了，"但是这种法则本身确是一种积极的东西，即是一种理智的原因性（即自由）的形式，所以它同时就是一种敬重对象，因为它反着我们的主观抵抗，即种种好恶，削弱了自负；而且它既然甚至平伏了、即沮抑了，这种自负，所以它还是最高的敬重对象，并因而也是一种不由经验发生而可以先认识到的积极感情的基础。因此，对于法则的敬重心乃是被理智原因所产生的一种感情，而且我们所能够完全先天地认识到并洞明其必然性的唯一感情，也只有这种感情"①。当然，对理性法则的敬重心并不脱离内容，它

---

① 康德：《实践理性批判》，商务印书馆1961年版，第75页。

既有形式也有内容；它的积极意义在于把人提高为理性的人、道德的人和自由的人。既然人的实践理性具有这样的实践力，那么，它就有力量决定意志，就有力量挫抑、平伏个人的利己心、好恶心，由之将人的个人利己心提高为一种对道德法则的敬重心，这种敬重心就是道德感情。康德认为这个过程形成得很微妙，当人挫抑、平伏自己的利己心时，有一种痛苦，似乎自己若有所失，但痛苦立刻变成一种昂扬的感情，即在痛苦中，必然产生一种超越感性世界，达到理性世界的道德感情。这种道德感情是一种严肃的感情，是对道德法则的敬重心，而不是道德狂热。由于这种敬重心是严肃的，所以，必然对人的行为应当怎样产生一种义务心和职责心，这同样不是道德的狂热，而是一种兢兢业业、唯恐自己不能尽职责的严肃心情，有了这样的心情，人的行为就能严格地按道德法则去做。

出自对道德法则的敬重心，产生了义务和职责，这种道德感情的总和是完全肯定理性道德命令是应该的，所以，二者是理与情的统一、概念与感情的统一。这个统一必然由实践力变成人的行为，这也是道德法则决定意志的最后一个环节。由此可见，与思辨理性是从感性内容到悟性范畴的考察路径不同；实践理性则是从实践的原则到人的感情，并在此节中，理性命令和感情统一起来了。康德在此节反对道德狂热，强调了职责和义务；强调挫抑个人利己心不是一个轻而易举的事情。在他看来，"这种考察目的并不完全在于明白阐述前引《福音书》中的那个命令，以免把对神之爱转变为一种道德热狂，而是要直接从我们对人类的职责方面来精确定义道德的意向，并且要节制或者（如果可能）防止那传染了许多人的单纯的道德热狂。人类所达到的道德阶梯（据我们所知，一切有理性的被造物也都达到这个阶梯）就是对于道德法则的敬重。勒令人遵守道德法则的那种意向是：一定要本于职责来遵守法则，而不是一厢情愿，听凭好恶，或不经命令，自由奋发；他所能经常处于其中的道德心态就是所谓德性（Tugend），也就是力求上进的道德意向，并不是由谬想自己意向完全纯洁以后所达到的一种圣域。我们如果怂恿他人从事高贵、高尚、慷慨豪爽的行为，并因而使他们谬想，决定他们行为的原理不是职责，不是对法则的敬重（他们不论愿意与否，必须负荷这个法则的轭——不过这个羁轭因为是理性自己加于我们的，所以是轻松的——而且当他们遵守，即服从它时，它总是使人感到屈抑的），反而才把那些行为不作为本于职责，只作为单纯功行来期待它们：——那么那就只是道德热狂，自负过度了"①。易言之，所谓道德的狂热是指故意越过实践理性给人类所立下的界限，并禁止人们把尽职行为的道德动机置于别处而不是置于法则，以及对法则的敬重心，而是命令人们把摧折倨傲的自尊、虚妄自爱的职责思想立为全部道德的最高、最重要的原理。那么，由之便产生了一个问题，即人的意志必定是人的意志，而不是神圣的意志，它为什么会接受理性对它的限制和劝告，并形成道德感情的呢？

三　道德感情

主情论是先有道德感情，然后才有道德行为，但在康德看来，道德感情不能先于理性。他强调道德感情是人的意识到什么是正确的，什么是错误的，是理性对情欲命令的结果，因此，道德法则决定意志的总体性，即决定道德感情；道德感情是理性过渡到实践的中介。由此表明康德从主情论回到了主知论，要用理性重建道德感情的问题。

---

① 康德：《实践理性批判》，商务印书馆 1961 年版，第 86—87 页。

现在所要面对的一个问题是：康德假定了情欲和自然本性只是一个个人利己心，那么，情欲既然只是一个个人利己心，那它为什么能接受理性对它的限制和劝告？理性怎样才能平伏它的个人好恶心呢？这是一个矛盾，而这个矛盾的存在，并不影响理性平伏个人好恶心的成立。康德对这个矛盾的解决方法来自康德对本体界和现象界的划分，从本体界看人，人在本体界是自由的，人的本质在本体界作为自由因，而道德法则是从自由因，即理性法则出发；从现象界看人，人在现象界的情欲是低级的，并受自然规律的制约，但能把人表现为现象界的人，表现为情欲的现象，这里有个力量，即人在本体界作为自在之物。康德认为自在之物不可知，意即感性的东西和理性规律之间的联系不可知，所以，在情欲中，隐藏着一个人作为自在之物的精神实质，即思维作为理性这样一种精神实质。这样一种精神实质，虽然它能把自己表现为现象界的情欲，但它仍保留着本体界的消息，且具有较为灵敏的感受性，它虽作为现象界，但一听到天国之音时，就会产生趋向于它的倾向，"因此，就无怪乎那属于两重世界的人，在从自己的第二种最高特性方面观察自己的天性时必然要表示恭敬，并对这种天性的法则极表敬重了"①。总之，"纯粹实践理性的真正动机原来就是这种性质；它只是纯粹道德法则本身，这条法则一面使我们窥见自己超感性的存在的崇高性，一面又从主观方面在人心中产生了对于自己高级天性的敬重心，在这里，人同时也自觉到自己的感性存在，并因而也连带自觉到自己的受感性影响的天性是依外物为转移的"②。因而两方面合起来就会产生道德感情，就会产生理性平伏情欲的过程，使情欲之人趋向于它，

---

① 康德：《实践理性批判》，商务印书馆1961年版，第89页。
② 康德：《实践理性批判》，商务印书馆1961年版，第90页。

从而产生道德敬重心。

  由此可见，康德现象界和本体界的二元论无疑在理论理性中是个缺陷，但在实践理性中，二元论却变成了优点，成了理性原则统辖情欲的基础。

第四章 纯粹实践理性的辩证论

康德的辩证论不同于黑格尔的辩证法，他的辩证法指问题有不可解决的矛盾。在《纯粹理性批判》中，辩证论揭露了宇宙的二律背反的矛盾，并提出了解决的方法。不过，上帝存在不能证明，提出就人的有限心灵而言，理性心理学不能肯定灵魂实体本身是什么，这是思辨理性领域的哲学难题。在《实践理性批判》中，实践理性也有它的辩证法，也会产生它自己的二律背反和不易解决的矛盾。

一 纯粹实践理性辩证通论

纯粹理性，无论从它的思辨运用，抑或是从它的实践运用来考察，最后都要产生一种辩证法的问题。在思辨理性中，辩证论的问题是：任何一个现象作为一个被制约者，总要求到达一个无制约性，即达到一个不受制约的最后条件，即绝对大全，以便给予现象一个穷根究底的最后解释。"但是一切事物概念既然都只是施用于直观上，而在我们人类方面这种直观又永远只能是感性的，并因而永远不能使对象作为自在之物，而只作为现象，被人认识，而且在这个受制约者和能制约者的现象系列中既然永不能发现'无制约者'来；——所以当我们把'能制约者全体'这个理性观念（因而就是'无制约者'观念）应用于现象上时，于是就发生了一个无法避免的幻觉，好象这些现象原是自在之物一样（因为若是不用一个批判，给人警戒，那么他们就总是把现象认为自在之物）。人原本不会注意到这个幻觉是虚诈不实的，而它所以毕竟露了马脚，只是因为理性在把它那个'为一切受制约者都要预设一个无制约者'的原理应用现象上时，就陷于自相矛盾之中。"① 在《纯粹理性批判》中，无制约性的二律背反的第三个，除提出因果链条外，也提出了自由即无制约性的原因；在第四个二律背反中，从世界各种偶然现象的总和看，有一个最后的原因。在康德看来，如果把人所经验到的各种现象，直接看作为自在之物，或者说从现象领域探讨这个无制约的最高条件，便会陷入二律背反。一方面世界上的一切现象，只受时间上前后相继因果关系的制约，另一方面由此产生相反的看法，世界上的一切现象不仅受因果的制约，而且存在着无制约的自由因或最高因。对于这两个观点，如果只停留在现象领域，把现象看作自在之物，那么两个对立的观点是无法解决的，无法判断哪个是正确的。那么关于这个问题的最好解决办法，就是经验到的世界只是现象，不是自在之物；现象总是表现在经验中，服从范畴的规律，但还要考虑到非现象的本体界——自在之物。这个本体界与现象界之间是有区别的，虽然对自在之物的性质不能有所认识，但是，存在着这样的自在之物作为本体界是不可怀疑的；现象界归根结底以本体界为基础也是肯定的。

从上述观点出发，无条件制约者始终要表现为一种有条件的因果性，二个规律可以同时并存。虽然两个规律并存，在《纯粹

---

① 康德：《实践理性批判》，商务印书馆1961年版，第110页。

理性批判》中，由于思辨理性对自在之物的性质不能有所认识，所以，对它也只能作出或然性的解释。并且无条件的制约者作为原理只看作调节原理。调节人的认识向统一性发展，它的客观实在性得不到证明。但在《实践理性批判》中，通过道德法则不是来源于经验，可以证明自由因的存在，并由此发挥分析论中有关人的道德行为的原理。但是进一步看，由于这个道德原则是超验的，纯粹理性的道德律令与幸福原则的结合，追求幸福的愿望要和道德原则结合才是善的，所以，实践理性的问题在这里也可以产生二律背反，即产生各种相反观点的对立；实践理性的辩证论就是探讨这个问题。因为在此，实践理性所实现的对象就不仅仅是道德法则的问题，而是以善为实践对象；以善为实践对象，就会产生种种疑难，表现为二律背反。

《实践理性批判》的出发点绝不能以善为对象。如果以善为对象，那么在什么是善未给予规定的情况下，必然会走向将情欲所指向的对象视为伦理道德学的对象。所以，一开始不能以善为对象，只有通过分析方法，分析出什么是决定人的善恶尺度的规律。经过康德的分析，认为它不是来自经验而是来自纯粹理性的道德律令和道德法则，道德法则决定意志本身合理不合理、应当不应当。道德律令是善恶的尺度，它规定人追求幸福时应该怎样做才是合理的、应当的；因而幸福原则应以道德律令为最高原则，二者的结合才是至善。当进入这个逻辑层次时，明确了什么是善恶，才可说善是纯粹实践理性的对象。诚如康德所说："道德法则是纯粹意志的唯一动机，但是因为这个法则是一个单纯的形式法则（即只要求有普遍立法效力的准则形式），所以它作为一个动机就抽象了一切实质，因而也抽象了意欲的全部对象。因此，至善纵然可以成为纯粹实践理性的全部对象，即纯粹意志的全部对象，可是我们也并不因此就把它看成这个意志的动机，而只当把道德法则看作是使至善和其实现（或促进）成为（意志）对象的一个根据。在决定什么才是道德原理的这样一个细微场合下，这种警戒乃是关系重大的，因为在这里些小误解就会使意向败坏的。因为从分析论中我们已该看到，我们如果不等道德法则，就在'善'的名义之下，假设任命一个对象为意志的动机，并且随后再从它推导出最高实践原理来，那永远会引进'他律'，而排除道德原理的。"① 由此可见，以善或至善为对象是道德不同的逻辑层次阐明的结果，正是在以善或至善为纯粹实践理性的对象的基础上，就产生了实践理性的二律背反。

总括一下康德有关二律背反的辩证论。康德所谓二律背反的实质在于：他的思维从原则上并未达到辩证法的原则，还停留在一个知性的水平。这样，从辩证理性看，二律背反或辩证论的实质在于：人的思维规定活动每一步都有不同的环节，不同的方面，并将思维规律的不同环节、不同方面单纯把握为对立，不能使二者在对立中达到内在的统一，因而在思维规律以概念起作用时，关于时空方面出现了有限与无限的对立，出现了中断性。从中断性看，物体有不可分割的层次；从连续的层次看，永远无限分割，出现了作为总体的自由因和现象界的因果律；出现了最高根据的本体和现象界。而在它的出发点，关于思维规律起作用则保留着最基本的对立，即思维规律和感性的对立，不能统一起来。总之，辩证论的实质归结为它的知性原则，康德把本体作为自身存在的东西给予先行的规定，即一个时间的先在性。这个自身存在、自身圆满，同时又是一个超感性的东西，无法与现象统一起来；相反，如果把本体把握为一个共相不能自己存在，而呈现为天地万物，本体与万物的统一。换言之，这就是道和理，道

---

① 康德：《实践理性批判》，商务印书馆 1961 年版，第 112 页。

和理存在着同时也显现为天地万物，天地万物就是这个道与理本身的现实性，这样，不仅可以解决康德思维与感性对立的问题，也可以说明本体与现象的内在统一关系问题，从而由康德的知性思维达到黑格尔的辩证思维。

二 纯粹理性在规定至善概念时的辩证法

（一）纯粹实践理性的二律背反

实践理性的辩证论问题，是从至善的概念出发，可以形成两种不同的伦理原则之间的互相对立，由于每一个道德原则都不完美，每一个都有理由反对它的对方，所以，陷入二律背反。

实践理性的对象是善与至善。康德首先对至善的概念作了较为详细的分析，将至善分为最高的与至高的两个概念。两个概念具有两种含义，涉及纯粹理性二律背反中最后的二个区别。所谓最高的，是一个至上的存在者作为世界的根据，相当于一个无上者；所谓至高的，是指圆满者的意思。圆满者不是更大的全体的一部分，而是它自身便是圆满的，并能根据它自身的规律实现自我的圆满。虽然最高的无上者是最大的圆满者，但二者之间也有区别。因为"'至高'一词的概念已含义双关，这种双关含义，我们如果不加注意，是会引起无谓争论的。所谓'至高'能够意味'无上者'（das Oberste，supremum），也能够意味着'圆满者'（das Vollendete consummstum）。所谓'无上者'乃是本身不受制约的，即不再从属于任何别的事物的那个条件（originarium）；所谓'圆满者'乃是不再为一个更大而同类的全体之一部分的那个全体（perfectissinum）"①。在康德看来，如果人完全在

---

① 康德：《实践理性批判》，商务印书馆1961年版，第113页。

他的德性规定中达到理想的境界，那么这便意味着他的行为出自于自己的自由因，出自理性的命令；而服从自己的命令，便会达到圆满。

因此，道德哲学讲至善，是就圆满者而言，而不是就无上者的意义讲的。由上已知，服从道德法则才是使人享受幸福的最高条件；情欲的幸福只有在这个原则的制约下才是合理的。关于这一点"在分析论中我们已经证明，德性（作为使人配享受幸福的一种价值），是凡在我们面前稍为显得可欲的一切利乐的至上条件，因而也是我们每逢追逐幸福时所当实现的至上条件，结果也就是至上的善。但是它还不因此就是完全圆满之善，还不是有限的理性存在者的欲望官能的一个对象；因为要想成为这个对象，也还需要加上幸福才行，这种幸福不单在自以为自己就是目的的人的偏私眼里是需要的，而且甚至在那个把世界中的人一般都看做目的的大公无私的理性的判断中也是需要的"[1]。德性本身就是一个善，这个善即谓至上之善。然而德性作为至上之善，它本身还不是圆满的善，因为这个至上之善决定意志，决定意志和意志的内容联系起来，亦即它必须与幸福的环节相结合，才是一个圆满的善。这样，一个人不但需要幸福，而且要配或有资格享受幸福。

一个人既然在把德性和幸福结合起来以后，才算达到至善，那么，至善是一个全体性，不只是指至上的善。所以，至善的概念含有人的幸福可以根据德性的大小而分配，即人的幸福要比例于德性而分配。关于这个观点，不可庸俗地加以曲解；它的意思是说，在正常的，不涉及人的人格受非法侵犯的条件下，不论人自觉不自觉，人得到幸福的程度和你的德性不可分割地联系在一

---

[1] 康德：《实践理性批判》，商务印书馆 1961 年版，第 113 页。

起。康德把人的幸福和德行内在地联系起来，按照德行的程度分配幸福，不是说你的德行越大，你所得到的欲望对象就越多，这是一种庸俗的理解。康德认为，一个人财富的多寡、地位的高低、名誉的大小来自人的才能，而不是德行，因而当康德强调幸福应按德性大小分配时，不是比例人的德性大小分配利益和财富；因为很可能一个普通人，他的德行很多，但他却不一定很富有。这就出现了如下问题，怎样比例德性而分配幸福？这个规律的含义是什么呢？

这里关键要注意，幸福还指一般伦理学上的幸福，即满足情欲需要。实现情欲需要的一种愉快与幸福，有功利主义看不到的地方，即以德性为条件。这种幸福和德性分不开，没有德性，只追求幸福，就会产生欲望，而由欲望所引起的痛苦则是无止境的。一个人如果没有根据德性的条件，去考虑他是否应当追求这样的幸福，那么，这样的人将永远得不到现实的幸福。按照一个社会的伦理秩序，很公正地使他得所应得，不得所不应得，但是，一个人在他得所应得中的幸福与满足中，其愉快的程度并不是和他的德性大小绝然分开的。在这种条件下，他所得到的幸福的大小和他的德性大小有联系，他的德性越高，他就越会感到，他的处境或境遇是他所应得的，并会伴有一种顶天立地的快慰。因此，所谓的幸福是一种自足的感觉，只有在这样的情况下，才能最高地激发他的自足感、幸福感。如果德性不高，或有缺陷，根据他的德性，他随之即来的幸福就会削弱，他会和别人相比，感到各方面不如别人，并会感到痛苦。总之，在康德看来，人的幸福和德性有内在的联系，不能把幸福孤立开来，单纯看作是物质享受，或一种权力和异性享受。真正的幸福是一种自足感，这种自足感必须建立在德性的基础上。所以，至善的概念是至上之善和幸福环节的统一和结合。

幸福与德性分不开；幸福按德性分配，德性越大，幸福也越大，相反亦是如此。所以，至善概念是至上之善与幸福的统一，统一包含着人的幸福要按德性的大小来分配。不过，在这里，康德提出虽然至善里面所包含着幸福和道德，但就其最高实践原则而论，两者在性质上截然不同，因而它们还远非互相一致以致使这种至善可以成立，同时就同一个主体而言，它们又会彼此限制，彼此妨害。因此，从古希腊各学派开始，人们虽然一向在努力联合它们，可是至善怎样才可能成为指导实践的这个问题，终归还是一个悬而未决的问题。在康德看来，如果必然将两个完全不同种类的要素结合在一起，一定是作为理由和结论联系在一起的，那么仅就二者的联系方式而论，这种统一或被认为是分析性的，因而是从属于同一律的，亦即逻辑联系，或被认为是综合性的，因而是因果律的，即与实在的结合。依康德所言，"它们的结合是不能在分析方式下认识到的（就如追求自己幸福的人只要一分析他的概念就竟然发现他在这样行事时是有德性的，或者一个遵循德性指示的人，只要一自觉到这种行为，事实上就已感到幸福一样），而只是两个概念的综合。但是这种综合既然被认为是有先天的（因而有实践的）必然性的，因而不能看做是由经验派生出的，而且至善的可能性也不是依靠在任何经验原则上的；所以关于这个概念的演证一定是先验的。通过意志自由来实现至善，乃是一种先天的（道德的）必然；因此，这种善的可能性的条件一定也是单依靠在先天的认识原理上的"①。因此，必须首先明确两种联系的含义，以便揭示二律背反的根源。

首先，从道德与幸福的逻辑联系来看，更为突出地表明康德

---

① 康德：《实践理性批判》，商务印书馆1961年版，第116页。

的道德哲学绝不是空谈道德，那种认为康德脱离现实，为道德而道德的观点是没有根据的，因为在道德与幸福的逻辑联系中，道德法则本身就包含着幸福的环节在内。依康德之见，道德法则是决定意志合理不合理的原则，当道德法则这样规定意志时，同时也就规定了意志的内容，规定了人的需要和欲望，因而人的幸福、欲望的环节作为被规定的东西，是道德法则本身的内容，道德法则包含这个内容于自身之中。道德法则就是要告诉人合理的求福，合理的求福就等于合理的情欲。因此，在合理的求福概念中也包含着至善概念的内容在内，在这里，合理求福不等于自然本性和情欲的爱好心，它本身属于理性决定意志规律里面的东西；属于理性决定意志的道和理的内容。这样便充分表明康德的理性原则，道德法则决定意志时就包含着对情欲规定的内容在内，即包含了合理求福的内容在内，在道德法则中就存在着法则和幸福的联结。因此，在康德看来，从逻辑联系上看，道德法则、理性和幸福的环节是内在不可分的，幸福是道德法则能动规定性的一个内在内容。

那么，道德法则和幸福相结合对人的情欲作为个人好恶心的关系是怎样的呢？这个关系在康德看来，它正是以合理求幸福的内容去挫抑和平伏个人的利己心和好恶心，而对好恶心的否定，就是要把它提高为合理求福这样一个道德高度。那么正是在这里，也表现出了康德的局限性，即在于他仍局限于以理性为基础的主知论的观点。毋庸置疑，康德主张从道德法则方面看，法则和幸福两个环节结合在一起，合理的求福是道德法则的内容是对的；但如果从人的情欲而非理性方面看，这个合理求福是否也潜在于人的人欲之中呢？道德问题的最后焦点正是在于此，长期以来，解决这个问题是解决一切道德问题的最大疑难，只有解决了这个问题，才能真正使情欲和道德结合起来，否则，一切道德问题都无法解决，在这个关键问题上出现了康德的局限性。从康德思想的实质看，包含在道德法则中的合理求福内容绝不能潜在于人的情欲之中和自然本性之中；因为他把人的自然本性和表现人的身心需要的情欲只把握为一个个人利己心和一个好恶心。这样就决定了康德的道德法则和人的情欲不具有内在的联系，而只具有前者以它的合理求福这样一个内容外在的去平伏、挫抑与否定这个个人的利己心。这就造成了康德合理道德观的困境，而逃脱这个困境的路径，是借助于二元论——现象与本体。因此，康德所讲的道德与幸福的逻辑联系有其真理性，但也有片面性。

其次，从道德法则与现实幸福的因果联系来看，在康德看来，现实的因果联系，它纯粹是综合的。康德认为道德与幸福的逻辑联系属于分析论的论证，是一个分析命题，而因果联系则属于综合命题。所谓道德与幸福的因果联系，亦即道德法则作为合理求福是一个命令，是制约人活动的原因，换句话说逻辑联系作为原因制约人的活动在起作用，结果却出现了超出了纯粹作为道德法则的内容，超出了合理求福的理想性，而得到了现实的幸福。现实的幸福是具体的、实在的东西，这样一种联系，康德叫作道德法则和幸福的因果联系。"因此，德性与幸福的联系就能有两种含义：或则'努力修德'和'合理祈福'原非两个相差异而是完全同一的行为，在这种场合下，同一条准则就都可以立为两者的基础，无需各立基础；或则，那种联系是依靠在下面这种事实上，就是德性产生了异乎德性意识的一种东西，即幸福正如原因产生结果一样。"[①] 虽然德性与幸福的联系表现为两种方式与含义，但是，因果联系以逻辑联系为根据，逻辑联系是因果联系的逻辑先在性，是这两种联系的统一。逻辑联系最后在现实上

---

① 康德：《实践理性批判》，商务印书馆1961年版，第114页。

必然落实到因果联系之上,所以,二律背反的问题不是发生在逻辑联系之中,而与实际联系密切相关。

因此,康德在说明二律背反之前,在有关德性与幸福结合的问题上,又提到了伊壁鸠鲁和斯多葛学派之间两种伦理思想的对立,并对二者的理论实质作出了分析。他指出:"在古希腊各学派中适当地说来只有两派在规定'至善'这个概念时是遵守着同一方法的,因为它们都不承认德性和幸福是至善中两个彼此无关的要素,因而两派都是依照'同一性'规则摸索原则的统一的;但是由于它们在两个要素中各选各的为基本概念,所以它们在此就又分手了。伊壁鸠鲁派说:自觉到自己的准则可以获致幸福,那就是德性;斯多葛派则说:自觉到自己的德性,就是幸福。对前者说来,思量居然就是道德,对于后者说来,只有道德才是真正的智慧(他给德性选择了这个尊称)。"[①] 换言之,伊壁鸠鲁学派和斯多葛学派都有结合至善的两个环节——道德法则和幸福的企图,不过,伊壁鸠鲁学派的结合方式是以幸福等同于道德,这样,以人获得幸福直接等同于德性的结合,其实是把人的道德规范看作是获取幸福的工具,所以,在伊壁鸠鲁看来,人的一生幸福就是德行。斯多葛学派则走向反面的道路,将理性的规律和体现这种规律的理性直接等于幸福,所以,斯多葛学派最重要的命题是:德性即幸福。康德认为,二者都有片面性,都没真正把幸福和德性二个环节结合起来。康德认为要真正结合幸福和德性,首先应当承认他所讲的那种逻辑联系,其次,在第二种因果联系中,人在行动中得到幸福的结果,但正是在这里,就会出现实践理性的二律背反,或实践理性的矛盾,伊壁鸠鲁派和斯多葛派的表现,不过是实践理性在实现它的对象时所必然产生的两种相互对立的

[①] 康德:《实践理性批判》,商务印书馆1961年版,第114页。

意向形式。

当实践理性发展到以至善为对象时，关于行为原则便会出现两个相对立的原则。因为既然因果联系以逻辑联系为基础，会超越道德法则的内容而达到实质的结果——幸福，使一个人得到实实在在的满足和快乐，那么，从实质的结果或因果联系中，便会出现二种相互对立的行为准则。一种由于结果是幸福，人欲求的也是幸福，以人的幸福、快乐为人的行为准则，那么这种原则便不足以说明人的德性和人的道德动机，相反，这个原则实际是在鼓吹自利。所以，在实现至善的过程中还有另一种原则，即以理性原则为道德法则和实践的原则，去统辖幸福的环节。如此一来，在实现至善的过程中便出现了二律背反，即二种互相对立原则。从人作为现象的人出发，这两个对立面，公说公有理，婆说婆有理，说不出谁是谁非的充分理由，所以，如果只从现象上看，这个问题是难以解决的。"因为尘世上一切实践方面的因果联系，作为意志被决定以后的结果看，并不遵循意志的道德意向，而是遵循对于自然法则的认识，并依靠于利用这种知识求达自己幸福的物理能力上，因此，我们纵然极其严格地遵行道德法则，也不能因此就期望，幸福与道德能够在尘世上必然地结合起来，合乎我们所谓至善。"① 总之，虽然道德法则决定意志，但是实际上，人的实践意向往往把因果联系理解为以幸福为原则，这是伊壁鸠鲁所遵循的原则，也和分析论中所讲的道德法则的要求相矛盾。

（二）对纯粹实践理性二律背反的批判解决

就尘世中各种事情的原因性而论，在思辨理性的二律背反

---

① 康德：《实践理性批判》，商务印书馆 1961 年版，第 116—117 页。

中，已经出现了因果律和自由因的对立与冲突。在康德看来，如果把现实的，服从自然规律的人看作是自在之物的话，二律背反是不可能解决的；在实践理性中，二律背反也是如此，如果把现象界的人，或存在于自然界中的人看作是本体，实践理性的二律背反也同样是无法得到解决的。因为人作为现象界的人，他是处于人体内外的因果联系中；在这种因果联系中，人必然要在苦乐之感中追求幸福，追求幸福是现象界的人的唯一原则。在现象界的人的感性情欲中，发现不了理性决定意志，也就发现不了道德意志。在这个意义上，如果把现象界的人作为自在之物，实践理性的二律背反就解决不了了，因为人可以提出种种疑难来捍卫幸福的原则。如果说理性的道德法则决定人的意志是行为的法则，那么其难点在于道德法则的实在性，它的力量如何得到经验的证明。不过，这并不意味着对二律背反就束手无策了，如果把发生在这个世界上的种种事情与人只是看成现象，那么这种对立就不是真正的冲突了。因为人作为自然界的人只是一个现象的人，因而作为现象的人虽然在感性世界中永远符合于自然机制的因果律，但是，就这个能发生行为的人同时也把自己看作本体而言，又是一个自身不受自然法则支配的理性本质，或一个自由因的实在性，因此，人除了是现象界的人，同时还与他作为本体界的理性本质相联系，这是康德解决二律背反的基础。

从现象界的人看，人的实践意向固然根据经验，都是以幸福为出发点，但从人作为自在之物的自由因看，人具有更高的本性，或理性。从这个本性发出道德原则的命令，这个命令并不是外在于人的本性的中一个东西，它是从人本性中发出来的，是表现人的真正本性的东西，因而产生了人以道德法则为动机的更高意向，这便充分论证了分析论所讲的道德法则的真理性，有了这个真理性说明了以幸福为行为的原则是错误的。在这里，康德以人作为自在之物的更高本性为基础；以人作为自在之物和作为现象界的区别与联系为基础，提出了解决二律背反的方法。那么，理性命令、道德法则为什么具有平伏、挫抑个人好恶的力量，从而达到德性与幸福的统一？原因在于："不过因为我不但有权利把我的存在也思想为悟性世界中的一个本体，而且我甚至还以道德法则为我的原因性（感性世界中的）的纯粹理智的动机，所以意向的道德性就不见得不可能作为一个原因，而与幸福（作为感性世界中的一个结果）发生一种纵非直接、也系间接（通过一个睿智的造物主），并确系必然联系；这样一种结合在单系感官对象的自然界中，只是偶尔才有的，因而并不足以构成至善。"[①] 这即是说个人好恶心作为现象界的本性不是人作为自在之物的本性，人在本体界具有更高的本性，因而它可以以道德法则作为人的纯粹理性动机，与人的幸福发生一种必然联系。虽然这种联系的真实关系是不可知的，但是，这种联系是肯定存在的，"因此，实践理性虽然这样在表面上自相冲突起来，可是至善仍然是被道德所决定的意志的必然而最高的目的，是这个理性的真正对象。因为它是可以借实践而实现的，而且意志所依据的准则，就其实质而论既然也施于这个善上，所以它们也有客观实在性；由于道德和幸福依照一条普遍法则结合起来时表现了一种二律背反，所以这种客观实在性在一开始曾遭受了一次威胁；但是这只是出于一层误解，这是因为人们把现象之间的关系认为就是自在之物与这些现象之间的关系了"[②]。所以，既不能将现象之间的关系混同于现象与自在之物之间的关系，更不能把现象界和本体界一刀两断，因为正是基于现象界与自在之物之间的区别与联系，才能解

[①] 康德：《实践理性批判》，商务印书馆1961年版，第117—118页。
[②] 康德：《实践理性批判》，商务印书馆1961年版，第118页。

决实践理性的二律背反。

康德在解决了实践理性的二律背反之后，再次提出了一个重要的问题，即人在实际的行动中，会发生如下两种情况：一是本来的逻辑联系，但结果却得到幸福；二是人按道德法则去行为，由于德性也会获得一种愉快。在康德看来，人们很容易把两种愉快混为一谈，并得出结论：快乐的原则是决定人行为的动机，伊壁鸠鲁的原则之错就在这里。"因为伊壁鸠鲁也和斯多葛派一样把由'德性生活'的意识中发生的幸福称赞得高于一切，而且人们虽然可以从其学说原理中推想他是心地下贱的（他用这些原理，只是为的说明，不是指导行为），还有许多人也许因为他误用快乐（Wollust）一词代替知足（Zufriedenheit）一词，就发生误会，加以曲解，可是他在立定这些实践规矩时，并非那样存心下贱的；他反而把忘我行善算在赏心乐事之一，而且他的享乐纲领（他所谓享乐是指经常的快乐心情而言）也把克情制欲包括在里面，正如最严肃的道德哲学家所要求的那样。他与斯多葛派背驰之点主要地只在于他把这种享乐作为推动原理，至于斯多葛派则不这样认识。"[1] 除此之外，更重要的是另外一种主张，即道德感情、道德上的快乐不同于一般快乐，所以，必须先行假定人有追求道德上快乐的这种趋向，然后，以这种趋向为基础，建立人的道德法则。康德认为在实践理性中很容易产生这种思想，并在这里又一次以大量篇幅分析了这个问题。在康德看来，如果人因为自己有德性而感到快乐，那他必然已自觉到自己是有德性的，因而才伴随有快乐。如果一个人根本不知道德性是什么；根本不知道行为是德性的，就不会伴随有德性的快乐。如果一个人不知道自己的快乐来自德性，只知道满足需要的快乐，那么他充其量

---

[1] 康德：《实践理性批判》，商务印书馆 1961 年版，第 118—119 页。

只知道伴随着德性快乐和欲望快乐的浑然一体，结果人所认识到的还是由于满足需要和幸福的快乐。所以，康德反对把欲望的快乐混同于德性的快乐，主张先知德性后快乐。在他看来，人必须意识到自己的行为是合法的，且含有道德性，在这个前提下，才能伴随德性的快乐，这就是要求人有一种道德自觉先于快乐，以理性的命令平伏、挫抑个人的利己心。"从此我们就可以理解，关于这个纯粹实践理性官能的意识，怎样通过一种行为（德性）使人同时也意识到自己战胜了自己的好恶，同时也意识到自己不被这些好恶和经常与之相伴的那种不满所支配；此外，这种意识还产生了一种消极的自得之乐，那就是知足，而所谓知足，本来就是立身行事，俯仰无愧之意。"① 在这种方式下，人所享受的虽然不能称为幸福，或天福，但是他所享受的则是自由，亦即类似于最高神明才会有的那种自足圆满。因此，"我们从此就可以推断说：在实践原则里面，我们至少能够思想，道德意识和对应享幸福（作为道德的结果）的预期之间有一种自然的和必然的联系（但是我们还不因此就能认识到或洞见到这种联系）；同时，在另一方面，则'求谋幸福'的种种原理并不可能产生道德；因而又可以说，道德乃是至上的善（作为至善的第一条件），至于幸福则构成至善的第二要素，并且只在它是被道德所制约并为其结果的范围以内才是这种要素。只有在划分了这样一种先后次序之后，至善才能成为纯粹实践理性的全部对象，实践理性是必然地把至善表象为可能的，因为我们尽心竭力促进这种善，原是实践理性的一个命令"②。

根据上述分析，康德在人作现象的人和本体的人之统一基础

---

① 康德：《实践理性批判》，商务印书馆1961年版，第121页。
② 康德：《实践理性批判》，商务印书馆1961年版，第122页。

上解决了实践理性的二律背反，继而又着重批评了快乐主义的错误根源，在于混淆了德性的快乐和欲望的快乐。康德主张先知德而后享乐，以发自理性的德性自足、自由为前提，实现道德之乐或幸福，亦即实现至善。由于实践理性的二律背反得到这样的解决，可以保证人的实践以理性为基础产生道德意向，这个道德意向不可能一下子得到完善。围绕着道德意向的实践，对它加以分析，康德提出了一系列与它有关的问题，这些问题最后都归结为如何使人完善，如何实现至善的对象，所以，二律背反的解决之后，还残留着好多问题，而对这些问题的解答便体现在纯粹实践理性的悬设之中。

（三）纯粹实践理性的悬设

1. 思辨理性与实践理性的总体关系

思辨理性与实践理性的共同基础都是理性，是一个理性的两个方面，一个方面是从对象出发的认识，另一个方面是以意志为对象的实践，这两个方面都根源于理性。理性是人的思维的最高机能，这种机能是提供原理的能力，这个原理包含理论认识和实践原理在内。所谓原理，在于它能把杂多的、多样性的知识联系与综合统一在一个命题或原则的基础上，而这个命题或原则就是原理。现在的问题是，一个理性不同方面之间的关系是怎样的？哪方面是主导的、优先的，哪方面是从属的、非主导的？诚如康德所说："两个事物或多数事物一经理性结合起来，其间就有优先地位之分，我所谓优先地位就是指其中之一在与其余一切相结合是具有成为其中首要决定原理的那种特权而言。在较狭的实践意义下说来，它乃是指其中之一的要务只为别项要务所隶属而并不隶属于别项要务的那种特权而言。我们对于每个心灵官能都能指出它的要务，这种要务是含有唯一可以促进那个官能活动的条件的那个大批量。作为孕育众原则之官能看的理性,就决定了一切心理能力的要务,但它自己的要务则是自行决定的。"① 所以,要说明这个问题,必须先行从总的方面解决。

首先,必须理解理性的要务是什么?在康德看来:"理性的思辨运用的要务乃是:认识对象,直至追溯到最高的先天原则上;它的实践运用的要务乃是:要照最后的,全部的目标来决定意志。"② 从总体来看,理性这两方面的基本任务,都已经为实践理性的分析论所揭示,思辨理性的要务在于从经验对象、自然出发,使其对经验对象或自然的认识一步一步逐渐上升到最后的原理和无制约者。《纯粹理性批判》中的纯粹理性的辩证论就是讲这个问题,即无制约者从宇宙论看是四个理念:时空的深度、分割性的理念、关于因果理念、宇宙的最后根据。这四个理念都是有关全体性的概念,从这种全体可超越经验界,而达到本体,即人的心灵实体,以及最高的理念——上帝,这是纯粹理性的要务。而实践理性的要务是揭示理性本身决定意志的实践力,即它提供有关人的意志动机的道德法则,这个法则和人的行为相结合,便是和人行为的内容——幸福相结合,亦即实践理性的最高对象——至善,而揭示人如何实现至善,就是实践理性的要务。

从思辨理性与实践理性的要务出发,二者之间究竟会发生一种什么样的联系和关系?总体上讲,思辨理性与实践理性之间的关系,不过是两个理性的结合问题。在说明这个问题时,康德指出,如果思辨理性能以它自身确定它的对象是客观实在的话,那么其中也有关于自由因、上帝这两个对象,并能确实告诉我们有关它们的可靠的知识内容,在这个前提下,当然可以把实践理性

---

① 康德:《实践理性批判》,商务印书馆1961年版,第122—123页。
② 康德:《实践理性批判》,商务印书馆1961年版,第123页。

归为思辨理性，思辨理性是实践理性的基础，因而把实践理性包容在其中。但是，纯粹理性告诉我们思辨理性对于这些对象不能有确定的认识，甚至对它们是否存在都不能由自身作出证明，这样，思辨理性便不能作为实践理性的基础而处于优先的地位。从理论上看，实践理性应以思辨理性的认识为基础，但由于思辨理性处在这样一种状况中，就产生了一种相反的情况。在思辨理性中不能确定的东西，却在实践理性中以实践理性必然决定人的意志动机的无可怀疑性得到了确立，即肯定了思辨理性无法肯定和确定的问题。如关于人的心灵作为一个自由因的问题，自由因有无客观性，思辨理性不能作出肯定回答，但表现在道德法则中却是个事实，而道德法则来源于理性。道德法则表明理性有决定意志的实践力，表明自由因的存在，而且道德法则是人追求幸福的至上条件。既然这样，问题的关系就应该倒过来了，不是实践理性以思辨理性为基础并从属于它，相反，思辨理性应从属于实践理性，以实践理性为基础。

由于思辨理性的最高对象的客观实在性问题只有依据实践理性才能确定，在使人超越经验，对知识有所扩大的同时，也对思辨理性的对象作出肯定的回答，所以，思辨理性的对象的客观性根据便在实践理性之中。思辨理性的对象应从实践理性对象的要求中和它的必然逻辑发展中演绎出来，引申出来，这些对象是实践理性的必要环节，而且实践理性对它们的客观性也予以了肯定的回答，这样，思辨理性从属于实践理性，最终使人的一切要务归于实践的领域。"因此，当纯粹思辨理性和纯粹实践理性结合在一个认识中时，如果这种结合不是偶然的；那末，后者就占了优先地位。……但是我们却不能颠倒秩序，而要求纯粹实践理性隶属于思辨理性之下，因为一切要务终归属于实践范围，而且甚至思辨理性的要务也是受制约的，并且只在实践运用中才能圆满完成。"①

毋庸置疑，康德哲学中存在着二元论，如果解决了实践理性自身可达到本质和现象的统一，形成最高的普遍原理，那么，这种原理对人的实践原理便具有双重关系：一种是逻辑关系。在这里，实践理性是特殊的，思辨理性的原理是普遍的，特殊的以普遍原理为基础，在此意义上，实践理性从属于思辨理性。但是，还有一种关系，即理性本身的基本问题，即理性本身所具有的主客关系。就这种关系而言，无论普遍的，还是特殊的关系都是人的关系，人是这种关系的主体；动物没有理性，它没有自身的主客关系，它也没有对此方面的自觉认识，这方面的问题对动物讲还不成为问题，只有对有理性的人才成为问题；这个问题就是一个人的问题。人的问题必然和人的实践问题有本质的不可分的联系，而人有关自己的实践就是他的伦理道德的实践规定，亦即都可归为至善。所以，从人这个角度看，实践理性问题是核心，这个核心内在的含有思辨理性的问题作为它的前提，但前提从属于核心，作为一个统一整体都归结为一个人的问题。世界观也是人的问题，在这个意义上也表现了人本主义。

从哲学的实质看，其本身就是人本主义。人本主义的基本概念是说：思维和存在的主客关系，世界观和人生观的问题都是人的问题。人的问题直接和实现它自己的社会历史实践及其发展的问题分不开，二者之间有联系；要解决主客问题，就离不开人和人的社会实践，要从人的自然属性和社会属性两方面研究人。由此可见，人本主义的思想作为哲学的本性，已经存在于康德处理思辨理性和实践理性的关系之中了。在康德看来，思辨理性无独立存在的意义，它从属于实践理性，所以，从实践理性出发，理

---

① 康德：《实践理性批判》，商务印书馆1961年版，第124页。

性的逻辑发展必然以思辨理性为前提并提高与解决它的问题，但是，二者的统一归根结底是一个人的问题，在这个意义上，实践理性是核心，这个观点有其合理的意义。

2. 三个基本悬设

由上可知，在世界中要实现至善不是一蹴而就的事情，因为在人的意志中，意志与道德法则的完全契合是至善的无上条件。但是在感性世界中任何有理性的人在其生存期间的任何刹那都不能达到这样一种神圣的圆满境界，而只能向那个圆满契合的神圣性无止境地进步。为此，康德提出了纯粹实践理性的悬设。所谓悬设或公设区别于任何没有根据的假设，悬设或公设意指原理单靠思辨理性得不到证明，但它的实在性可依靠先天而有效的道德法则来确定，因此，它作为悬设不是随便而无根据的悬设，它的根据在道德法则之中，这样一种原理就叫作公设或悬设。悬设必然是实践理性的基础，或者说是全部实践理性必然要设定的东西，所以，悬设必须有三个：（1）自由因的理念；（2）关于人的灵魂不朽的理念，这个悬设是从自由因发展出来的，它的基础是自由因，二者的统一是最高的公设，即（3）神的存在。

第一，关于第一个悬设：自由因的理念。关于第一个悬设已全部表达在实践理性的分析论中，但康德对第一个公设的说明并不是很充分，为了全面理解康德关于第一个公设的思想，必须结合康德"道德形而上学原理"来解读，这样才可得到康德对第一个公设的全部论证。

关于第一悬设：自由因的理念，康德展开论点的逻辑层次如下：从现实出发，人可以有道德行为，这是不可否认的客观事实。那么如何理解从这个客观事实出发？在纯粹实践理性的分析论中，康德认为，从道德行为看，凡是好的意志，就是绝对的好；善良的意志是绝对善的，不论它的实践效果是成功还是失败，或者说，即使失败了，善的光辉也不会因它而消失。康德认为失败说明处境困难，完成善良意志是难于控制的，使善良意志更具有崇高的价值。所以，他说善良意志不依成败而转移；相反，坏的意志就是坏的，即使坏的意志变成了现实，并不能因它的成功，就由不合法变成合法，不能把恶的意志看作是合法的方法和行为原则。那么，什么东西决定意志的善恶呢？决定意志的善恶完全是出自理性的一种法则。在这里，康德完全沿袭了他一贯的观点，在把理性和感性割裂开来的前提下，道德法则不是来源于人的情欲，和人的内感无关，它单纯来自人的理性；它不仅是由理性的能动性表现出来的东西，而且也不表现与反映人的情欲。在这个前提下，康德认为不可否认道德行为是个事实，而道德行为是个善良意志，决定善良意志的是理性。因而在实践的领域中，超感性的理性规定可以表现在人的实践行为中，表现在人的肉眼可以看到的感性世界中，在这里，超经验、超感性和感性结合变成了现实，由此可以肯定人的本质在于它的理性，在它的基础上必然有一个区别于自然的时间上在先的自由因，并由此得出自由因是全部人的伦理道德的内在基础。这个公设虽不能为思辨理性所证明，但它却是实践理性的基础，因为这个公设是关系到人的理性自律，人的道德行为必须以理性自律为基础，而不能以他律为基础。

第一悬设表明在人的本质中存在着一个自由因，这个自由因是人的伦理道德生活的基础，因而人的伦理道德生活必须以自由为基础，这种思想有其合理性。可以说，在《实践理性批判》中，康德自鸣得意地解决了思辨理性不能证实的自由因的实在性，但是，这个解决的前提则基于理性和感性的割裂，因而接踵而来的问题便是自由因是否是一个完全超验的东西？对于这个问题的论证，不得不说康德的观点存在着缺陷。实际上，如果这样把二者结合起来,即把理性活动看作是感性活动潜在的精神力量,理性活动也是感性活动的自身的规定,因而人必须根据自己的理性规律而行动,不为物役,从此出发,同时肯定理性活动产生的道德规则也表现了情欲本身所固有的规律,反映了情欲实现自身的社会规律。如果这样思考问题,思辨理性或许也能确定自由因的实在性。总之,康德的论证全部建立在思维和感性相割裂的基础上,因而没有达到思维与物自体的统一,结果当把思辨理性和实践理性结合起来时,二者便被看成是一个意志的不同方面。

第二,关于第二个悬设:人的灵魂不朽的理念。从第一个悬设——自由因那里,可以看到自由因和决定意志的道德法则分不开,而对道德法则的演绎可以达到至善的概念。至善概念是实践理性的概念,在至善概念中包含着两个环节:道德和幸福。从两个环节的联系看,要求人必须从道德法则出发,用道德法则去统辖人的情欲,追求合理的幸福,要求人时时刻刻保有这种意向。但是,人在尘世作为一个现象的和感性的存在,它往往又会受苦乐感的干扰,很难使自己在一切时候都使自己的意志完全符合道德意向。从而至善的实现对于作为一个感性存在的人来说,必然要体现在无限的修身养性的努力过程中,只有这样,才能使人的意志逐渐成为完善的意志,才能使人达到一种凡是产生意向时符合于至善的要求。然而,这样一种完善境界在人短短的一生中很难实现,人固然可以在其短暂的一生中不断进步,但要使自己的意志达到绝对的完善是办不到的;这样便产生了矛盾,至善是实践理性的对象,而人在活着的时候又无法实现。不过,尽管如此,至善毕竟是实践理性的对象,所以,必须设定灵魂不朽,使人永远处在道德的不断完善中。诚如康德所说:"但是只有在我们假设了有理性的存在者的存在和人格无止境地延续下去时(这就是所谓灵魂的不朽），上述的这种无止境的进步才是可能的。因此至善只有在灵魂不朽的这个假设之下，才在实践上是可能的，因而这种不朽就与道德法则不可分离地结合着，而成为纯粹实践理性的一个悬设（我所谓悬设乃是指一个在理论上还不能证明、但是不可分地依靠在一个先天而无制约地有效的实践法则上的命题而言）。"[①] 由此可见，灵魂不朽是从道德要求中产生的，特别是在至善作为实践理性对象的要求中产生的。

从第二个悬设中，反映了康德道德哲学的一个特点，即它脱离了伦理只讲道德，只谈个人的道德修养与个人的自由，由之设定了灵魂不朽。实际上，伦理道德问题不仅是一个个人修养与完善的问题，而且也是任何一个社会生活成立自身所以可能的问题。个人的道德感无非是对社会礼法制度的主观认同，或者说个人的完善也是从社会整体的客观需要产生的，如果这样，就不必要求个人灵魂的尽善尽美，而应把道德法则的要求看作是任何社会伦理规范个人生活的理想性；用这样的理想性照耀社会成员，道德法则是人所以为人的一个应然之理。尽管人在现实中，其意识本性不是那么完善，往往违背、对抗自己应遵守的规律，以及人所以为人的应然之理，但社会伦理的应然之理必然表现在人的意识之中，为人所意识到，并把它作为任何一个社会生活的理想性。为实现这个应然之理和理想性，人们往往把社会关系首先权威化为法律，其次作为风俗习惯，以规范人的社会行为。总之，人的伦理道德问题有两个方面，一方面，有关人的伦理道德的历史发展，即从低级的伦理道德发展为较高的伦理道德观；另一方面是有关道德法则作为普遍原理的理想性。在任何一个社会形态中，不论它是高级的或低级的，从普遍性讲，道德法则对人都是

[①] 康德：《实践理性批判》，商务印书馆1961年版，第125页。

一个不可穷尽的无限性。康德的问题属于第二方面的问题，主张个人要实现其绝对完善，就必然设定灵魂不朽。

第三，关于第三个悬设：神的存在。实践的对象是至善，至善的最高条件是道德法则的制约性；人的情欲、幸福只有在道德法则的制约下才是合理求福。对人而言，"幸福乃是尘世上一个有理性的存在者一生中所遇事情都称心合意的那种状况，因此，它是依靠在自然和其全部目标（并和其意志的重要决定原理）间的互相和谐上的"①。因此，实现至善，包含着道德法则和自然的和谐与统一。就道德法则本身而言，它是通过完全不受自然、人的情欲支配而以人的理性自由法则所产生的，即以人的理性自律为基础；但就自然而言，虽然它是被人所经验到的现象界，服从思维的规律，即悟性为自然立法。但是，这个现象界的客观基础是物自体，因而它并不是以人为根据和为最后原因产生出来的。人在本体界作为自在之物，也包括不了整个自然界的自在之物，那么，整个自然界就不能由人说明，也不能由人的自由因说明。但是，在至善概念里，却包含着由自由因所产生的道德法则和自然之间的协调，因为在道德法则的制约下，肯定了人的情欲、幸福的合理性，也便肯定了人作为自然人的自然规律，所以，在纯粹理性的实践课题中，在对至善的必然追求中，道德法则和自然界的联系与统一被悬设是必然的了。既然至善不可否认，这个统一也不可否认。那么，这个统一的最后根据既然不在人，那么，使人和自然相协调与统一的本体就是神。"因此，一个异于自然并包括着这种联系（即幸福与道德的精确和谐）的根据的全部自然原因的存在，也就被悬设了。不过这个无上的原因一定包含着一种根源，使得自然不但与有理性的存在者的意志法则互相和

---

① 康德：《实践理性批判》，商务印书馆1961年版，第127页。

谐，还要与他们把这个法则立为最高的意志动机时的法则观互相和谐，因而使它不但在形式上与德行互相和谐，而与其道德性（作为那些行为的动机），即与它的道德意向，互相和谐。因此，只有在我们假设一个无上的自然原因具有与道德意向相契应的原因性的范围内，然后世界上才会有至善存在。但是一个能够依照法则表象而行事的存在者就是一个灵物（Intelligenz）（有理性的存在者），而且这样一个存在者依这种法则表象而有的原因性就是他的意志。因此，自然的无上原因，就其必须作为至善的先设条件而言，乃是凭理智和意志而为自然之原因（因而也为其创造者），即神明的一个存在者。因此，我们一悬设了最高派生的善（极善世界）的可能性，同时也就悬设了一个最高原始的善（即神的存在）的现实性。"① 总之，既然实现至善是人的一种义务，那么，设定神的存在不但是一种权利，也是义务的必然要求。因为至善只有在神的存在条件下才能实现，所以，神的存在的悬设不仅与义务密不可分，而且在道德上也是必要的。

从至善的概念出发，考虑伦理道德的实现必然引申出神的公设。神的存在不是靠思辨理性的论证确立起来的，而是靠道德法则的必然性而确立起来的，所以，思辨理性服从实践理性。神的意义是从道德要求中产生的东西，是以人的道德实践为基础产生的一种可被信仰的东西，这个信仰的东西不是毫无根据的，而是建立在至善的实现上，以及至善所固有的要求上。康德在此隐含着一个很伟大的思想，即他揭示了宗教的根源，揭示了人的信仰的根源。可以说，人最初的信仰，如原始人的自然宗教，由于当时人的社会伦理生活一面还不成为问题，成为问题的是人和自然的实践关系，所以，最初的自然宗教是本源于这个实践关系的，

---

① 康德：《实践理性批判》，商务印书馆1961年版，第127—128页。

它是从实践关系要求中产生的一种观念。随着社会的发展，当进入阶级社会后，那么人和自然之间的复杂性包容在人对人的社会关系中，这个社会关系的规律体系，对人的伦理道德问题的突出，成为社会发展的中心问题；从自然产生的宗教便转化为具有伦理的道德宗教，这时的神是道德理想的化身，最重要的属性是道德属性，这个神能主宰人与自然的统一，主宰人对人的关系所应具有的规定性。这样的宗教来源于实践的要求、至善的要求，这里蕴含着这个合理的思想。在《实践理性批判》中，康德是以公设建立至善，以道德实践论证上帝的确定性的思想，说明了宗教和人的伦理生活之间的关系。

基于上述演证，康德进一步对希腊的伦理思想做了非常深刻的分析。在他看来，"希腊各学派为什么从来不曾能够解决了至善是否可以实践的那个问题，这是因为它们永远只把人类意志借以运用自己'自由'的那个规则作为这种可能性的唯一充足根据，满以为这种可能性并无需乎神的存在"[①]。正因为希腊伦理思想是建立在个人自由的基础之上，以为人只凭自己的理性和意识本性以及自由力量就可以实现至善，无须靠外力，所以，便产生了如下几派伦理思想的特点：第一，伊壁鸠鲁派：把人的德性归为人的幸福的满足，以人随心所欲、任意选择的准则代替了道德法则，降低了人的道德要求；并在幸福原理的基础上，认为道德完全可由人实现。康德认为幸福包括人和自然的协调，这种协调不在人，而在上帝。但对伊壁鸠鲁派来说，不在人而在原子，原子是组成人和自然的基质。第二，斯多葛派：与伊壁鸠鲁派相反，把人的道德性提高为人的德性，并将德性直接等同于幸福。德性的完善完全靠人的理性，依靠理性可以使自己达到绝对完

---

① 康德：《实践理性批判》，商务印书馆1961年版，第129页。

善，结果斯多葛派产生了一种高傲的态度，"所以他们就不但使所谓哲人的道德能力超出他的本性所能胜任的一切界限以外，不但假设了反乎我们所认识的人类本来面目的一种事情，并且也还是主要地不想承认，至善的第二个元素，即幸福，原是人类欲望官能的一个特殊对象；反而使他们的哲人，如一位自觉其人格卓越的神灵一样，完全不需要自然，就可以知足自乐"①。由于这种傲慢于世俗之外的态度，因而往往放荡不羁，在客观上违反了道德规律。第三，犬儒学派：犬儒学派的理想高于世俗，也具有斯多葛派的缺点，不考虑人的不完善性，因而应抱着非常慎重的义务心去对待德性，相反认为善是轻而易举的事情，因而脱离实际，把理性的主观判定看作是德性的。

应当说，康德对希腊诸派的伦理道德思想的指责是合理的，继康德之后，黑格尔对于以前伦理学家的批判，以及对其缺陷的解释是更为深刻的。在黑格尔看来，以前的伦理学家从未把人的理性道德律把握为人性必然，其实道德律作为人性必然，在哲学家思考它之前，就作为必然规律，作为礼俗已经体现在社会生活之中了；对伦理风尚的习惯不过是"取代纯粹自然意志的第二天性"②，故要研究道德，不可抱着对礼俗的敌视态度；好像道德律不存在，有待于哲学家去制定，这样就导向了脱离实际的主观主义。黑格尔以前的哲学，从不把礼俗放在眼里，不将其看作道德规律，需要智者的反思发现，或创造出来。无论伊壁鸠鲁派，还是犬儒学派，斯多葛派必然出现与礼俗相对立，好像超越礼俗是高尚的，这样就难免产生以违反道德律为了不起的德性。

康德批判了希腊伦理道德哲学家之后，指出基督教的兴起，

---

① 康德：《实践理性批判》，商务印书馆1961年版，第129页。
② 黑格尔：《法哲学原理》，商务印书馆2009年版，第194页。

产生了一种新的伦理道德思想。这种伦理道德思想和斯多葛学派一样，也是以德性为第一性。但是，基督教又不否定人的现实生活——幸福环节，而是把幸福环节放在德性的制约下，表现出了区别于犬儒学派、斯多葛派的思想特点。基督教主张道德律的制约源出于天地的上帝命令，同时它也是人的理性命令，又不违反自律，所以，主张把道德律作为职责、义务，让人以谦恭卑微的态度对待。基督教的教条告诫人，人有原罪，人的理性、人格天然的不完善，易于犯罪，人处处都有犯罪的可能，而且不断地犯罪。"因此，就基督教的法则所要求的那种神圣性而论，被造物所能为力的就只有无止境地向前进步了，但是也正因为这样，他才有理由可以希望无止境的绵延下去。"① 所以，基督教就是要告诫人们，生活的圣洁是人们一生所当遵守的规矩，至于与圣洁相匹配的利乐，即天福，则是在一个悠久的过程中，甚或就人类能力所能及的范围而言，是完全不能在尘世中能够达到的，所以，人类对道德律的关系必须抱以一种极为严肃的态度，"进向圣洁"是其一生的必修课，以防止人在处理事物上走向恶。这也就是康德所说的至善不能靠人的力量去实现，还得靠和上帝的联系。所以，当康德从至善以及实现至善义务的道德思想中演绎出神的环节时，可以说是基督教哲学思想的理论化。

总之，康德在《纯粹理性批判》中宣布传统形而上学是不可能的，形而上学只能变成内在的形而上学；在《纯粹理性批判》中，内在的形而上学仅仅限于不超越经验的领域。在《实践理性批判》中，实践理性把领域扩大了，不仅限于经验的领域，而且以道德实践为基础扩展到了超验的领域，把超验领域的自由因、灵魂不朽、上帝也作为理性的规定，就其作为道德实践的环节也

---

① 康德：《实践理性批判》，商务印书馆1961年版，第131页。

是不可或缺的，就如范畴对人的感性内容是不可或缺的一样。理念作为人的道德实践不可缺少的环节，其中含有两重意义：最重要的一重意义是：如果说范畴是经验所以可能的条件，那么这些理念则是道德实践所以可能的基本条件，所以，上帝是建立在道德实践上的信仰。基于这一点，康德完成了把实践理性和思辨理性统一起来的内在形而上学体系。一句话，思维的规定是人的经验和人的实践所以可能的基本条件；第二重意义是：康德的形而上学也有超越的含义在内，因为康德肯定超验；肯定理性的规定：自由因、灵魂、上帝具有实在性。在这个意义上，康德的哲学又具有传统形而上学的特点；他的超验的形而上学是建立在其道德原理基础上的，以至于他的宗教理论也是建立在其道德原理基础上的。由上可见，康德明确了实践理性扩大了思辨理性，但这个扩大无非局限于对超经验的理念肯定基础上，而关于这些理念的实在性本身是什么；其具体结构，规律是什么，思辨理性是达不到的。但是，实践理性毕竟与思辨理性结合了起来，人的能力和人的实践要求相结合，已足够人的实践所用，所以，要达到神那样的睿智真宰也只是幻想。

第五章　纯粹实践理性的方法

一　纯粹实践理性批判的基本任务

纯粹实践理性的方法论并不是指根据各种道德原理去规定人的各种实践活动，在这里，方法论的实质在于怎样能使纯粹实践理性的道德原理深入人心，以使在客观上本有实践力量的理性，在主观上也成为有实践力量。

在康德看来，人按照在客观上本有的道德法则行动，必须被表象为行为的真正动机，否则虽可以产生出行为的合法性来，但并不能产生出意向的道德性来。对道德学而言，方法论的实质就是怎样在人心中，在灵魂深处建立起从职责和义务出发的道德意向，即在主观上有实践力。因此，"所谓纯粹实践理性的方法论，不是指处理纯粹实践的各种原理，以便对它们求得科学知识的那种方式（不论是在思考中或是在陈述中）而言，虽然在理论哲学中，只有这种方式才是人们平常地地道道所谓方法（因为表达通俗的知识需要一种文体，而科学则需要一种方法，即依照理性原则而唯一能够把一门知识的杂多性纳入一个体系中的一个程序）。相反这里的方法乃是指我们能借助以使纯粹实践理性的法则进入人心，并影响其准则的那种方式而言，即是指我们能借以使客观上本有实践力量的理性在主观上也成为有实践力量的那种方式而言"①。所以，要想把一个未受教育或粗野不驯的人，引入美德的轨道上，不仅需要一种准备的指导工夫，而且还需要有一个有关建立和培养其纯粹道德意向的方法上的纲领，以一种适当的方式使纯粹道德动机完全支配人的心灵，给予心灵一种连他自己也想不到的力量。在这个问题上，黑格尔与康德有英雄所见略同之处，黑格尔曾说，道德法则是一个良心的法则，是约束人的内心世界的法则，所以，这是一个很重要的问题，以至于是道德教育的核心问题。所以，道德教育不能不顾人的内心世界，它主要是塑造人的内心世界，使人的内心世界有道德意向，具有从职责、义务出发的行为动机。

那么，提到人的内心道德意向的问题，便会产生一种疑问，即到底人能不能有纯粹的道德意向？如果说道德法则能在人心中产生一种力量，这种力量超过其他一切，一般来说，不经过分析就会给人以难以做到的印象，对道德意向往往存在疑问。再则，一提到人心的意向，往往和人性中追求快乐、幸福的避苦趋乐感联系起来。在康德看来，一种幸福的前景和一种外在的威胁及其他的办法会使一个人知道自己要陷入痛苦而产生的恐惧，这样的两种力量似乎对人心的影响都是非常大的，不可战胜的。正因为人一般容易有这种看法，所以，有权力的人，把别人看成是可以任意为自己摆弄的工具，把人看作是玩物，因为在他手中操纵着可使他人得到快乐和陷入痛苦，以至于死亡的生杀权力，那么，人只能作为这种外在力量的机器和牺牲品。康德认为这种看法是错误的，因为人和他在本体界的自由因相联系，所以，人是自由的。因而，人总是在他的内心中服从于道德意向，以道德意向为标准去判断一切，亦即纯粹理性的实践原理能够在人的主观上有

---

① 康德：《实践理性批判》，商务印书馆1961年版，第153页。

实践力这点是确定无疑的。正因为如此,人才能对抗一切邪恶,对一切滥用法权的势力不屈服。

在证实了此点之后,康德的方法论才有意义。康德在确定了纯粹理性的实践原理能够在主观上有实践力之后,认为人在日常生活中有一种癖好,这种癖好表现在人非常在意别人的行为得失与善恶,而且愿意在客观上对别人的行为进行品头论足,人对他人议论的兴趣远远大于别的方面(当然,这种议论是一种客观的、理智的态度)。在评论的过程中可以看出种种倾向,每个人都可以从他对他人的评论中看出其人的德性如何?康德认为评论别人不外乎有两种倾向:一种倾向对于德性的人,在道德上可以作为模范的人,进行保护,或为其辩护,唯恐这样具有德性典范的人受到歪曲;另一种倾向于严格要求,因而倾向于在他人的德行中去发现其缺点和不足,以便说他的行为是不道德的、有缺点的,当然,后一种倾向易陷入吹毛求疵的毛病,很容易把一个足以使人敬仰的德行典范加以否定。前一种倾向会有相反的缺点,往往看不到有德性的人的行为中还存在着某些不完善。不过,康德认为后一种倾向尽管易陷于过头,但他的议论也不是出于一种坏心肠,也是出于一种按道德法则的标准,在严肃、公正无私地评判他人的行为。

这两种倾向都足以说明在人的内心世界存在着以纯粹理性原则为标准的道德意向,因而也存在着以道德意向去评判一切行为的这样一种力量。如果你能看到问题的实质的话,这种努力是不可抗拒的、不可违背的。那种以为只凭个人的权利去操纵他人的幸福、痛苦及命运,就可以使他人变成毫无原则地服从自己的机器和奴隶,实际上是认为人单纯服从避苦趋乐方面的心理力量,并以为这种心理的势力大于人的道德努力,完全压倒后者,这种看法完全是错误的,因为这只是从现象出发看问题。实际上,人的心灵内部存在着一种对人的道德的要求，这个事实是不可抹杀和根除的，因为它与人的本性、自由因相联系，这样一来，康德认为可以用一种适当的方法去培育人的道德意向，使它变为指导人生行为的牢不可破的道德力量。所以，当康德谈到方法论的基本任务时，附带地讲了从内在的人心培养人的道德意向是可能的，因为人好议论他人行为的善恶，这个议论说明人的内心天然地就有一种要求道德意向的是非标准。

二　德性的标准

从理论上得出人应有德性标准。这个德性标准首先体现在人与人的关系中，康德认为在现象界中的人爱自己，还够不上是一个屈从于自私而不爱他人的人。所谓爱人必须牢记人作为人，也爱他人，才能真正达到爱人的概念。

康德主张爱人必须从日常生活的起居和社会行为的关系中去爱人；爱人等于在人的社会关系中对自己、对他人的一种正确态度，爱人是很具体的。从这方面看，爱人就是要求人在社会关系中，人们彼此之间进行社会的交换。在这个交换中，不能单纯把他人只是看作有利于自己、服从于自己的工具，而是在社会的相互协作、相互交换中，把他人看作一个人，或人格的存在。所以，在这种双重关系中，相反也是如此，在社会关系中，不但把自己看作是享受别人协作的主体，而且同时把自己看作是对别人尽职尽责的工具，自己也是一个主体和工具的统一；他人在对你的关系中，也是一个主体与工具的统一，彼此都建立在主体和工具的统一性上。这便是所谓爱人在对人的社会关系中的体现，这种体现具有普遍的意义，不论在什么社会形态中，所谓爱人体现在人的日常生活中大体都是如此。如果一个人不把他人当作人格主体，只看作是工具，只把自己看作人格主体，没有对别人作为工具、义务的一面，这是不道德的。在人的社会关系中，最容易产生这样一种不道德的倾向，即只是以对方为工具；这样的人就不能在内心世界去体现人的社会关系的合理性，就会把社会关系片面化；片面化的结果是人必然在社会关系中出现异化，使人感到这个社会关系是冷酷的，只感到自己是工具。总之，在社会关系中，要互以对方为价值的主体和工具。爱人不是抽象的，爱人等于要从制约人对人的社会关系的法则、规律的是非尺度出发，都按这个是非尺度对自己、对他人，那么，这就是爱人。爱人不仅要求每个人都应从道德法则出发，还要求在处理各种事物时要得当，即以把他人看作主体和工具的态度去处理事物。由此可见，康德道德哲学最突出的特点是：强调规律作为是非尺度是人爱人的出发点。这个出发点等于体现了爱人要体现在规律之中，凡最后不落实在规律上的所谓爱人都是空谈。因此，德性的标准是人能否在人对人的关系中，不允许掺杂任何私利，以道德法则为出发点，这就是理想的德性。

这样的德性标准必然会体现在普通人对人的行为作评价的具体意识中，虽然普通人不会把自己的意识抽象为一些公式，但他的意识必然体现这样一个德性标准。普通人判断人的行为往往很敏锐，靠直觉很容易解决，相反，一些道德家不容易解决什么是道德行为，但在普通人那里却容易解决。为说明这一点，康德借助一个实例指点出纯粹道德的标准来，同时设想把这个实例置于一个十岁的男童面前，看看他不经教师的指点，是否会凭其直觉判断一个人的行为是非。这就是告诉他一个诚实之人的历史，说社会上有一个利益集团，要谋害某一个无权无势、清白无罪的正直人，因而这个集团拉拢另一个人，许他以利益，给以重贿，封以高爵，叫他伪造罪恶的证件来陷害这个人。由于这个集团的社会权力地位很高,以至于和国王都有联系,因此这个集团威胁他,如若拒绝,便会遭到不幸,甚至会丧失性命。那么,这个人如若拒绝了,便会在这个孩童心中初步地唤起赞美的能力,说明他有判断是非的能力。进一步,因为这个人也是人,他有感情,不是铁石心肠的人,他不但要面临威胁,还要面对亲友冷漠,甚至他的继承权也要被剥夺,因而使他处于很严酷的环境之中,最后他的家属又劝其屈服。正是这种艰难困苦的时刻,他居然仍然忠贞正直,誓死不屈,那么,这时,这个孩童心中就会逐渐从单纯的赞同提高到仰慕,再从仰慕提高到惊讶,最后又达到最大的崇拜地步,一心想自己也成为这样一种人。"可是在这里,德性之所以有那样大的价值,只是因为它招来那么大的牺牲,不是因为它带来任何利益。全部仰慕之心,甚至效法这种人品的企图,都完全依据在道德原理的纯粹性上,而只有当我们把人们视作幸福才能被确凿无疑地呈现出来。由此可见,道德愈是呈现在纯粹形式下,它在人心上就愈有鼓舞力量。由此就可以推断说,道德法则、神洁和德行的影象如果要在我们的心灵上施展任何影响的话,那么它们就必须作为纯粹不杂的动机,不沾染任何贪求福利的念头,置于人心之上才是,因为它们正是在苦难中才最显示出它们的卓越来的。"① 正是基于此,康德说培养人的道德意向就要利用这个条件:第一,人天然的会对别人的行为站在客观的立场上给以评价;第二,利用人的的确确靠其直觉具有评价道德是非的能力,对人进行正确的引导和教育,逐渐使道德意向走向完善和坚定。

在对人进行教育时,康德提出了许多必须加以避免的不利于建立人的道德意向的事情,以及在教育中易于出现的偏向。首

---

① 康德:《实践理性批判》,商务印书馆 1961 年版,第 158 页。

先，康德提出教育必须从他的日常行为和日常社会关系出发，踏踏实实从尽职尽责和义务观念出发，不能用一种豪迈过人，超世俗的见解及了不起的观念去教育人。如果这样，就会使人脱离实际，变成空想，即看不起日常的事情，看不到每天遇到的道德问题；认为那都是些无聊小事，因此，以所谓高超、豪爽而有功德的行为作为范例置于学生面前，这样不但加强不了青年人的道德意向，反而会南辕北辙。康德认为一切情感只有达到沸腾的顶点时才能产生效果，如果用一种豪迈的理想去刺激人心的动机，那么，当沸腾的感情平息下来了，就会降回到原点。"因为这时，既然只有刺激人心的动机，而没有加强人心的动机，所以人心就自然而然复返于它寻常的中和状态，而降回它先前的没精打采地步，原理必须建立在概念上；在其他基础上只能产生感情的激动，这种激动不能使当事人具有一种道德的价值，甚至不能使他对自己发生自信力，而离了这种自信力，则人间最高的善，即对于自己道德意向和那样一种品格的意识，便不可能存在。……总而言之，道德法则是要求人本于职责来遵守它，而不是本于偏好来遵守它，偏好是不能够，也不应当作为先决条件的。"[1] 所以，康德主张教育必须基于实实在在的日常生活，以加强人心的动机为先决条件，以使人实实在在地尽职尽责。

在道德教育的过程中，必须纯化教育的出发点，防止以德性为荣，却掺杂着私心的思想，即以好的行为必然会得到好评作为行为动机的出发点。据此，康德以举例，提出了一些值得深思的问题。他说，假如一个人冒着极大危险，救了一个海洋中的沉船，以致牺牲了自己的生命，这样的行为是可以称道的行为。如果另外一个人没有这样豪迈的行为，但是，他在日常生活中，对

---

[1] 康德：《实践理性批判》，商务印书馆1961年版，第159页。

待工作,对待人尽职尽责,即在他的日常行为中都是围绕着一切生活琐事,且做到了尽职尽责,那么,后者与前者相比,虽然没有保家卫国的慷慨捐躯,因而其行为也并不含有模范的充分力量和令人起而效法的冲动力量,但是,就其在日常的事物中,自发地献身于道德法则与职责,以求尽其天职而言,后者则更令人钦佩与崇敬,也更容易感染人。为了说明一条纯粹职责或道德法则所具有的鼓动力量,康德接着又举了一个例子,说一个人在国家发生战争时,不等国家招募他,他便自愿的一腔热血地投入前线;而另外一个人,仍然坚持在自己的工作岗位上,照常兢兢业业的工作,一旦国家召唤他,便会服从命令,上战场。在康德看来,这种情况类似于上述情况。所以,"我们如果能够把任何夸功耀德的念头带到我们的行为里面,于是动机中就已掺杂着一种私心自爱,并因而从感性方面得到一种助力。但是如果使样样事情都单单取决于职责的神圣性,并且自觉到,我们所以能够这样做,乃是因为我们自己的理性承认这是它的命令,并且说,我们应当这样做,那么,这就好象使自己完全超出感性世界以上,而且在这里有一个法则意识不可分离地牵连在里边,成为控制感性的一种能力;这种动机虽然不是永远带来结果,可是我们如果寻常玩味这个动机,并初来稍试加以运用,那也可以使我们希望能造成这种效果,以便逐渐在我们心中产生一个最大的,同时并是一个纯粹道德的旨趣"[1]。

总而言之,康德主张从人所应尽的日常职责和义务去教育人,去建立人的道德意向,这便为他怎样去教育人,建立人的道德意向准备了条件,并由此进入了他的方法论大纲,即通过什么途径才能使道德法则在人的主观上有实践力。

---

[1] 康德:《实践理性批判》,商务印书馆1961年版,第161页。

三　纯粹实践理性方法论纲要

要使道德法则在人的主观上有实践力，在方法上分两步走：第一步是基础和准备的阶段，叫作判断力的培养；第二步，使人在日常生活中加以实践，在日常实例中加以实际的行动，在这种实践中建立起人的道德行动。

依照康德的说法："因而这个方法就采取下述的进程。在一起初，我们只是把依照道德法则来判断行为一事看作随着自己的自由行为和对他人自由行为的观察而发生的一种自然的活动，并且把它造成好象是一个习惯，使这种判断敏锐化了，……另一个应行注意之点就是下面这个问题：即，那种行为是否也是（在主观上）为了道德法则的缘故而发生的，以至使它不但作为一种行为看在道德上是正当的，而且还当作一个意向看，依照行此事的准则，而有了一种道德价值？毫无疑义，这种练习和我们的理性由此在单纯判断实践事情方面所得到的培植（的意识）一定逐渐甚至会对理性法则自身，并因而对道德上良善的行为，发生一种关切心。"[①] 在这里，第一步涉及直观和理论问题，是教人以客观的，鉴赏的态度去对别人的行为作出正确的判断，这是判断力的判断。这涉及被教育的人能对他人的行为作出正确的判断，但他却不一定能以理论的形式表达出为什么能进行这样判断的根据或原则，这点是不能进行要求的，因为这是道德家、思想家和教育家的任务。

现在涉及的是人为什么能自然地被引导着对他人的行为作出正确的评价，这个道德感是靠一种理性直观。这个直观作用不是

---

① 康德：《实践理性批判》，商务印书馆 1961 年版，第 161 页。

感性的作用，而是思维能动的作用，是思维能动性和感性的结合而产生的一种意识。这个直观就是康德所讲的统觉的原始作用。康德认为，在一般人的认识中，思维的理解作用能够在对各种感性事实的关系中，不知不觉自发地产生一种把握对象的理解作用，产生有关对象是什么的日常经验，这也是一种直觉，这时有一种思维的理解作用和原则体现在他的具体意识中，但是却不必知道思维的规律和原则是什么。虽然他不知道思维的规律和原则是什么，人的道德律是什么，但是，如果把一个实践行为摆在青年人和孩子面前，他的思维作为理性就必然在与这种行为的关系中，有规律地自发地产生一种理解作用，产生一种这个行为是好或是坏的具体意识，这就是统觉规律有关道德行为在起作用的结果。他判断了行为的是非，但是他并不必然知道他据以判断的原则与根据是什么。因此，在对人进行道德教育时，不必要求他知道据以判断的原则与根据是什么。因为对人进行教育时，理性规律能不受阻碍地在人心中通畅无阻地起作用，这是教育的实质。只要这个规律在通畅无阻地起作用，他的意识就有直觉能力，直觉能力以统觉为基础，是它的表现。伦理道德是思维对于人的行为关系，人的理解必然产生把握这种行为的道德规定，因而产生了直觉，产生了评价行为的意识。判断力培养是建立在直觉和统觉的基础上的，教育者应找出例子，去引导被教育者，使他的理性规律起作用，每当对一个行为作出一个评价时，他的认识能力也提高了。他的评价是直觉，而直觉是建立在一个理性规律起作用的条件下，人有理性规律，但如果不表现出来，只是一个逻辑先在性，只有在表现出来时，才能意识到表现，这就是对道德行为的正确评价。一个青年人对一个不熟悉的行为能作出正确的评价，这意味着存在于他头脑中的理性作用有了表现，他评价的同时也拉高了他认知能力。康德认为这只是判断力的培养，人在判断中就如审美一样，只是从客观评价的角度培养人的判断力。

第二步，至于善的原则是否是自己的原则，还未和被教育统一起来，必须以被教育者的实例来教育他，使他的行为符合道德行为。在这个教育中，被教育者有一种痛苦感，久而久之就会有一种听命于道德的愉快。经过第二步，自然而然培养起人的道德品质，使理性原则在人的主观性上生根而具有实践力。

结　　语

在《实践理性批判》中的"结论"中，康德说道："有两种东西，我们愈时常、愈反复加以思维，它们就给人心灌注了时时在翻新、有加无已的赞叹和敬畏：头上的星空和内心的道德法则。"① 康德认为二者有区别，人对星空的崇拜，显得人很渺小，星空无限大，人如同沧海一粟，显现不出人在感性世界中的地位；但从道德上看，则可以提高人的地位，去克服人在感性世界的那种渺小、自卑感。因为人的道德律不仅与超自然的本体界的自由因相联系，而且在这个基础上，人有一种克服他的自卑感而抬高人在感性世界中的地位的自豪感。在这里，人不仅不是渺小的，并会因他是一个超感性的灵物而变得很伟大。

在康德看来，由于这两方面最吸引人，所以也成为哲学家反思的对象。哲学家在反思的过程中若无正确的方法指导，在前者会走向迷信的占星术；而在后者则走向理性漫无边际的浪漫主义的漫游——通神术。为防止这两种倾向，保持二者的科学性，必须采用康德的先验方法，使前者成为理论哲学，后者成为实践哲学。先验方法在对宇宙论的认识上，表现在分析它的先验因素和经验因素，把其中发现的经验元素从理性元素分离开，在人的常

---

① 康德：《实践理性批判》，商务印书馆1961年版，第164页。

识上反复实验,把两者都纯粹地呈现出来,而确实认识到每一个部分都能自动完成什么,"以便一方面防止一个还是粗野而未受训练的判断的错误,另一方面(这是更必要的)防止住天才的横溢;因为这种天才的横溢,就如在点金家方面常见的那样,对于自然不作有系统的研究,没有有系统的认识,就预许人以幻想的珍宝,而扔掉真正的珍宝"①。在道德哲学中也是如此,要把人基于经验发现的道德事实,加以分析,分析出不同因素,一个因素是先验的,理性的,另一个是感性的、幸福的,而根据二者合理的结合,以至善概念为基础去建立道德体系,避免浪漫主义无边无际的空想。

* * * * * *

总而言之,道德律是纯粹理性借以决定行动的实践法则;是我们称为善恶的那些行动得到决定所必具有的客观条件;是一切道德行为的主观条件或动机,由于对主体的作用而在自身产生一种感情而有助于规律对其意志的决定。一个理性存在者能做到这些,而不受其冲动、欲望和嗜好的支配,那他就是自由的,那时,一切正义和道德行为均可建筑在自由之上了。康德的道德原理表明思维作为理性,在对人的各种实践活动中具有产生意志的规律,各种实践活动在意志规律的制约下才能成为现实的活动;由此充分肯定了思维能动性在实践活动中的重要性,揭示了实践的普遍法则只有在思维的能动理解作用和把握下才能形成,而不是来自各种经验的对象。这些思想乃是康德哲学中的一个高度重要的特色,具有不可忽视的合理性。

但是,理性为意志立法,并不能把理性理解为封闭在理性自身中的现成模式。所以,正如在思辨理性中那样,悟性为自然立

---

① 康德:《实践理性批判》,商务印书馆 1961 年版,第 165—166 页。

法，但并不反映对象的内在规律，而与客观感性对立；在实践理性中，理性为意志立法，也不反映实践内容，而与人的感情欲望、冲动、嗜好相对立。所以，在康德那里，从形式原理中演绎不出实践活动的内容，反过来，从实践活动的内容中也演绎不出有关实践形式方面的法则。这样，"这里我们所看见的又是空无内容。因为所谓道德法则除了只有同一性，自我一致性，普遍法则之外不是任何别的东西。形式的立法原则在这种孤立的境地里不能获得任何内容、任何规定。这个原则所具有的唯一形式就是自己与自己的同一。这种普遍的原则、这种自身不矛盾性乃是一种空的东西，这种空的原则不论在实践方面或在理论方面都不能达到实在性"①。所以，当康德把求福作为道德法则的一个内在逻辑环节时，并把德性和幸福的统一看作人生追求的最高目的时，由于完善的道德只能在彼岸，总是在对感性情欲的斗争和规定中，所以，就得假定灵魂不死，在不断地净化中达到圣洁，并在上帝的帮助下，实现幸福和德性统一的至善境界。因此，在《纯粹理性批判》中曾被否定了的灵魂不朽，上帝存在作为达到至善的条件，又在康德的道德哲学中被重新得到了确定，这也彰显了康德道德哲学的缺陷。其原因在于：康德的公设并没有真正解决道德原则和幸福之间的矛盾。诚如黑格尔所批评的那样："谐和并没有出现，不是现实的；它只是应该存在。公设本身永远在那里；善则是一个与自然相对立的彼岸，两者被设置在这种二元论中。"② 这样，康德的道德哲学便给我们留下一个问题，即道德原理与感性情欲到底是怎样一种关系，二者有无统一性，抑或只能处在于对立的此岸和彼岸呢？

---

① 黑格尔：《哲学史讲演录》第四卷，商务印书馆2009年版，第322页。
② 黑格尔：《哲学史讲演录》第四卷，商务印书馆2009年版，第325页。

在这里，问题的症结在于：康德的道德哲学和传统的道德哲学一样，都把人的感情欲望仅仅把握为一种个人利己心，这样，在感情欲望那里，便失去了和理性道德法则结合起来的内在根据，而变成排斥理性道德法则的东西了。在这个前提下去设想理性的道德法则统辖情欲、指导情欲，不仅统辖、指导不了情欲，相反，却有被情欲所主宰的危险。所以，问题的关键是：感情欲望是否仅仅是一个个人利己心，它有无自己形式方面的东西或自然法则的普遍性？要解决这个问题，首先必须明确意识过程。人的意识过程是心理逻辑结构两方面的统一，或者说是感性与思维两环节的统一，二者作为物质的精神属性是精神的不同表现形式。感性机能由于内外刺激而表现为一种感觉状态，当感性机能表现为感觉形象时，感性机能的活动同时就被它自己的表现规定、限制在它所表现的感性状态中了。然而感性状态仅仅是精神的一种表现形式，在这种表现形式中还内在的潜在着思维的理解作用。因此，当感性机能受到内外刺激而表现为感觉状态时，它必然会刺激精神的潜能，表现为一种超越感性状态并能对它规定和把握的思维的能动理解作用。由此可见，无论感性状态还是思维对感性状态的理解和把握，都是一个精神作用的表现。

　　同理，作为欲望官能的感性表现是否仅仅是利己的，而发出道德律令的理解作用则完全是非利己的呢？从人的内感看，感情状态表现为一种避苦趋乐的情欲冲动，这种情欲冲动作为精神的表现必然有自己的内在精神规律；通过这种内在的精神规律使人认识到自己与别人同作为人具有统一性，即在同为人的基础上具有一种类感情。这种类感情表现为推己及人，所以，情欲作为自然本性不仅是一个个人利己心，它本质上也有自己的类感情，在类感情中具有规律性的潜在内容。当然，类感情表现不出来这个潜在内容，必须靠人的思维理解作用，才能把类感情的潜在内容以概念、法则的形式表现出来，即表现为道德律。由此可见，理性的道德法则所表现的内容就是情欲本身所固有的内容，而情欲本身也具有自己的普遍性，这就克服了康德的没有内容的抽象道德形式，从而在辩证唯物主义基础上完成了道德形式和情欲内容的统一。

参考文献

康德：《纯粹理性批判》，商务印书馆2009年版。
康德：《实践理性批判》，商务印书馆1961年版。
康德：《未来形而上学导论》，商务印书馆2009年版。
康德：《道德形而上学原理》，上海人民出版社2002年版。
黑格尔：《小逻辑》，商务印书馆2009年版。
黑格尔：《哲学史讲演录》第四卷，商务印书馆2009年版。
黑格尔：《法哲学原理》，商务印书馆2009年版。
叔本华：《作为意志和表象的世界》，商务印书馆2009年版。
哈贝马斯：《现代性的哲学话语》，译林出版社2004年版。
诺曼·康浦·斯密：《康德〈纯粹理性批判〉解义》（上下册），商务印书馆1961年版。
罗素：《西方哲学史》（上下卷），商务印书馆2009年版。
阿拉斯代尔·麦金太尔：《伦理学简史》，商务印书馆2003年版。
梯利：《西方哲学史》，商务印书馆2000年版。
文德尔班：《哲学史教程》（下卷），商务印书馆2009年版。
刘万国、侯文富主编：《中华成语辞海》，吉林大学出版社1996年版。